LES • REPÈRES • PÉDAGOGIQUES

Le guide de l'adaptation et de l'intégration scolaires

JEAN-MARC LESAIN-DELABARRE
Directeur d'études au
Centre national d'études et de formation pour l'enfance inadaptée

CNEF

D1438516

NATHAN
pédagogie

ISBN : 2-09-177793-5

Remerciements

Ce *Guide de l'adaptation et de l'intégration scolaires* est né d'une demande : celle de fournir au public un ouvrage de référence utile pour une approche d'ensemble, bien documenté et de lecture aisée. Il n'a pas pour vocation en revanche de refléter les positions officielles des institutions dans lesquelles travaille son auteur.

Qu'il me soit permis de remercier vivement mes collègues et amis enseignants, directeurs et inspecteurs spécialisés de l'Éducation nationale, les formateurs et directeurs des centres de formation de l'A.I.S., pour les encouragements qu'ils ont bien voulu me manifester dans cette entreprise, les documentations qu'il m'ont aimablement fournies, leurs critiques stimulantes et les amendements qu'ils m'ont suggérés.

J'exprime tout particulièrement ma gratitude aux collègues documentalistes du centre de ressources du CNEFEI de Suresnes, sans le dévouement et la compétence desquels cet ouvrage n'aurait pu être conduit à son terme.

Préface

La scolarisation des enfants et des adolescents qui ont été successivement désignés « anormaux », « inadaptés », « handicapés » ou encore « en difficulté d'adaptation » n'est pas une préoccupation nouvelle en France. En effet, dès le XVIIIe siècle, dans la lignée de la philosophie des Lumières, on s'intéresse à l'éducation des déficients sensoriels. De grands noms sont ainsi restés attachés à l'éducation des sourds-muets (l'Abbé de l'Épée) ou à celle des aveugles (Valentin Haüy). Des institutions spécifiques pour jeunes enfants déficients sensoriels sont alors créées. Le XIXe siècle, à son tour, révèle un intérêt à la fois médical et pédagogique pour la question de l'arriération mentale. Et c'est sans nul doute à la charnière du XIXe siècle et du XXe siècle que s'esquisse pour la première fois un projet général d'enseignement « spécial », sous le double effet des préoccupations de « techniciens de l'enfance anormale » (parmi lesquels les médecins des asiles) et des partisans de la scolarisation généralisée. L'aboutissement de ces orientations est pourtant relativement modeste à cette époque, ou tout au moins en retrait par rapport aux ambitions initiales : l'enseignement spécial placé sous l'égide du ministère de l'Instruction publique se limite aux classes de perfectionnement destinées de préférence aux enfants « arriérés » (loi du 15 avril 1909), que Binet et Simon nomment plutôt, à la même époque, « débiles ».

Sur cette base sont venus ensuite se greffer ou s'adjoindre de multiples institutions, principalement après la Seconde Guerre mondiale et, plus exactement encore, dans les années 60, années que certains auteurs ont pu caractériser comme la période de la catégorisation à outrance des enfants « inadaptés » et de la « fièvre ségrégative ». Non seulement le ministère de l'Éducation nationale a alors ouvert des classes spéciales pour une grande variété d'enfants (depuis les cas de handicap physique jusqu'aux désignations discutées de « déficience intellectuelle légère »), mais le ministère de la Santé, de son côté, s'est trouvé confronté aux revendications d'associations de parents en faveur d'établissements pour enfants avec déficiences mentales dites « moyennes » ou « profondes » : des instituts « médico-éducatifs » se sont alors progressivement créés. À cet ensemble d'établissements ou de classes, il convient d'ajouter les établissements ou les services destinés aux enfants malades, aux enfants en difficulté sociale ou familiale, aux enfants pris en charge par la Protection judiciaire de la jeunesse.

On ne s'étonnera donc pas, en fonction de ce rappel, de constater une grande diversité de structures d'accueil et d'éducation de ces enfants, une diversité de tutelles administratives, une diversité de personnels impliqués. Cette complexité du secteur de l'enfance en difficulté est, certes, l'héritière de l'histoire ancienne des institutions mais elle est aussi fondée sur la diversité des situations constatées, qui n'autorisent pas des réponses uniformes. Pourtant, les politiques mises en place à partir des années 70 ont modifié le sens de ce paysage d'ensemble qui peut paraître excessivement figé. D'une part, les dispositifs de prévention et d'aide aux enfants en difficulté offrent, au sein des écoles, des possibilités d'éviter des placements dans des structures « lourdes », en mettant en place des mesures d'adaptation. D'autre part, la politique d'intégration, de plus en plus affirmée au cours des années 80, implique encore plus nettement une collaboration interinstitutionnelle et interministérielle et mène, à plus ou moins longue échéance, à repenser les orientations vers les structures spécialisées. L'objectif n'est plus, comme cela avait été si souvent énoncé, de mettre à part pour mieux réinsérer ensuite, mais d'entreprendre, dès que possible, des actions d'intégration scolaire, mûrement réfléchies en fonction des situations et modifiables selon les évolutions individuelles. Dans de telles perspectives, les classes spéciales dans les écoles ordinaires deviennent elles-mêmes des classes d'« intégration scolaire » (circulaire du 18 novembre 1991).

Face à ces dispositifs issus de différentes sédimentations institutionnelles et face à ces politiques, on peut adopter des positions idéologiques : soit dénoncer, par un discours radical, les rigidités qui subsistent, soit, par une adhésion idéalisée aux options intégratives, gommer le poids des réalités difficiles ou douloureuses. Le propos de Jean-Marc Lesain-Delabarre dans cet ouvrage est tout autre. Il vise à faire le compte exact des ressources existantes, à montrer de manière très pratique quels sont les différents types de scolarisation des enfants handicapés ou en difficulté. Pour cela, il s'appuie non seulement sur les données administratives existantes (textes officiels, statistiques disponibles...), mais aussi sur l'état des débats en cours, par exemple sur le sens de certaines notions fondamentales, au premier rang desquelles figure la notion de handicap elle-même, ou encore sur les orientations pédagogiques issues des travaux des psychologues « cognitivistes ». Il s'agit pourtant d'un guide et non d'une encyclopédie scientifique. C'est-à-dire d'un ouvrage où les informations pratiques sont destinées à orienter utilement le lecteur dans la connaissance, voire dans l'utilisation, des dispositifs de l'intégration et de l'adaptation scolaires. Grâce à la précision de ces information puisées aux meilleures sources mais aussi grâce à la manière nuancée dont l'auteur sait user pour présenter les situations et orientations pédagogiques qui n'appellent jamais de réponses rigides et péremptoires, ce guide comble heureusement un vide parmi les publications actuelles.

Éric Plaisance
Professeur à l'université de Paris V - René Descartes
(Unité de formation et recherche de Sciences de l'éducation)

Guide, mode d'emploi

L'objet de cet ouvrage est de présenter les structures de prévention et d'adaptation constituées pour les élèves qui rencontrent des difficultés au cours de leur scolarité, quelles que soient l'origine et la nature de ces difficultés : handicap, maladie, hospitalisation, situation sociale défavorable, problèmes importants d'adaptation aux normes et aux rythmes scolaires, délinquance, etc.

Alors que les politiques de l'école se donnent aujourd'hui pour objectif d'appréhender tous les enfants dans leur plénitude et leur singularité, beaucoup reste encore à faire lorsque l'école est confrontée à l'accueil et à la prise en charge des enfants et adolescents qui requièrent plus et autre chose que ce qu'elle offre d'ordinaire.

Comme tous les ouvrages de ce type, **Le Guide de l'adaptation et de l'intégration scolaires comprend les informations nécessaires pour se repérer et choisir les bonnes orientations en fonction de ses attentes.**

Il n'est pas apparu souhaitable d'organiser sa rédaction de telle sorte que le lecteur se voit imposer une progression unique du début à la fin. Bien au contraire, les chapitres sont élaborés de façon suffisamment autonome pour que chacun y puise sans délai l'information dont il a besoin.

À l'image des cartes permettant d'établir un itinéraire en pays mal connu, on trouvera dans chaque chapitre les adresses utiles, les démarches possibles, les principaux renseignements rassemblés la plupart du temps dans des encadrés ou des tableaux spécifiques.

Un sommaire, un **index thématique** et un **glossaire des terminologies principales** permettent d'organiser à sa guise sa lecture et d'acquérir rapidement le vocabulaire minimal permettant de comprendre le sens et les enjeux des débats principaux, afin d'y participer pleinement.

Quelques mots pour présenter l'architecture générale de l'ouvrage :

Un **premier chapitre permet de situer au plan européen** les caractéristiques majeures de la prise en charge éducative (l'expression n'est guère heureuse, mais il n'en existe pas d'absolument satisfaisante) des enfants et adolescents handicapés. Nul autre ouvrage généraliste n'abordait jusqu'ici cette mise en perspective des politiques éducatives dans ce domaine.

Le **chapitre 2 propose une analyse historique de la scolarisation des jeunes gens handicapés.** Elle permet de mieux comprendre les particularités du système français, tributaire d'un héritage original.

Le **chapitre 3 permet de faire le point des idées claires ou non que recouvre notre conception contemporaine du handicap.** Sa lecture constitue un bon préalable pour qui veut saisir quelques-uns des débats actuels, notamment sur les distinctions entre déficience, incapacité et désavantage.

Le **chapitre 4**, de loin le plus nourri, présente **les quatre secteurs de prise en charge de l'enfance handicapée ou en difficulté.** Le lecteur peu averti des établissements, des services, des modalités d'admission, de financement et de fonctionnement de l'adaptation et de l'intégration scolaires pourra commencer utilement sa lecture par ce chapitre. Il y trouvera des informations précises sur les structures, les services et les aides dont on dispose selon la nature des difficultés que rencontrent les enfants et adolescents d'âge scolaire.

Le **chapitre 5 comporte les renseignements pratiques essentiels sur les personnels de l'A.I.S.,** leurs rôles professionnels, les modalités de leur recrutement, de leur formation, etc.

Chacun des chapitres suivants aborde un aspect particulier des pratiques d'enseignement et de formation dans le champ spécialisé :

Le **chapitre 6 expose brièvement les bases des nouvelles conceptions de l'apprentissage** dont peuvent bénéficier les jeunes en difficulté et le **chapitre 7 traite de la question délicate de la formation et de l'insertion professionnelles des adolescents et jeunes adultes** en difficulté, en précisant ce que recouvre la volonté de certification, assignée à l'ensemble du système éducatif.

Chacun des chapitres 8 à 11 présente quelques-unes des particularités majeures de l'enseignement, en fonction des types de handicap. Les lecteurs intéressés à la réussite d'un **projet d'intégration en classe ordinaire**, ou désireux de mieux connaître des particularités de l'enseignement spécialisé ou adapté, consulteront avec profit :

– le chapitre 8, « **Enseigner à des jeunes malades mentaux** » ;
– le chapitre 9, « **L'enfant malade, l'enfant déficient moteur** » ;
– le chapitre 10, « **La scolarité de l'enfant déficient auditif** » ;
– le chapitre 11, « **La scolarité de l'enfant déficient visuel** ».

Chapitre premier

LES PROGRAMMES EUROPÉENS EN FAVEUR DE L'ENFANCE HANDICAPÉE

La communauté européenne compte plus de trente millions de ressortissants qui entrent dans l'une ou l'autre des catégories du handicap physique, sensoriel, mental ou psychologique.

Ils représentent environ 10 % de la population pour lesquels la communauté s'est fixé un objectif d'intégration sociale et économique d'envergure.

Le *Rapport de la Commission sur les progrès de la mise en œuvre de la politique d'intégration scolaire dans les États membres (1988-1991)* faisait apparaître que 87 000 enseignants spécialisés, auxquels s'ajoutent 31 000 enseignants assurant des actions de suivi et de soutien, interviennent auprès des **1 239 750 jeunes répertoriés comme handicapés.** Il conviendrait d'ajouter à ces derniers les élèves présentant des besoins éducatifs particuliers, qui représentent entre 8 et 12 % de la population scolaire.

L'un des cinq domaines prioritaires du programme HELIOS – le programme global d'action en faveur des personnes handicapées – s'est donné comme objectif de « promouvoir le développement d'une politique de coopération communautaire avec les États membres et les organisations concernées en matière d'intégration, fondée sur les meilleures expériences et pratiques innovatrices et efficaces dans les États membres... ». C'est dans ce cadre que l'on s'intéresse tout particulièrement aujourd'hui aux aspects de l'intégration scolaire des jeunes présentant un handicap dans les systèmes d'enseignement ordinaire, et que l'on s'efforce de promouvoir les actions innovantes.

Il existe toutefois une disparité de fait des actions conduites en ce sens dans chaque pays, voire dans chaque région. Elle pose le problème, toujours en suspens, des voies d'une possible cohérence.

La question des enfants et adolescents handicapés dans les pays de l'Union européenne

« Toute personne handicapée, quelles que soient l'origine et la nature de son handicap, doit pouvoir bénéficier de mesures additionnelles concrètes visant à favoriser son intégration professionnelle et sociale. Ces mesures d'amélioration doivent notamment concerner, en fonction des capacités des intéressés, la formation professionnelle, l'ergonomie, l'accessibilité, la mobilité, les moyens de transport et le logement » (point 26 de la *Charte communautaire des droits sociaux fondamentaux des travailleurs,* adoptée au Conseil européen de Strasbourg le 9 décembre 1989).

Depuis plusieurs dizaines d'années, et dès la décision du 2 avril 1963 établissant les principes généraux pour la mise en œuvre d'une politique commune de formation professionnelle, plusieurs programmes d'actions communautaires ont été établis en faveur des personnes handicapées.

Par ailleurs, diverses mesures prennent systématiquement en compte les besoins des enfants, adolescents et adultes handicapés, chaque fois qu'un programme communautaire est constitué.

Trois systèmes cohabitent dans l'Union européenne

**Les systèmes éducatifs nationaux :
difficultés d'une généralisation...**

On constate une grande hétérogénéité d'un pays de l'Union européenne à l'autre, lorsque l'on étudie les modes de prise en charge éducative des jeunes répertoriés comme handicapés. Cette hétérogénéité est renforcée par ailleurs, en raison de l'indépendance importante laissée à chacune des unités politiques régionales constitutives des pays qui ne vivent pas sous le régime d'un système général unificateur, tel qu'on le rencontre en France.

D'une région à l'autre, dans un même pays, on peut donc constater des réalités institutionnelles très dissemblables. Les analyses que nous avons effectuées dans les lignes qui suivent sont donc à nuancer, selon que l'on considère tel ou tel système local.

En dépit d'un consensus de bon aloi en faveur de l'éducation et de l'insertion sociale et professionnelle des jeunes handicapés, on constate dans les pays de l'Union européenne des différences nombreuses qui tiennent :

— aux conceptions des mesures légitimes ;
— à la variété des systèmes d'éducation, de formation et d'insertion ;
— à la diversité des objectifs poursuivis ;
— à l'ampleur des ressources consacrées par chaque État membre à l'atteinte de ces objectifs.

Pour résumer et clarifier la situation, on peut classer *grosso modo* les systèmes éducatifs en trois grands groupes, à l'intérieur desquels existent des variantes nationales et culturelles particulières.

Premier groupe : le système des filières séparées

Le premier groupe rassemble les pays dans lesquels l'éducation spéciale est organisée autour de la prise en charge de chaque handicap, dans une filière séparée de l'enseignement ordinaire. On relève en général dans ces pays peu de contacts entre les filières spécialisées et les filières d'enseignement ordinaire.

La plupart du temps, cette conception s'accompagne d'un modèle sous-jacent dans le cadre duquel la séparation est perçue comme une nécessité temporaire.

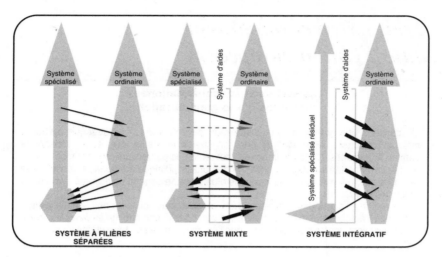

Par une pédagogie curative, ce qu'on appelle parfois une *ortho-pédagogie,* une rééducation, etc., on escompte qu'il sera possible d'aider l'enfant à acquérir les savoirs, savoir-faire et savoir-être lui permettant une intégration en classe ordinaire.

L'**Allemagne**, la **Belgique**, le **Luxembourg**, les **Pays-Bas** ont ainsi un système d'enseignement spécial plus ou moins fortement indépendant de l'enseignement ordinaire.

En Belgique, par exemple, existent 8 catégories d'écoles selon le type de handicap, en Allemagne 10, et 15 aux Pays-Bas.

Ces pays tendent à penser leur politique d'intégration comme une *réintégration* de l'enfant dans le système normal, dès lors qu'il se montre à peu près capable de satisfaire aux exigences de l'école ordinaire.

Deuxième groupe : le système intégratif

Le deuxième groupe rassemble les pays dans lesquels la tradition d'intégration des élèves handicapés en milieu ordinaire est devenue la règle.

Pour les enfants dont le handicap ne permet pas cette intégration, même au prix d'un soutien et d'un accompagnement renforcés, des écoles spécialisées sont mises en place, mais ces mesures d'exception ne concernent en général qu'un très petit nombre d'enfants.

Là, les déficits ou les inadaptations du système éducatif sont fréquemment mis en avant – et non pas les déficits ou inadaptations dont l'enfant serait principalement porteur.

Les récentes réformes scolaires en **Espagne** et au **Royaume-Uni** ont ainsi pour objet explicite d'offrir à tous les enfants une scolarisation adaptée dans un cadre unique et cohérent. Le **Danemark** se situe également dans une telle perspective.

Un concept novateur : l'idée de « besoins éducatifs particuliers » (G.-B. : « *special educational needs* »)

Certains pays, marqués par les approches actuellement en vigueur aux États-Unis, mettent en cause l'usage des termes de « handicapé » ou de « handicap ». On leur reproche en effet de focaliser l'attention sur la différence et non sur la ressemblance, de pathologiser et de naturaliser des distinctions sociales par essence, de faire « reposer sur un modèle erroné les causes des difficultés d'apprentissage des enfants, conduisant à les percevoir comme si elles étaient enracinées dans l'individu, et à ignorer les facteurs environnementaux qui sont, en réalité, la cause principale de ces difficultés » (UNESCO, 1988).

En adoptant le concept d'enfants ayant des « besoins éducatifs particuliers » (*special educational needs*), le Royaume-Uni a choisi un mode de catégorisation qui ne recouvre plus les catégories traditionnelles (handicapés sensoriels, mentaux, physiques, etc.). Un enfant sera considéré comme ayant des besoins éducatifs particuliers s'il présente des difficultés d'apprentissage requérant la définition et l'utilisation de mesures d'éducation spéciale. L'accent se déplace ainsi, mettant au premier plan la prise en charge éducative, alors qu'auparavant cette dernière était évoquée secondairement.

L'**Italie** mérite une place à part, car c'est **le pays qui est allé le plus loin dans la démarche d'intégration.** Le modèle sur lequel ce pays s'appuie met en avant non pas tant la recherche d'un meilleur environnement ou d'un meilleur équipement, mais celle d'une meilleure *interaction*. Le désir d'intégrer s'appuie en l'occurrence sur l'idée que l'enfant ou l'adolescent différents peuvent apporter au groupe un réel enrichissement humain, social, culturel..., l'école ordinaire demeurant le meilleur lieu d'intégration. Aussi la démarche italienne consiste-t-elle – d'une façon volontariste qui mérite une analyse critique – à placer *tous* les enfants dans les classes ordinaires.

**Un exemple unique de politique
d'intégration systématique : le modèle italien**

Le mouvement en faveur de l'intégration systématique des jeunes handicapés s'est concrétisé en 1977 par la promulgation d'une loi que les Italiens appellent encore « **loi tremblement de terr**e ».

Le texte comportait **cinq clauses révolutionnaires** :

– la classe n'appartient plus à un seul maître ;
– tous les acteurs doivent s'entendre pour programmer ensemble un projet d'action optimal pour chaque enfant handicapé ;
– l'évaluation ne peut plus se faire à l'aide de la notation traditionnelle : elle doit consister désormais en une évaluation formative et permettre de mesurer les progrès de chaque enfant – et tout particulièrement des enfants porteurs de handicaps ;
– les activités de soutien peuvent avoir lieu pendant ou après la classe ;
– aucun élève n'est appelé à redoubler au cours de sa scolarité obligatoire.

Deux postulats fondent donc la démarche d'intégration : l'enfant est acteur de son propre développement, et c'est à l'école de s'adapter pour en permettre l'accomplissement.

À l'arrivée d'un enfant handicapé dans une école, un groupe de travail se constitue composé du directeur, des parents, des professionnels des services sanitaires et sociaux, du représentant de la cellule locale chargée des questions de handicap, des enseignants du conseil de la classe concernée et du maître de soutien : il convient en effet que les logiques et les objectifs des différents acteurs puissent être exprimés pour que se construise collectivement un projet d'intégration scolaire et sociale viable.

L'intégration est préparée, vécue, commentée ensemble. Une confiance est accordée d'emblée à l'enfant, à ses compétences, ainsi qu'à tous ceux qui œuvrent pour l'aider à réaliser son potentiel. La conduite d'un soutien et de soins particuliers s'avère la plupart du temps indispensable : la participation à l'ensemble des activités d'une classe ordinaire ne doit en effet pas priver le jeune des soins et rééducations que nécessite souvent son état.

Lorsqu'on effectue un bilan rapide des effets de l'intégration systématique, on constate que la présence d'enfants handicapés, lorsqu'elle s'accompagne des conditions favorables à une diversification de la prise en charge, permet de développer l'entraide entre enfants, favorise le travail en groupe et, plus généralement, rend possible tout un ensemble de situations et d'interactions propices aux apprentissages sociaux et cognitifs.

Dans des conditions convenables, l'intégration apparaît comme un facteur important de changement des pratiques pédagogiques des maîtres et peut profiter à tous les enfants, en contribuant notamment à leur éducation civique.

(D'après *L'Intégration scolaire en Italie, compte rendu et réflexion en images*, Suresnes, C.N.E.F.E.I., 1994, video V.H.S.).

Troisième groupe : les systèmes mixtes

Le troisième groupe rassemble les pays dans lesquels *coexistent* un système éducatif ordinaire et un système éducatif spécial. Ces pays promeuvent une politique d'intégration des jeunes handicapés en milieu ordinaire à partir d'un système spécial souvent fortement structuré et dont on ne remet pas en cause la légitimité, souvent pour des raison historiques et socio-économiques. Dans certains pays en effet, le secteur médico-éducatif se révèle être un employeur important, parfois le premier employeur dans certaines localités.

La prise en compte des besoins spéciaux des élèves conduit à mettre en place un continuum de mesures allant de l'intégration en milieu ordinaire, avec ou sans soutien, au placement partiel en classe spéciale intégrée dans une école ordinaire, jusqu'à l'inscription en école spéciale ou en institution spécialisée.

La situation de la **France** illustre bien cette problématique, que l'on retrouve en **Irlande** et au **Portugal.**

Vers une cohérence européenne ?

Après s'être contentée au départ d'un échange technique d'expériences, la communauté s'est attachée à définir une politique globale et cohérente, qui s'est traduite notamment par une recommandation relative à l'emploi des personnes handicapées (*J.O.* n° L 225 du 12 août 1986) puis par un programme communautaire de coopération sur l'intégration scolaire, sociale et économique (*J.O.* n° C 211 du 18 août 1987).

L'article 126 du traité sur l'Union européenne

1. La Communauté contribue au développement d'une éducation de qualité en encourageant la coopération entre États membres et, si nécessaire, en appuyant et en complétant leur action tout en respectant pleinement la responsabilité des États membres pour le contenu de l'enseignement et l'organisation du système éducatif ainsi que leur diversité culturelle et linguistique.

2. L'action de la Communauté vise :
 – à développer la dimension européenne dans l'éducation notamment par l'apprentissage et la diffusion des langues dans les États membres ;
 – à favoriser la mobilité des étudiants et des enseignants, y compris en encourageant la reconnaissance académique des diplômes et des périodes d'études ;
 – à promouvoir la coopération entre les établissements d'enseignement ;
 – à développer l'échange d'informations et d'expériences sur les questions communes aux systèmes d'éducation des États membres ;
 – à favoriser le développement des échanges de jeunes et d'animateurs socio-éducatifs ;
 – à encourager le développement de l'éducation à distance.

3. La Communauté et les États membres favorisent la coopération avec les pays tiers et les organisations internationales compétentes en matière d'éducation, et en particulier avec le Conseil de l'Europe.

4. Pour contribuer à la réalisation des objectifs visés au présent article, le Conseil adopte :
 – statuant conformément à la procédure visée à l'article 189 B et après consultation du Comité économique et social et du Comité des régions, des actions d'encouragement, à l'exception de toute harmonisation des dispositions législatives et réglementaires des États membres ;
 – statuant à la majorité qualifiée sur proposition de la Commission, des recommandations.

La signature du traité de Maastricht permet à l'Union européenne d'étendre son champ de compétences aux problèmes de scolarisation et de formation, exception faite de toute harmonisation des législations et réglementations des États membres. C'est dans ce cadre que sont maintenant redéfinis les principaux programmes s'appliquant aux jeunes ressortissants présensant des besoins éducatifs spécifiques.

**Où s'informer sur les programmes européens
en faveur des personnes handicapées ?**

Les renseignements relatifs aux divers programmes européens sont regroupés dans un *Guide des programmes et actions communautaires* édité par la Commission des Communautés européennes. On peut se le procurer à l'adresse suivante :
– Journal Officiel
Service des publications des Communautés européennes
26, rue Desaix
75727 Paris XVe.
– Centre de documentation Source Europe
Socle de la Grande Arche (La Défense)
Renseignements sur place uniquement du lundi au vendredi de 10 à 18 heures.
Tél : (1) 41 25 12 12
– Bureau de la Commission des Communautés européennes
288, bd Saint-Germain
75007 Paris
Tél : (1) 40 63 38 00
– Centres nationaux de l'adaptation et de l'intégration scolaires
C.N.E.F.E.I.
Bureau des relations extérieures
58-60, avenue des Landes
92150 Suresnes
À noter : on peut se procurer auprès du C.N.E.F.E.I. de Suresnes les actes du colloque qui s'est déroulé les 22, 23 et 24 mai 1995, portant sur « L'Éducation spécialisée en Europe ». Ce colloque s'est donné pour objet de construire une vision cohérente de la dimension européenne de l'éducation spécialisée et de fournir aux participants, personnels de direction ou d'encadrement, les clés nécessaires pour promouvoir divers projets innovants.

Le programme HELIOS

Étape décisive dans la construction d'une cohérence européenne, l'adoption d'un premier (*J.O.* n° L 104 du 23 avril 1988) puis d'un second programme (25 février 1993) résolument centré sur la question des personnes handicapées, dénommé HELIOS (abréviation du titre du programme en anglais : « Handicapped people in the European community leaving independantly in an open society »), occupe une place à part dans l'ensemble des programmes européens, puisqu'il s'agit du seul programme qui porte exclusivement sur ces questions.

HELIOS I (1988-1991)

Outre les initiatives politiques qui ont pu être prises, relatives à l'emploi ou à l'intégration scolaire des jeunes handicapés, la conduite de la première phase (entre 1988 et 1991) du programme HELIOS a permis la constitution de réseaux européens dans le cadre desquels plus d'une centaine d'activités réparties entre les États membres ont pu faire l'objet d'échanges et d'analyses. Ces réseaux ont été constitués autour de quatre axes :

– un premier axe a permis l'étude d'une cinquantaine de centres et d'expériences de formation ou de réadaptation professionnelles ;

– un second axe a concerné une vingtaine d'activités modèles locales (A.M.L.) d'intégration des enfants et des jeunes handicapés en matière d'éducation et de scolarisation ;

– un troisième axe a porté sur près d'une trentaine d'A.M.L. d'intégration économique ;

– un quatrième axe enfin concerne une trentaine d'A.M.L. favorisant l'intégration sociale (elles portent sur l'accessibilité, la mobilité, le transport et le logement des personnes handicapées).

HELIOS II (1993-1996)

Publiée au *Journal officiel des Communautés européennes* le 9 mars 1993, la décision du Conseil en date du 25 février 1993 porte établissement d'un programme à destination des personnes handicapées, centré sur cinq objectifs :

– supprimer les obstacles matériels à la scolarisation des jeunes handicapés ;

– utiliser des méthodes d'enseignement souples pour répondre aux besoins individuels, et faciliter les passages à la formation, à la vie professionnelle et à la vie adulte ;

– établir une coopération aussi active que possible avec les établissements spécialisés dans la prise en charge des jeunes handicapés ;

– recourir aux différentes possibilités offertes par les nouvelles technologies en matière d'éducation ;

– renforcer les liens entre la famille, la collectivité, les services sociaux et de santé, le monde du travail.

Compte tenu de l'extraordinaire complexité de la situation de la prise en charge des jeunes en grande difficulté ou handicapés dans les États membres, compte tenu également du maintien affirmé de la responsabilité de chaque État membre pour le contenu de l'enseignement et l'organisation de son système éducatif, l'ensemble du programme HELIOS ne s'est pas donné pour objet l'harmonisation des dispositions législatives et réglementaires des États membres, mais bien la conduite d'activités d'informations et d'échanges (A.I.E.) entre les divers partenaires.

HELIOS II a ainsi pour objet de compléter les actions entreprises aux niveaux national, régional et local, en assurant notamment des échanges d'expériences et d'informations relatives à celles-ci.

Les fonds alloués pour la mise en œuvre de ce programme sont importants : 37 millions d'écus, soit environ 250 millions de francs. Ils permettront de financer en fait une diversité d'opérations. Il s'agit en particulier de coordonner, d'entreprendre et de stimuler les activités permettant d'échanger les expériences d'intégration réussies et le transfert de pratiques éprouvées.

Ces activités sont envisagées avec la participation étroite des personnes handicapées elles-mêmes, des familles et des organismes représentatifs.

Il s'agit également de répondre aux besoins d'information des personnes handicapées et des divers professionnels agissant dans le secteur. Un système informatisé de collecte des informations, dénommé HANDYNET, a été constitué à cet effet.

Tout un pan du programme communautaire HELIOS II vise la participation des personnes handicapées aux actions relatives aux domaines de la formation et de la préparation à la vie professionnelle, des nouvelles technologies, de l'emploi, de l'apprentissage, des langues, de l'échange des jeunes au sein de la communauté, etc.

L'ensemble des mesures porte sur la promotion de l'égalité des chances et l'intégration des personnes handicapées. Sont concernées (article 2 de la décision du 25 février 1993, *J.O.* n° L 56/30) « les personnes présentant des déficiences, incapacités, ou handicaps sérieux résultant d'atteintes physiques, y compris sensorielles, mentales ou psychiques, qui limitent ou interdisent l'accomplissement d'une activité ou d'une fonction considérée comme normale pour un être humain ».

Le système HANDYNET

HANDYNET (Handicapped people network) est un système d'information et de communication en plusieurs langues (les neuf langues officielles de la communauté), développé pour répondre aux besoins d'information dans le domaine du handicap. Il a vocation de mettre à la disposition des personnes handicapées et des professionnels de l'inadaptation des renseignements pratiques diversifiés, et d'offrir aux utilisateurs les avantages d'une banque de données multilingue, d'un journal électronique, d'un service de messagerie. Dans l'état actuel de sa constitution, HANDYNET n'est pas directement accessible au public : des centres d'information désignés dans le cadre de chaque État membre sont chargés de collecter, d'exploiter et de diffuser les informations traitées à destination des utilisateurs.

Le système est actuellement performant dans le domaine de l'information sur les aides techniques (de haute technologie ou non) disponibles dans chacun des États membres. Il est à même de fournir des renseignements actualisés sur les organismes commerciaux ou non commerciaux dont l'activité est significative dans le champ des aides techniques, sur les réglementations relatives au financement et aux modes de remboursement éventuel des acquisitions, etc.

Tous les ans, la commission compétente en matière de handicap établit une liste d'activités susceptibles d'obtenir un soutien financier.

Ces activités comprennent par exemple des conférences, séminaires, visites d'études, sessions de formation, etc., des campagnes de sensibilisation de l'opinion publique et des médias, par une large communication de l'information concernant les possibilités d'intégration des personnes handicapées, etc.

Les autres programmes communautaires

Si le programme HELIOS est le cadre le plus accompli actuellement dans lequel prennent place l'étude et la promotion des démarches d'éducation, de formation et d'insertion en faveur des jeunes handicapés, d'autres actions renvoient à des projets européens plus généraux, qui comportent des volets à destination des personnes (jeunes et/ou adultes) défavorisés, en difficulté ou handicapés. Certains de ces programmes sont en cours, d'autres sont achevés ou ont été refondus dans un cadre plus global. À titre indicatif, on peut citer les initiatives et programmes suivants :

– Initiative **HORIZON** 1990-1993 (initiative communautaire concernant les personnes handicapées et défavorisée, en vue d'améliorer leurs conditions d'accès au marché de l'emploi).

– **ERASMUS** : programme visant à favoriser la mobilité des étudiants à l'intérieur de l'Union européenne et la coopération dans l'enseignement supérieur. Un volet concerne spécialement les étudiants handicapés.

– **LINGUA** : programme communautaire visant à stimuler l'apprentissage des langues étrangères dans la communauté. Ce programme concerne les institutions de formation continue, les enseignants et les étudiants, les organisations professionnelles.

– **ARION** : programme de voyages d'études pour spécialistes du système éducatif, visant à améliorer la connaissance mutuelle des systèmes d'enseignement dans la communauté et à faciliter la confrontation des politiques, des expériences, des idées dans les États membres.

– **TEMPUS** : programme de mobilité transeuropéenne visant à favoriser le développement et la restructuration des systèmes d'enseignement supérieur dans les pays d'Europe centrale et orientale.

– **JEUNESSE POUR L'EUROPE** : programme d'actions communautaires ayant pour objet la promotion des échanges entre jeunes dans l'Union européenne.

– **PETRA II** : programme d'action communautaire destiné à soutenir la formation professionnelle des jeunes et leur préparation à la vie adulte et professionnelle. Ce P.A.C. concerne tous les jeunes de 16 à 28 ans en formation professionnelle initiale, les organismes ou institutions impliqués dans l'accueil, la formation ou l'insertion des jeunes de moins de 28 ans.

Depuis le 1er janvier 1995, deux nouveaux programmes communautaires, valables pour cinq ans, succèdent aux actions déjà conduites à destination de l'ensemble de la jeunesse de l'Union européenne. Dans ce cadre peuvent s'inscrire plusieurs actions à destination des jeunes handicapés ou en grande difficulté. Le budget de ces deux programmes est important, puisque le premier porte sur 760 M ÉCU, et le second sur 620 M ÉCU.

Le programme **SOCRATES** s'adresse à tous les élèves et comprend trois volets :

– le premier aide les étudiants et enseignants du supérieur à effectuer une partie de leurs études dans un autre État européen ;

– le second a pour cible l'enseignement primaire et secondaire. Ce volet d'actions vise à « encourager la constitution de partenariats entre établissements scolaires d'États membres différents pour la réalisation conjointe de projets éducatifs, notamment dans le domaine des langues, du patrimoine culturel, de la protection de l'environnement » ;

– le troisième volet de Socrates a pour cibles tous les niveaux d'enseignement. Il cherche à promouvoir la connaissance des langues de l'Union, en permettant notamment à ceux qui se destinent à l'enseignement des langues d'effectuer des périodes d'immersion ou d'occuper des postes d'assistant à l'étranger.

Le programme **LEONARDO DA VINCI** couvre le champ de la formation professionnelle. L'objectif en est d'améliorer la qualité de la formation professionnelle et d'introduire davantage d'innovations. Ce programme comportera un soutien aux projets pilotes transnationaux, des échanges de jeunes en cours de formation initiale, et de décideurs en matière de formation.

L'Union européenne contribue par ailleurs à sensibiliser l'opinion publique par l'organisation de concours et par l'attribution de prix annuels pour des réalisations exemplaires d'intégration.

Cinq thèmes sont l'objet d'une attention particulière en la matière. Il s'agit :

– de la prévention et de l'aide précoce apportée en vue d'éviter l'apparition ou le développement de la déficience, de l'incapacité et du handicap ;

– de la prise en compte des difficultés des familles de personnes handicapées, des femmes handicapées et du vieillissement des personnes handicapées ;

– de la promotion de l'intégration économique et sociale des femmes handicapées ;

– de la formation des intervenants, professionnels ou bénévoles, aux actions facilitant l'intégration ;

– des personnes ayant des responsabilités particulières dans la prise en charge des enfants, adolescents, adultes handicapés.

Chapitre deux

GENÈSE ET ÉVOLUTION DE L'ÉDUCATION SPÉCIALE

Il est fréquent de rapporter la naissance de l'enseignement spécial à la démocratisation de l'enseignement laïque à la fin du XIXᵉ siècle. Cette filiation rapide entre les lois instaurant l'instruction primaire obligatoire et la loi de 1909, portant sur la création d'écoles et classes de perfectionnement pour enfants arriérés, est rappelée dans l'ensemble de la littérature consacrée à ce sujet.

La naissance de l'éducation spéciale serait liée notamment à la gêne des instituteurs face à un nouveau public d'élèves qui ne se pliait pas aisément aux normes d'instruction et à celles de la discipline. On a donc longtemps présenté la filière de l'éducation spéciale comme l'un des avatars de l'école de la République et de son extension quantitative aux classes laborieuses.

De nombreux historiens ont cherché à préciser le contexte particulier de cette création d'un secteur spécialisé, notamment en analysant les revendications des maîtres telles qu'elles nous sont parvenues. Les résultats de ces investigations donnent une image un peu différente de ce que l'on a coutume de penser.

D'une part, l'éducation spéciale – expression à laquelle on a bien du mal à trouver aujourd'hui une consistance réelle – est très fortement corrélée aux apports de la Révolution française et à ses prolongements.

D'autre part, contrairement à ce que l'on pense d'emblée, les maîtres de l'école républicaine sont apparus très tôt soucieux de faire respecter l'obligation scolaire et furent réticents à l'idée d'une scolarisation séparée.

D'une certaine façon, dans les termes qui sont les nôtres dorénavant, leur penchant allait plus vers l'intégration que vers la ségrégation.

Enfin, il semble bien que les préoccupations en faveur de l'éducation de l'enfance que nous appelons aujourd'hui handicapée ou en difficulté aient été en fait importées dans l'école par divers spécialistes, et tout particulièrement par les médecins aliénistes de la fin du XIXᵉ siècle.

Les évolutions majeures

L'histoire de l'éducation spécialisée est polémique et contrastée, à la mesure des enjeux et des approches qui en permettent la lecture. Polémique, car s'y reflètent nombre de débats d'idées, de luttes d'influence et de légitimité entre les multiples acteurs sociaux qui se sont penchés sur le handicap et l'inadaptation : médecins, enseignants, parents, politiques, philosophes... Contrastée, car il est malaisé de développer *une* histoire unique et homogène qui articulerait l'ensemble des apports en un discours vrai et définitif.

L'histoire de l'éducation spéciale s'enracine en effet :
– dans l'histoire générale des idées (en particulier, dans le débat philosophique et politique sur la nature et les droits de l'homme, sur la place de l'éducation et l'étendue du lien social) ;
– dans l'histoire des pratiques et des institutions en matière d'éducation, de soin, voire de contrôle des populations d'enfants et d'adultes jugées marginales ;
– dans l'histoire des réglementations et des initiatives qui scandent, depuis un siècle, l'évolution du social.

Nous avons cherché à donner ici quelques clés au lecteur curieux de ces histoires, le renvoyant par ailleurs aux nombreux ouvrages savants sur le sujet.

Outre la contribution directe des enseignants et des éducateurs issus des congrégations religieuses, puis des évolutions du mouvement laïque d'instruction publique, le secteur de l'éducation spéciale est l'héritier d'une infrastructure complexe, qui s'enracine dans deux pratiques complémentaires :
– l'hôpital, lieu d'accueil depuis des siècles non seulement des malades, mais aussi des déshérités de toutes sortes ;

– le travail des médecins humanistes, qui a tenu une toute première place dans la construction et l'évolution des actions auprès de ceux que nous qualifions aujourd'hui d'handicapés.

Parmi ces apports, on doit rappeler l'influence décisive des Lumières au XVIIIe siècle, c'est-à-dire de tous ceux qui, philosophes, juristes, écrivains, contribuèrent en France au développement et à la transmission des idéaux qui allaient devenir ceux de la Révolution.

Quelques étapes importantes marquent aussi bien le développement des méthodes pédagogiques que la transformation des mentalités, des institutions et des pratiques. Dans le panthéon de l'éducation spéciale, il faut rappeler :
– les initiatives de l'Abbé de l'Épée (1712-1789) en faveur de l'enseignement des sourds-muets ;
– les apports de Valentin Haüy (1745-1822), créateur d'une institution pour jeunes aveugles et promoteur d'un système d'écriture adapté ;
– les influences de Jean Itard (1745-1826) dans l'éducation de celui que l'on appela « l'enfant sauvage de l'Aveyron ».

Il faut citer aussi les noms de Pinel, Esquirol, Seguin, Bourneville, qui se sont attachés à construire les distinctions sémantiques majeures, à distinguer l'arriération de la maladie mentale et à promouvoir l'éducation des « arriérés d'asiles » peu avant que l'on s'intéresse à celle des « anormaux d'école ».

Les apports des Lumières et de la Révolution française

Au XVIIIe siècle, il n'existe pas de mot pour rassembler les réalités disparates que recouvre le terme de handicapé, et la question des handicapés ne se pose pas du tout de la même façon qu'aujourd'hui. En fait, ce sont **trois grands débats** auxquels ont participé, selon les cas, des philosophes, des médecins, des membres des congrégations religieuses, des pionniers du monde éducatif, des responsables de l'ordre public, des administrateurs, qui ont permis de jeter les bases de l'éducation spéciale.

Le premier débat est économique et social : c'est celui de la pauvreté et de l'assistance aux pauvres. Les infirmes sont englobés dans la catégorie nombreuse des indigents. Ils n'en constituent qu'un cas particulier, une sous-espèce, et leur éducation n'est qu'un sous-problème.

Le second débat est typiquement médical et porte sur la possibilité d'un traitement de la folie : le fou est-il incurable ? Est-il aux antipodes de l'humanité ? Peut-on prévenir l'entrée dans la folie et promouvoir un traitement moral de cette dernière ?

Le troisième débat est pédagogique et philosophique : il porte sur les moyens d'éduquer ces « infirmes de la communication » que sont les déficients sensoriels. Aveugles et sourds-muets sont en particulier au premier plan des réflexions et des expériences en la matière.

Naissance d'une doctrine de l'assistance à la veille de la Révolution

Les jeunes gens handicapés sont, comme beaucoup d'autres dans la seconde moitié du XVIIIᵉ siècle, contraints à la mendicité, ou accueillis dans les hôpitaux généraux qui sont construits pour assister – et principalement enfermer – les plus pauvres.

L'assistance est d'abord hospitalière et les raisons en sont autant d'ordre humanitaire, que fondées sur des principes de police et de respect de l'ordre social. La protection sociale est surtout à l'époque *protection de la société* à l'égard des exclus.

C'est ainsi qu'à Paris, où le nombre d'hôpitaux était élevé, certains (tels Bicêtre ou la Salpêtrière) étaient aussi proches de la maison d'arrêt ou de correction que des foyers d'accueil.

La question de la folie dans le débat philosophique et médical

Avec les idées révolutionnaires, l'attention que l'on porte à la folie va conduire à modifier les représentations et les pratiques.

Sur la base de conceptions égalitaires et démocratiques, on tendra progressivement à percevoir les liens de proximité entre les hommes, quelque éloignés qu'ils puissent paraître d'emblée de l'humanité banale.

Si l'hôpital en général est resté longtemps un lieu de mélange qui nous semblerait aujourd'hui invraisemblable (malades, invalides, délinquants, prisonniers, fous, mendiants mêlés dans une incroyable proximité), on doit au courant révolutionnaire un mouvement d'humanisation qui s'illustre, par exemple, par l'image devenue célèbre et mythique de Pinel libérant les fous de leurs chaînes à Bicêtre.

Dans le prolongement des idées de Pinel, Esquirol fonde à la Salpêtrière une « nouvelle maison de traitement des aliénés ». La nouveauté tient à un postulat que la pratique médicale moderne a confirmé : la folie, maladie mentale, n'est pas en droit incurable – même si elle résiste de fait –, un **traitement moral** (on dirait aujourd'hui psychiatrique ou psychanalytique) en est possible.

Toutefois, cette approche moderne trouvera ses limites dans la conception que l'on se formera de l'**idiotie** : l'idiotie (ou l'arriération profonde) n'est pas, dans la terminologie de l'époque, considérée comme une maladie, mais comme un état, dans lequel les facultés intellectuelles ne se sont pas développées, voire ne se sont pas manifestées. Dans une telle conception, les « idiots », auxquels on ne reconnaissait pas la capacité d'accéder à la parole, à la propreté, à la maîtrise des savoirs minimaux pour prendre place dans la société, furent longtemps pensés comme inéducables, car incapables d'attention, hors d'état de diriger leurs sens pour acquérir quelque connaissance.

Il faudra attendre Bourneville, puis Binet et Simon, pour que l'on affirme haut et fort qu'il n'est pas de différence qualitative entre les hommes – même si l'on compare l'idiot à l'individu ordinaire – mais plutôt une différence de degrés sur une échelle continue de l'intelligence : alors, chaque personne peut faire l'objet d'un traitement pédagogique (et, le plus souvent, psycho-pédagogique), visant à l'utilisation maximale de toutes ses ressources.

On doit de même aux Lumières l'affirmation générale des vertus de l'éducation et de l'instruction, en réaction contre le souci premier de protection sociale qui conduisait à considérer d'abord l'insensé comme un prisonnier. Elles ont contribué d'une façon décisive à ce changement de regard qui nous porte à considérer la personne handicapée comme **sujet de droit** à part entière.

On ne peut que rapprocher ce mouvement de la lutte contre l'absolutisme monarchique, des évolutions conduisant à l'idée d'un pouvoir contractuel issu du peuple (*Du contrat social* de Rousseau en est une illustration proche) et d'un État garant du libre usage par chacun des droits **inaliénables** de l'homme. Cette transition a de multiples prolongements : au respect d'un ordre de droit divin se substitue un idéal d'équité et de justice sociale, le bonheur *post mortem* fait place à un idéal de bonheur terrestre éclairé par la raison et à la charité succédera l'assistance philanthropique.

De cette problématique nouvelle du droit et des rapports sociaux naissent les idées forces sur lesquelles nous faisons reposer nombre de nos institutions modernes : en particulier, le droit à l'aide sociale non seulement pour les nécessiteux mais pour tous ceux dont la situation justifie un soutien sans jugement de la collectivité et le droit à l'instruction pour tous les individus de l'espèce humaine, « afin de leur offrir les moyens de pourvoir à leurs besoins, d'assurer leur bien-être, de connaître et d'exercer leurs droits, d'entendre et de remplir leurs devoirs » (Condorcet, *Rapport et projet de décret sur l'organisation générale de l'instruction publique*, 20-21 avril 1792).

Le débat sur l'éducation des déficients sensoriels

Le long cheminement en faveur de l'intégration dans la communauté des hommes et en faveur de la participation des personnes handicapées à l'ensemble des institutions s'enracine très directement dans les idéaux de la Révolution française. Dès avant pourtant, dans la seconde moitié du siècle, sourds-muets et aveugles sont « à la mode » (si l'on peut dire) et ont fait l'objet de nombreuses actions : ils bénéficient du soutien financier et moral du roi, de la noblesse, de la bourgeoisie éclairée, et même de dotations de souverains étrangers, telle Catherine II de Russie.

C'est pourtant dans le cadre de la mise en question politique, philosophique et sociale de l'Ancien Régime que l'on peut mieux restituer les apports de Valentin Haüy en faveur des aveugles et, dès 1760, ceux de l'Abbé de l'Épée en faveur des sourds.

En 1774, l'Abbé de l'Épée publie en effet son premier ouvrage sur *L'Institution des sourds-muets par la voie des signes méthodiques*, dans lequel il expose et défend un système d'enseignement par signes gestuels. Une seconde édition de l'ouvrage, prenant le titre de *Véritable Manière d'instruire les sourds-muets confirmée par une longue expérience*, verra le jour en 1784.

En 1786, c'est Valentin Haüy (prononcez « UI ») qui s'illustre en publiant l'*Essai sur l'éducation des aveugles* où il rend compte de son expérience d'enseignement de la lecture et de l'écriture par le toucher.

À cette époque sont déjà fondées les premières écoles pour aveugles et sourds-muets : elles reçoivent de nombreux visiteurs qui viennent assister aux leçons pendant lesquelles les élèves font preuve de leurs nouvelles compétences.

Les idées des Lumières n'ont donc pas seulement contribué à transformer les institutions françaises : elles ont, par le biais des débats philosophiques sur la connaissance, la raison, l'entendement, la place des sens dans l'accès au savoir, permis de modifier singulièrement les représentations que l'on se faisait des aveugles et des sourds-muets, ainsi que des pratiques éducatives dont ils pouvaient bénéficier.

C'est dans l'opposition même entre l'empirisme anglo-saxon (on apprend d'abord par le biais des sens et de l'expérience) et le rationalisme héritier de Descartes (on apprend par inspection de l'esprit, les sens étant nos principaux ennemis parce que, en infléchissant nos représentations, ils les falsifient) que l'aveugle par exemple va se trouver au cœur de bien des réflexions et des controverses.

La cécité est en effet un exemple radical pour étudier si, comme l'affirment Locke et Diderot, la connaissance intellectuelle passe par la principale entremise des sens, et comment s'effectue ce cheminement.

Le fait même de poser le problème permet de réhabiliter l'aveugle, et bientôt le sourd-muet, en tant que membres à part entière de l'humanité, dont on commence à investir de signification la multiplicité des facettes. La question n'est plus, et ne sera plus dorénavant, celle de l'appartenance ou non des déficients sensoriels au règne de l'humain dans sa plénitude, mais bien plutôt celle des voies de leur éducation et de leur instruction, puis de leur contribution sociale grâce au travail.

La création des classes de perfectionnement en 1909

Si l'on recherche les premières désignations d'enfants qualifiés d'arriérés, d'instables ou d'anormaux, on les trouve donc dans deux champs bien repérables : celui de l'école et celui de l'hôpital.

Dans le cadre de l'école, la naissance de l'enfance anormale en tant que catégorie et problème est consécutive à la loi sur l'obligation scolaire (et à ses corrélats, la gratuité et la laïcité) ainsi qu'à l'extension de la scolarité aux enfants du prolétariat, qui en étaient auparavant majoritairement exclus. Les classes spéciales se sont adressées à ceux que l'on appelait les « anormaux d'école ».

Selon Monique Vial, qui a conduit de nombreuses recherches sur ce thème à l'I.N.R.P. (Institut national de la recherche pédagogique), l'enfance anormale est d'abord le produit d'une demande des médecins, confrontés à des problèmes de gestion des hôpitaux et soucieux de progrès social. La principale raison en est que l'hôpital au siècle dernier était à la fois lieu de soins, mais aussi lieu de prise en charge dans des conditions terribles souvent, de toute une frange de la population, celle des vagabonds et des classes dangereuses. Ses responsables étaient en permanence confrontés, par voie de conséquence, à un surpeuplement désastreux.

La place de **Bourneville** est à cet égard caractéristique des préoccupations de l'époque : médecin aliéniste exerçant à l'hôpital Bicêtre dès 1879, il était préoccupé par l'engorgement général des services pour enfants des asiles d'aliénés. Cherchant aussi à améliorer le sort de ces enfants, dont certains lui apparaissaient foncièrement éducables, il a beaucoup milité pour que naissent des services adaptés, compromis entre l'asile et l'école. Devant le faible enthousiasme qu'il rencontra en faveur d'une telle création auprès des autorités médicales, il dut se tourner vers l'école elle-même et plaida pour l'ouverture des classes adaptées aux « anormaux ».

On peut dire que la loi du 15 avril 1909, portant création des écoles et classes de perfectionnement pour enfants arriérés, concrétise ce mouvement.

Il est curieux de noter que l'enfance arriérée ou en échec massif n'est devenue un problème que tardivement : Monique Vial a étudié la presse pédagogique entre 1877 et 1909 : elle y a remarqué une totale absence d'intérêt pour l'anormalité, pour ce que nous appellerions aujourd'hui l'enfance en grande difficulté. Le thème, lorsqu'il est abordé, ne concerne que les aveugles et les sourds-muets, dont l'instruction pose des problèmes particuliers, mais est prise en compte depuis la fin du XVIIIᵉ siècle.

De plus, ce n'est aucunement l'arriération, la déficience, ou ce que l'on nomme aujourd'hui le handicap, qui nourrissent la presse destinée aux éducateurs et pédagogues, mais bien plutôt le traitement de « l'enfance coupable et vicieuse », telle qu'on la dénommait alors. L'arriéré apparaîtra plus tard, autour de 1900, comme préoccupation des psycho-pédagogues et non des maîtres proprement dits.

La création des classes spéciales en 1909 naît donc d'un compromis, d'une interaction entre le médical et le scolaire : l'hôpital cherche un moyen pour délivrer l'asile d'une quantité par trop importante de déficients mentaux ou de jeunes à l'abandon ; l'école quant à elle doit faire face au problème que lui posent ceux des enfants dont le comportement s'écarte de la norme.

Les classes de perfectionnement allaient rencontrer un vif succès, en particulier à partir des années 60, mais en recrutant dans un tout autre secteur de la population que celui des seuls « enfants arriérés des deux sexes ».

Si les psychologues Binet et Simon, au début du XXᵉ siècle, contribuèrent à favoriser le dépistage précoce de ces « anormaux d'école », la démarche a conduit souvent à admettre dans les classes spéciales des enfants en échec ou en retard du fait de facteurs externes, sociaux et familiaux principalement, ou en difficulté face aux exigences d'une école mal adaptée.

De ce point de vue on a mis en cause la construction idéologique de la débilité légère, en tant qu'elle légitimait, dans la première moitié du siècle, les processus d'exclusion scolaire sur fond d'une échelle scientifique de l'intelligence.

Le modèle des années soixante et ses effets ségrégatifs

Pour les sociologues, c'est particulièrement la mise à l'écart de la déviance scolaire qui a été remarquable, et sa corrélation avec l'origine socio-familiale des élèves.

Les années 60 ont constitué une période également essentielle à l'histoire de l'éducation spéciale, puisque c'est à cette époque qu'ont été définies les diverses catégories d'enfants « à problèmes » et inventées les structures permettant leur prise en charge.

Le modèle qui régnait alors était celui de la création de structures « à part ». C'était déjà un très grand progrès, car on évitait à bon nombre d'enfants et d'adolescents un destin sans perspectives dans les hôpitaux psychiatriques ou dans les services spécialisés des hôpitaux polyvalents. Ce fut aussi le grand moment de la ségrégation et de l'autonomisation des filières spécialisées : l'enfance inadaptée, déficiente, était perçue comme étant « à part » et redevable d'une éducation « à part ».

L'essor de la politique d'intégration et la volonté de qualification

Les décennies ultérieures ont progressivement mis en cause à la fois les modèles explicatifs de l'échec, les conceptions du handicap et de l'apprentissage, la pertinence d'une éducation séparée, tout en affirmant les vertus de la prévention des inadaptations, du soutien et de l'intégration en milieu ordinaire. La loi du 30 juin 1975 et les circulaires sur l'intégration des années 80 sont, de ce point de vue, significatives de cette évolution.

La situation actuelle des structures d'éducation des enfants handicapés ou en grande difficulté témoigne de ces transformations : il n'y a plus aujourd'hui de terme générique pour dire d'un enfant que son handicap justifie d'une éducation radicalement autre et à part : l'expression même d'éducation spéciale – qui ne sert plus guère que dans la désignation administrative des commissions de l'éducation spéciale – ne correspond plus à une conception ni à une réalité particulières, qui seraient synonymes d'exclusion et de moindre ambition scolaires : l'expression en usage d'*adaptation et intégration scolaires* (A.I.S.) pour parler du secteur propre de l'Éducation nationale reflète bien cette *dilution à la fois d'une pratique et d'une problématique.*

Dans le dispositif réglementaire institué récemment, les anciennes classes spéciales deviennent des éléments d'un ensemble visant à l'intégration scolaire, ce dont témoigne leur nouvelle appellation de **classes d'intégration scolaire** (C.L.I.S.). Ces mesures administratives sont à mettre en équation avec l'approche renouvelée des classifications internationales du handicap, offrant aux autorités médicales et aux responsables divers un nouveau cadre d'appréciation.

Le champ de l'éducation spéciale à proprement parler s'est donc déstructuré, il a perdu de son autonomie au profit d'un dispositif global centré sur le projet de l'élève et, à chaque fois que cela s'avère possible et profitable, favorisant la scolarité en école ordinaire.

Les mesures de prévention et d'adaptation sont prises désormais dans la cohérence nouvelle qu'offre la mise en place des réseaux d'aides aux élèves en difficulté. Psychologues, rééducateurs, maîtres spécialisés voient leurs actions redéfinies et redéployées autour de l'élève, dont on rappelle qu'il est et doit être au cœur des projets divers (projet d'école, projet de zone d'éducation prioritaire, projet individuel, etc.).

On se trouve donc loin désormais des représentations dominantes du début du XXe siècle : le sujet n'est plus évalué à l'aune de ses seules déficiences et différences au regard des individus ordinaires, il n'est plus pensé sur le modèle de l'arriération, ce qui donnait il n'y a pas si longtemps ses justifications à une éducation séparée et de moindre ambition.

C'est ce que note l'un des spécialistes de la sociologie de l'éducation en France, Éric Plaisance : « Le vocable même de l'éducation spéciale révèle ses limites, puisqu'il s'agit de promouvoir des enseignements adaptés – ou à adapter – en fonction de références communes à tous. En ce sens, les mesures en faveur de tel ou tel type d'enfants peuvent donc être spécifiques mais non spéciales au point de perpétuer des isolats institutionnels et pédagogiques. »

Chapitre trois

HANDICAPS ET INADAPTATIONS : LES TERMINOLOGIES ACTUELLES

Ce n'est pas seulement la personne qui est handicapée : ce sont aussi les structures sociales qui se révèlent handicapantes, dès l'instant qu'elles font d'une différence de comportements, d'une déficience ou d'un retard la première raison d'une mise à l'écart. Nous avons toujours tendance à regarder le handicap comme une réalité en soi, une évidence, un fait individuel. Les grandes lignes de la réflexion et de l'action en ce domaine mettent bien plus l'accent aujourd'hui sur les compétences en regard des incapacités et sur la relativité des inadaptations.

Les classifications adoptées en France depuis la fin des années 80 sont à ce propos exemplaires des changements d'approche chez les spécialistes du monde médical, chez les militants associatifs, chez les enseignants eux-mêmes. Mais les représentations habituelles du public ne reflètent que très partiellement ces mutations, de même que les attitudes à l'égard des personnes porteuses d'une différence affectant leur intégrité physique, leur fonctionnement intellectuel ou leur stabilité émotionnelle évoluent très lentement.

Chez les enseignants en particulier, mais aussi dans le cadre familial, la survivance d'une conception restrictive des possibilités de l'enfant réputé déficient mental ou inadapté peut avoir des conséquences décisives sur ses compétences scolaires et sociales, et sur ses propres aspirations.

La classification internationale des handicaps

La C.I.H. met l'accent sur les dimensions sociales du handicap

Constituée à l'initiative de l'Organisation mondiale de la santé, la Classification internationale des handicaps doit l'essentiel de ses apports au professeur Philip Wood, de l'université de Manchester. Élaborée grâce au concours de nombreux spécialistes du monde médical et de professionnels intervenant dans les équipes pluridisciplinaires, la C.I.H. met en avant trois notions dont la distinction a permis d'effectuer d'importants progrès : les notions de **déficience**, d'**incapacité** et de **désavantage.**

La déficience correspond à l'aspect lésionnel du handicap, l'incapacité correspond à ses aspects fonctionnels, et le désavantage aux aspects situationnels du handicap.

Les avancées de la communauté savante ne sont toutefois pas répercutées sans délai dans les pratiques sociales, et nombre de représentations, portées par des appellations désuètes, tendent à survivre dans les mentalités. Ce constat est particulièrement net dans le cadre de ce que l'on vise par l'expression de déficience intellectuelle, dont on sait aujourd'hui qu'elle recouvre une pluralité de situations autorisant un plus grand optimisme pédagogique que par le passé.

La déficience

« Dans le domaine de la santé, la déficience correspond à toute perte de substance ou altération d'une structure ou fonction psychologique, physiologique ou anatomique. »

Par exemple, la surdité ou la perte d'une jambe à l'issue d'un accident de la route sont, dans cette optique, considérées comme des déficiences. La déficience n'implique donc pas une origine en particulier. Elle peut être liée à une pluralité de causes (on dit qu'elle ne renvoie pas à une étiologie en particulier), être congénitale ou acquise, permanente ou temporaire.

On distingue **neuf catégories principales de déficience**, qui vont des déficiences intellectuelles (divers degrés du retard mental, des atteintes de la mémoire, du déroulement de la pensée logique) aux déficiences du psychisme affectant la perception, l'émotion, le comportement, en passant par celles du langage et de la parole, de la perception auditive ou visuelle, jusqu'aux déficiences du squelette et de l'appareil de soutien, et à celles relatives aux fonctions générales.

L'une des modifications les plus importantes introduites par ce nouveau tableau est relative aux déficiences intellectuelles. Cela

n'est pas sans impact sur le recrutement des classes et des établissements, notamment ceux du secteur médico-éducatif.

L'incapacité

Incapacité est le terme aujourd'hui employé pour désigner, toujours
dans le domaine de la santé, « toute réduction (résultant d'une déficience) partielle ou totale, de la capacité d'accomplir une activité
d'une façon ou dans les limites considérées comme normales pour
un être humain ».

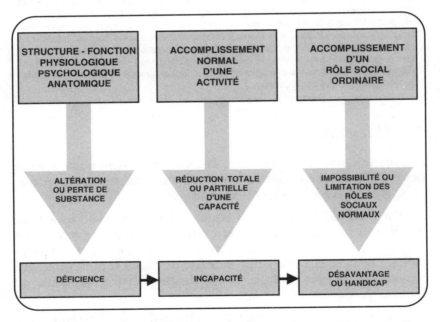

Si la déficience porte sur les fonctions des parties du corps d'un
individu, l'incapacité va concerner les **activités** qu'il lui est possible ou
non d'effectuer. **L'incapacité renvoie donc à une diminution** (ou dans
certains cas à un excès) **des comportements ou activités normaux.**

Il est important de noter que l'on tend plus à penser, dans les
milieux spécialisés, qu'une personne présente une incapacité (ce qui est
assez neutre), plutôt qu'elle n'est « incapable de » (ce qui l'est beaucoup
moins).

Les types d'incapacité selon l'O.M.S.

L'O.M.S. a retenu neuf types principaux d'incapacité, auxquels font écho les classifications françaises portées à la connaissance du public français par l'I.N.S.E.R.M. et le C.T.N.E.R.H.I. (voir glossaire) :

1. les incapacités relatives au **comportement** (son adaptation aux situations, mais aussi l'acquisition des connaissances, ou la tenue de rôles familiaux par exemple) ;

2. les incapacités relatives à la **communication** ;

3. les incapacités concernant les **soins corporels** (mettre ses vêtements, se nourrir de façon autonome, etc.) ;

4. les incapacités relatives à la **locomotion** ;

5. les incapacités concernant l'**utilisation du corps** dans certaines tâches domestiques (par exemple, l'incapacité de s'agenouiller, d'adopter certaines postures) ;

6. la **maladresse dans les activités quotidiennes** ;

7. les incapacités révélées dans certaines **situations particulières de dépendance** (l'utilisation d'un matériel nécessaire à la survie, la très faible résistance physique, etc.) ;

8. les **incapacités d'accomplir des activités de type professionnel** ;

9. une neuvième catégorie ouverte permet d'intégrer les cas très particuliers.

Comme toute classification, la classification des incapacités sommairement présentée ici ne manquera pas de surprendre le lecteur par le caractère étrange de certains regroupements. L'essentiel est dans le souci de repérage et de distinction des niveaux. En l'occurrence, le degré de gravité de l'incapacité va être estimé en fonction du **degré de dépendance** : certaines incapacités peuvent être atténuées par un appareillage adéquat permettant une grande autonomie, d'autres au contraire nécessitent l'intervention permanente d'un matériel de survie et la surveillance de tierces personnes.

Le désavantage ou handicap

Le désavantage est d'abord lié à l'existence de la collectivité – il est social par nature : « Dans le domaine de la santé, le désavantage social pour un individu donné résulte d'une déficience ou d'une incapacité qui limite ou interdit l'accomplissement d'un rôle normal (en rapport avec l'âge, le sexe, les facteurs sociaux et culturels). »

On insiste beaucoup sur cette dimension sociale, car une personne en fonction de son entourage peut se révéler plus ou moins désavantagée : le moment, le lieu, le statut sont des variables qui comptent beaucoup pour apprécier le degré du handicap.

On le voit bien, il n'y a plus grand sens à parler des handicapés en général, comme si l'on pouvait faire abstraction de tout le contexte qui révèle, accentue ou atténue le désavantage que procurent telle ou telle incapacité à faire quelque chose, que cette incapacité soit liée ou non à une déficience.

La nomenclature française a retenu cinq types de désavantages : désavantages d'indépendance physique, de mobilité, d'activité scolaire, professionnelle ou autre, d'intégration sociale et d'indépendance économique.

Pour résumer, on dira donc que **le handicap désigne la différence durable qui désavantage un individu par rapport aux normes sociales des groupes dans lesquels il évolue, au risque d'en occasionner l'exclusion.** Cette différence peut provenir de déficiences ou d'incapacités, qui tendent à le rendre dépendant et peuvent limiter sa participation à une vie ordinaire.

Les intérêts de la C.I.H.

Tout cet ensemble est plus ou moins détaillé et plus ou moins utilisé par les spécialistes. Son intérêt est de mieux tenir compte de la variété des situations et d'ouvrir la notion de handicap à **une conception interactive voire écologique,** dans la mesure où l'écologie est l'étude de l'adaptation aux exigences d'un milieu.

L'un des autres avantages, et non des moindres, est de permettre à l'ensemble des acteurs sociaux de **communiquer** entre eux sur leur appréciation du handicap et sur les actions à conduire. Quel que soit le champ considéré (éducation, médecine, architecture, urbanisme, transports, travail, fiscalité, etc.), l'adoption d'une terminologie non strictement médicale peut aider grandement à la compréhension des problèmes et à l'échange des pratiques.

Les distinctions opérées sont utiles en particulier dans le dialogue entre usagers, décideurs, financeurs et professionnels de l'éducation, de la santé, du travail ; elles permettent de mieux définir et de délimiter les programmes de prévention, la planification des actions de même que leur articulation.

Comment se répartissent les jeunes en fonction de leur handicap ?

Il est difficile d'avancer des chiffres précis sur les handicaps en France. Les données dont disposent les administrateurs tout comme les chercheurs sont parcellaires. Selon la raison sociale des différents organismes existant, on peut obtenir des renseignements fiables sur certaines catégories de handicapés, sur le nombre d'enfants fréquentant un établissement ou un service spécialisés à une date donnée, sur le dénombrement des avantages accordés, etc. Mais, aussi étonnant que cela puisse paraître à l'ère de l'informatique, on ne peut guère procéder qu'à des estimations qui fournissent des ordres de grandeur. Le lecteur ne sera donc pas étonné de la diversité des estimations existantes, liées notamment à la diversité des méthodes employées.

Deux notions fondamentales sont à connaître : **l'incidence**, qui donne sous forme de taux la quantité de nouveaux cas enregistrés pendant une période donnée, et **la prévalence**, qui dénombre, à une date donnée, le nombre de personnes avec un handicap ou la répartition par handicap.

Si l'on se réfère à l'effectif total de la population des enfants en âge de scolarisation, on obtient une population de jeunes reconnus comme handicapés qui est un peu inférieure à 3 % (363 000 jeunes, sur les 12 300 000 scolarisables – au début des années 90). Le taux est stable depuis 1984.

Si l'on prend comme base la répartition selon le type de déficience principale des jeunes fréquentant un établissement du secteur médico-éducatif, médical ou social (ils ne constituent qu'une forme d'accueil possible parmi d'autres), on peut relever que, sur les 120 000 jeunes accueillis à la même époque, 52 % avaient un retard intellectuel, 21 % étaient considérés comme ayant avant tout une déficience du psychisme, alors que les déficients sensoriels représentaient 11 % et les déficients moteurs 6,5 %.

Si on considère les diverses enquêtes sur l'ensemble de la population d'âge scolaire, on constate que les retards intellectuels sévères ont une prévalence de 2,5 pour 1 000, et les retards intellectuels moyens une prévalence de 2 pour 1 000 environ. Pour ce qui est des troubles sensoriels, on compte environ 7 cas de déficience visuelle grave (cécité, amblyopie des deux yeux) pour 10 000 jeunes, et 9 cas de surdité sévère pour 10 000. La trisomie et les autres malformations congénitales touchent environ 2 enfants sur 1 000.

Origines du mot « handicap »

Le jeu de hasard

Le terme « handicap » renvoie, curieusement au premier abord, à l'idée de hasard. Ce n'est que secondairement qu'il en est venu à désigner la différence et la difficulté que vont éprouver certaines personnes à vivre de façon ordinaire en raison d'une déficience ou d'une carence, quelle qu'en soit la nature.

Le hasard, en l'occurrence, c'est ce qui préside aux principes **d'un jeu populaire pratiqué en Angleterre il y a plusieurs** siècles : « *hand in cap* », littéralement « main dans le chapeau », tel était le nom de ce jeu dans lequel trois parieurs engageaient une somme égale, le sort désignant seul le vainqueur de la mise.

Au XVIIIᵉ siècle apparaît **la course de chevaux à handicap** : après avoir perdu une lettre, le terme s'applique alors à cette course avant laquelle le commissaire veille à ce que **toutes les chances soient égalisées au départ**, en obligeant les meilleurs à porter un poids plus lourd, ou à parcourir une distance plus grande. C'est le sens qui prévaut encore aujourd'hui sur les champs de courses.

Par un curieux basculement, la langue française entend spontanément par handicap ce qu'un autre a « en moins », qui le rend moins apte à certaines actions. Ce n'est que progressivement qu'on en est venu, en particulier sur le plan des législations, à préciser ce que la société doit faire « en plus » pour ceux que nous pensons « handicapés ».

Le jeu du hasard n'est d'ailleurs pas aussi éloigné qu'on le pense : loterie de l'hérédité qui fait naître certains enfants porteurs d'une aberration chromosomique, incertitudes de la naissance, accidents de la vie... Si nombre de ces réalités sont explicables, après coup, aucune n'est totalement prévisible. Les politiques de prévention font reculer les risques du handicap. Elles ne les éliminent pas. Parfois, elles les déplacent : tout comme les progrès de la médecine font apparaître de nouveaux handicaps, en permettant la survie d'enfants et d'adolescents qui eussent été auparavant considérés comme perdus ou inéducables.

Naissance du handicap comme problème social et éducatif

C'est seulement autour des années 20 que le terme de handicap s'est fixé sur les significations que nous lui attribuons spontanément : aux lendemains de la Première Guerre mondiale, qui voit le nombre d'invalides militaires et civils considérablement accru, aux lendemains aussi des progrès importants de l'industrialisation et de l'élévation du nombre des infirmes par suite des mauvaises conditions d'hygiène et de sécurité au travail, des lois nouvelles sont votées pour permettre le reclassement et l'aide aux personnes qui ne sont pas encore qualifiées d'handicapées.

La démocratisation scolaire fait naître par ailleurs tout un dispositif (les classes, puis les écoles de perfectionnement) visant à accorder aux « débiles mentaux », puis aux « déficients intellectuels » la scolarité qui peut leur être profitable.

Quant à la première apparition d'une définition officielle de la personne handicapée, il faut attendre une loi de décembre 1957 : elle porte sur le **travailleur handicapé** et le définit comme « toute personne dont les possibilités d'acquérir ou de conserver un emploi sont effectivement réduites par suite d'une insuffisance ou d'une diminution de ses capacités physiques ou mentales ».

Cette définition est restée longtemps la seule légalement reconnue. Même la loi d'orientation en faveur des personnes handicapées de juin 1975 ne définit pas le terme. La classification internationale des handicaps (CLH) constitue donc une importante avancée, même si certains de ses aspects demeurent amendables.

La tolérance au handicap

Les effets de la déficience, qu'elle soit intellectuelle, sensorielle, motrice..., les inadaptations qu'elle engendre, ne sauraient être définis sans lien avec le système social dans lequel on les désigne. De la même façon, l'état de développement scientifique, technologique, le niveau économique, la structure sociale, les représentations dominantes vont conduire à des attitudes différentes et à des distinctions étonnantes à l'égard des personnes porteuses d'une différence, susceptible de les stigmatiser.

Si le handicap sévère pose un problème évident à l'ensemble des sociétés modernes, les handicaps moins lourds vont être ignorés ou au contraire surdéterminés en fonction des seuils de tolérance qui évoluent, et sont distincts selon les pays, les cultures professionnelles ou les mœurs communément adoptées. Ce constat est frappant lorsque l'on envisage, historiquement ou d'un pays à l'autre (parfois d'une région à l'autre), les bornes à l'intérieur desquelles on contient l'intelligence dite normale et celle qui est réputée ne pas l'être. Toute la querelle, maintenant apaisée, du **quotient intellectuel** et plus généralement de l'évaluation des aptitudes à l'aide de tests prédictifs en témoigne.

Dans le domaine éducatif prévaut aujourd'hui l'idée que chaque enfant est éducable, qu'il existe plusieurs voies d'accès au développement des facultés de compréhension, de mémorisation, d'expression et de communication, permettant à un sujet de s'intégrer plus pleinement dans la collectivité humaine.

Pour ce qui est des enfants et des adolescents éprouvant des difficultés majeures dans l'accès aux connaissances que requiert la poursuite d'une scolarité normale, la tendance actuelle est à la diversification des moyens d'analyse de ces difficultés, à la multiplication des types d'intervention et à l'abandon d'une approche fixiste, pessimiste et restrictive de leurs compétences.

Les tests d'intelligence

C'est au psychologue Alfred Binet (1857-1911) que l'on doit les travaux majeurs visant à rechercher de façon méthodique l'âge moyen auquel les enfants parviennent à réaliser certaines tâches. Historiquement, la procédure était la suivante : si par exemple un enfant réussissait les épreuves que des enfants de huit ans en moyenne passaient avec succès, on disait que son « âge mental » était de huit ans.

Le désir de Binet était de constituer les bases d'une « échelle métrique de l'intelligence », qui devait servir à distinguer ceux des élèves qui pouvaient tirer profit d'une éducation adaptée à leur rythme d'apprentissage et à leurs capacités. Elle devait également permettre de repérer ceux dont les faibles résultats à l'école ne correspondaient en rien à une carence de leurs capacités intellectuelles. Dans l'un et l'autre cas, on pouvait prôner une adaptation de l'action des maîtres, visant à ne pas exclure purement et simplement certains enfants des bienfaits d'une scolarité appropriée.

La démarche instaurée par le psychologue français a connu plusieurs prolongements, visant à construire une Nouvelle échelle métrique de l'intelligence (N.E.M.I.) plus fiable. Ce fut le cas de René Zazzo, qui en a proposé une en 1966, adoptée depuis comme instrument de base aux tests pratiqués en France.

Outre la N.E.M.I. est largement utilisé en France un test d'origine suisse, le W.I.S.C. (abréviation de Wechsler intelligence scale for children, du nom de son promoteur, David Wechsler). Ce test, comme tous les autres, ne prétend pas mesurer l'intelligence en soi, mais bien le niveau des performances que l'on est en droit d'attendre d'un enfant à un âge donné. Il a pour principal intérêt de distinguer des épreuves verbales et des épreuves de performance et de proposer une version adaptée aux enfants d'âge préscolaire.

Les critiques du Q.I.

La notion de Q.I. (quotient intellectuel) a évolué, tout comme les tests qui permettent d'en faire l'estimation. On en distingue aujourd'hui plusieurs aspects, qui renvoient à des épreuves diverses.

Les **épreuves verbales** sont fondées sur la compréhension de la langue, sur l'étendue de son usage, alors que les **épreuves de performance** font appel à un matériel linguistique minimal. Chaque épreuve évalue la rapidité d'exécution et l'exactitude des réponses.

Dans le W.I.S.C. par exemple, l'échelle verbale comporte un test de connaissances générales (25 questions de difficulté croissante. La première est « Qui est le président de la République ? »), un test de compréhension (« Pourquoi l'État perçoit-il des impôts ? »), un test de calcul mental, un test de mémoire immédiate (par exemple, répéter une série de chiffres), un test de raisonnement logique (« Quelle similitude entre une pomme et une poire ? »), et un test de vocabulaire.

L'échelle de performance comprend 5 types d'épreuves : reconstituer une histoire en images, compléter des images, assembler des puzzles, reconstituer des figures à l'aide de cubes dont chaque face est d'une couleur différente (cubes des KOHS), coder une série en une autre.

À l'issue des épreuves, on établit le score verbal et le score de performance, puis le score global, appelé Q.I. par convention. En l'occurrence, **ces scores indiquent une déviation par rapport à une moyenne, et non l'écart entre l'âge mental et l'âge réel.**

L'usage du Q.I. s'est considérablement transformé, en particulier en matière d'admission dans les classes dispensant un enseignement spécialisé ou adapté (telles les S.E.S.) où un faible Q.I. n'apparaît plus comme un critère significatif et suffisant de recrutement. Malgré ses détracteurs, il conserve encore de nombreux adeptes, qui mettent en avant l'intérêt pour une action éducative de discerner où se situe un sujet sur le plan verbal et sur le plan des performances.

On constate très fréquemment un écart entre les résultats obtenus aux épreuves verbales, et ceux obtenus aux épreuves de performance, lié souvent à l'univers linguistique du milieu socio-familial dans lequel évolue l'enfant et à l'attention portée au maniement de la langue.

Le modèle d'évaluation de l'intelligence, au lieu de favoriser l'adaptation et l'intégration scolaires auxquelles il pouvait conduire, a souvent été perverti ou dévié : d'abord simple outil technique chez les successeurs de Binet par exemple, le Q.I. a régulièrement été présenté – en particulier dans les médias – comme un « quantificateur » de l'intelligence supposée caractéristique et stable pour chaque individu.

Une conception réductrice de l'intelligence – et de la déficience définie en termes de manque – s'est longtemps imposée à la communauté éducative. Or, le Q.I., dès qu'on suppose qu'il renvoie à une quantité constante d'intelligence, fige l'individu dans ses déficiences, obère par avance toute attente de progrès, et devient à terme l'obstacle majeur de toute action éducative. C'est pour ces raisons que l'utilisation du Q.I., même lorsqu'on en relativise la signification en lui donnant le seul rôle d'un repère ponctuel, est jugée comme dangereuse par nombre d'éducateurs : cette notion se révèle en effet très marquée par son histoire.

Depuis 1990, l'existence d'un Q.I. inférieur à la normale n'est plus retenu comme critère suffisant d'orientation des élèves vers des classes ou établissements spécialisés. Cela tient notamment au fait que, dans ses perspectives classificatoires, l'O.M.S. estime que les sujets dont le Q.I. est supérieur à 70 se situent dans des « variations à la normale ». Bien sûr, les enfants concernés ne sauraient pas pour autant constituer une population homogène, et leur besoin d'aide et de soutien psycho-pédagogique n'est pas pour autant remis en question.

Les terminologies actuelles

En quel sens les élèves en échec scolaire massif peuvent être dits handicapés ?

La majeure partie des enfants et adolescents bénéficiant d'une éducation spécialisée ou adaptée ont été étiquetés, à un moment ou à un autre de leur scolarité, comme enfants manifestant un « retard mental léger » (ils représentent 106 000 jeunes, soit 32 % des effectifs de l'éducation spéciale, auxquels il faut ajouter 90 000 jeunes – soit 27 %, ayant des difficultés scolaires graves liées à des problèmes sociaux). Ils auraient été qualifiés, il y a quelques dizaines d'années, de « débiles mentaux » (ce sont les termes de la loi de 1909 créant les classes de perfectionnement), ou de « déficients intellectuels légers » (terminologie en vigueur à la fin des années 60, lors de la création des sections d'éducation spécialisées – S.E.S.).

Aujourd'hui, on parle d'« élèves en difficultés scolaires graves liées à des problèmes sociaux », d'« élèves affectés d'un retard mental », d'« élèves inadaptés » et d'« élèves handicapés ». Qu'est-ce qui distingue et légitime ces différentes appellations ?

Aussi bien l'évolution des conceptions de la déficience que le développement des pratiques pédagogiques de la remédiation cognitive, l'analyse de l'origine sociale des élèves des classes de perfectionnement et des S.E.S.... ont contribué à faire évoluer les notions, à tel point qu'**on remet en cause aujourd'hui les bornes et la nature de la déficience intellectuelle légère.**

Il convient de se repérer dans le débat actuel. Les classes dispensant des enseignements spécialisés sont réservées aux élèves handicapés ou en grande difficulté. Les élèves reconnus handicapés dont il est ici question le sont en vertu de la législation et de la réglementation françaises. Ils font tous l'objet d'une décision d'une commission spécialisée, la C.D.E.S. (commission de l'éducation spéciale), révisable selon une périodicité précisée.

Si des enfants dits « en grande difficulté » ne sont pas atteints d'une déficience, ils n'en présentent pas moins des incapacités dans l'accès à la maîtrise des connaissances instrumentales et des comportements requis par le champ scolaire et social. Ils sont donc, toujours selon les terminologies actuelles, désavantagés ou handicapés dans l'accomplissement des rôles sociaux attendus d'un adolescent.

Les enfants en difficulté

À l'analyse, la population des jeunes « en grande difficulté » présente des ressemblances et des dissemblances importantes.

Le trait dominant est peut-être, pour ces jeunes, une origine sociale et économique faisant apparaître une **surreprésentation des couches défavorisées** du pays (chômeurs de longue durée, employés et ouvriers non qualifiés, etc.). Les jeunes d'origine étrangère furent et demeurent en nombre important. On distingue sur ce plan deux situations dominantes : ceux qui sont issus de familles d'origine étrangère implantées depuis longtemps, mais très pauvres ou appauvries par la crise de l'emploi, et mal intégrées aux normes culturelles françaises. Ceux par ailleurs provenant des familles d'immigration récente, qui n'ont parfois pas bénéficié d'une scolarisation dans leur pays d'origine, et pour lesquels le système éducatif français s'est avéré défaillant dans leur initiation à la langue et à la culture nationales.

Nombre de jeunes, en outre, ont en commun d'être issus de familles déstructurées.

Sur le plan des performances aux tests psychométriques, les résultats sont très hétérogènes d'un élève à l'autre, et parfois chez un même élève selon les tests employés. **L'écart entre le Q.I. verbal et le Q.I. performance est souvent maximal**. Mais presque tous partagent **un passé d'échecs scolaires, de redoublements** sans grand effet sur les acquisitions, et de constantes difficultés dans l'accès aux apprentissages. Le rejet de l'école, l'absence d'ambitions ou le caractère illusoire de ces dernières au vu des performances actuelles, le désinvestissement de la chose scolaire sont également partagés.

Les difficultés éprouvées par les jeunes vont se situer aussi bien **sur le plan de la construction de la personne** que sur celui de l'élaboration des structures cognitives. Aucune notion ne peut rendre compte autrement que d'une façon artificielle de l'ampleur de ce qu'on nomme, faute de mieux, des « difficultés », lesquelles recouvrent de fait une multitude d'attitudes face à l'échec en situation d'apprentissage.

Par exemple, certains élèves issus des cours moyens et des 6ᵉ de collège sont accueillis dans une des classes de l'éducation spéciale, alors qu'ils auraient pu fréquenter ou rejoindre une filière plus ordinaire : leur orientation est souvent contestée par les familles et par eux-mêmes. Pour ce type d'élèves, l'échec est mal intégré et mal vécu. Il se traduit souvent par des **comportements inadaptés**.

D'autres élèves, différents des précédents, arrivent en 6ᵉ de S.E.S. par exemple sans savoir ni lire ni compter. Ils ont souvent fait un « C.P. blanc », c'est-à-dire sans que s'installent les processus d'entrée dans l'écrit, sans que se développent les opérateurs logico-mathématiques nécessaires à la poursuite des apprentissages. Chez eux, l'échec est massif, fortement intériorisé cette fois, intégré à la personne à tel point qu'il engendre souvent des **mécanismes de défense** propres à freiner l'ensemble des activités intellectuelles.

Le passé d'échecs objectifs est en général vécu très douloureusement, au point d'affecter de manière importante le narcissisme des sujets. Que les élèves fassent montre de réactions de prestance, d'omnipotence, qu'ils manifestent divers troubles du comportement ou qu'ils se replient dans la résignation ou l'indifférence, on découvre chez chacun d'eux, lors des entretiens cliniques, **une réelle souffrance**.

Le sentiment d'avoir été mal aimés par certains maîtres, d'avoir fait l'objet de mesures injustes, l'auto-dévalorisation sont souvent présents, même si d'intenses mécanismes de défense se sont mis en place. Bien sûr, il s'agit là de processus complexes, largement interactifs, marqués du sceau fantasmatique de l'imaginaire propre à chacun des protagonistes. Il n'est pas du ressort des pédagogues, même de ceux qui ont reçu une formation spécialisée, de poser un diagnostic de la personnalité de leurs élèves. Toutefois, ils doivent être en mesure de repérer sinon de comprendre ce qui pointe derrière les difficultés d'apprentissage, les troubles de la conduite et les comportements manifestes.

Le retard mental

Sans prétendre aucunement résumer de façon fidèle les travaux spécialisés relatifs aux fonctionnements mentaux normaux et pathologiques et à l'évolution des sujets, on peut indiquer les grandes lignes de ce qu'on entend aujourd'hui par « retard mental ». Pour l'un des spécialistes européens de la question (Roger Mises), « **les notions d'arriération et de débilité se sont volatilisées** » : des subdivisions nouvelles apparaissent, des évolutions sont concevables, en fonction du mode de fonctionnement mental propre à chaque sujet et des relations et interactions établies avec l'ensemble du réseau socio-familial.

La tendance actuelle est de parler de **dysharmonies évolutives** : on entend par là que les diverses structures d'organisation du raisonnement, de la mémoire, de l'attention, mais aussi celles qui régissent l'organisation de la personnalité, connaissent des fixations, des évolutions sectorielles dont ne rendaient pas compte les notions de déficience mentale ou de débilité.

La notion de handicap mental léger en particulier est rejetée aujourd'hui par la plupart des médecins psychiatres, dès l'instant qu'elle induit une approche fixiste et réductrice : ils se refusent à considérer les jeunes au regard de leur seule inadaptation aux rythmes et normes scolaires (inadaptation qui a conduit à examiner leur cas en commission). Les dispositions réglementaires définissant les modalités d'accueil des jeunes déficients intellectuels dans les établissements spécialisés témoignent nettement de ces évolutions. Elles rappellent combien les déficiences intellectuelles patentes peuvent renvoyer à des phénomènes dont la nature est très différente.

Dans tous les cas, « pour ceux des enfants qui présentent essentiellement une déficience intellectuelle, l'évaluation clinique va au-delà des tests psychométriques » (circulaire du 30 octobre 1989 : « Modification des conditions de la prise en charge des enfants ou adolescents déficients intellectuels ou inadaptés par les établissements et services d'éducation spéciale »). On insiste beaucoup sur « **la dynamique évolutive de chaque individu**, riche de potentialités parfois insoupçonnées », de même que sur « l'importance des interactions entre l'enfant et son environnement familial et social ».

En outre, on relève que la déficience intellectuelle peut renvoyer à tout autre chose que l'atteinte des capacités cognitives à proprement parler : par exemple, les **psychoses infantiles**, qui étaient il n'y a pas si longtemps considérées comme assez exceptionnelles, sont reconnues bien plus fréquentes qu'on ne l'imaginait alors.

Cette maladie mentale, caractérisée par une profonde atteinte de la personnalité de l'enfant, par divers troubles majeurs de l'affectivité, va retentir fortement sur le jugement, le raisonnement, voire la perception : dans la psychose – ce qui la distingue de la névrose – le sujet n'a pas conscience des aspects morbides de son fonctionnement psychique et ne peut s'adapter aux exigences scolaires, sinon sociales. Toutefois, chez l'enfant, l'opposition des termes de « psychose » et de « névrose » est remise en question chez plusieurs spécialistes, compte tenu de l'aspect évolutif, par définition, de la personnalité d'un enfant.

Quels qu'ils soient, les auteurs s'accordent à reconnaître que **les maladies mentales peuvent prendre des modes d'expression fort divers**, dont celui d'une déficience intellectuelle plus ou moins profonde. De la même manière, une psychose chez des enfants d'intelligence normale peut se cicatriser sur le mode de la déficience intellectuelle.

Quant aux organisations névrotiques, fort heureusement moins graves mais fréquentes, « elles peuvent prendre l'allure d'obtusion intellectuelle sévère, obérant tout apprentissage scolaire ». C'est en particulier le cas chez les élèves pour lesquels l'**inhibition** est prépondérante et structure l'ensemble de la personnalité.

La complexité des déficiences mentales

Toute déficience mentale doit être pensée en tenant compte de la complexité des facteurs qui en organisent l'évolution : on ne saurait la réduire à ses aspects organiques, instrumentaux ou affectifs. Par exemple, même dans le cas d'une origine neurobiologique reconnue, il convient aussi de prendre en compte les modes d'échanges qui s'établissent entre l'enfant et son environnement familial puis social : ils vont influer, positivement ou non, sur son propre développement.

La souffrance psychologique occasionnée par la naissance de l'enfant handicapé chez les parents, la difficulté qu'ils peuvent éprouver à s'investir dans l'enfant, les manques d'initiative, de réponse chez l'enfant lui-même, en raison de ses déficits, vont perturber dès le départ les interactions entre l'enfant et ses parents. L'évolution de tout enfant est discontinue, et la déficience mentale n'échappe pas à cette règle : l'histoire personnelle d'un individu, toujours originale et spécifique, ne saurait se rapporter à un schéma de développement linéaire et unilatéral, qui oublierait les aspects relationnels, ou minimiserait les facteurs organiques.

L'abandon de l'idée d'une débilité légère, d'une déficience intellectuelle minime – qui furent la base du recrutement des classes spéciales –, renvoie donc à une hétérogénéité mieux perçue des situa-

tions : on ne saurait comprendre sous la même catégorie des insuf-
fisances intellectuelles dues à des lésions cérébrales minimes, des cas
d'inhibition intellectuelle due à des conflits psychiques, des cas
d'enfants présentant des difficultés dans l'accès à certains apprentissages instrumentaux, des cas fort nombreux d'enfants déprivés cul-
turellement, issus de milieux défavorisés.

On perçoit donc l'intérêt du diagnostic, qui peut donner des
indications décisives sur les causes de la déficience intellectuelle.
Toutefois, jamais ce diagnostic n'autorise à faire l'économie de l'évaluation complexe des capacités cognitives et interactives de l'enfant.
Seule cette évaluation plurielle (car elle doit aussi tenir compte des
appréciations de l'entourage de l'enfant) peut aider les équipes à
déterminer les besoins spécifiques d'éducation. **L'approche pédagogique, mais aussi les abords éducatif, rééducatif, thérapeutique** de la déficience intellectuelle deviennent les maîtres mots des
projets à construire.

**Répartition générale des enfants accueillis en établissement
médico-éducatif selon la déficience principale**

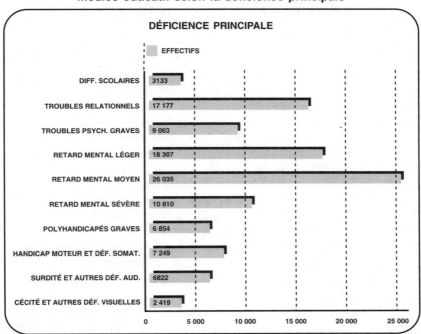

Chapitre quatre

INTÉGRATION, SCOLARISATION, ACCUEIL DES JEUNES HANDICAPÉS OU EN GRANDE DIFFICULTÉ

L'Éducation nationale dispose de structures de prévention et d'adaptation pour les élèves qui rencontrent des difficultés au cours de leur scolarité.

Tout en demeurant pleinement élève de l'école ordinaire, un enfant peut bénéficier du soutien organisé dans le cadre de réseaux d'aides spécialisées et, selon les cas, de l'action du psychologue scolaire et du médecin de santé scolaire. Ses parents peuvent aussi être invités à inscrire leur enfant à des consultations extérieures à l'école, par exemple en centre médico psycho-pédagogique (C.M.P.P.) ou dans un cadre hospitalier.

Il existe en outre des structures développées en référence à la loi d'orientation en faveur des personnes handicapées (loi du 30 juin 1975) : certaines sont internes à l'Éducation nationale (par exemple, les classes d'intégration scolaire (C.I.S.), ou plus anciennement les classes de perfectionnement, classes spéciales au sein d'un établissement ordinaire), d'autres relèvent de la législation sanitaire et sociale (c'est le cas, par exemple, d'un institut médico-éducatif – I.M.E. – ou d'un établissement pour déficients sensoriels). Dans l'un et l'autre cas, un enfant ne pourra en bénéficier qu'à condition qu'une commission compétente se soit prononcée en faveur de cette modalité d'éducation.

D'après les statistiques les plus récentes dont on dispose (Note 96.06 de la D.E.P.) :

– 178 117 élèves sont scolarisés dans les classes d'enseignement spécialisé ou adapté qui relèvent du seul ministère de l'Éducation nationale.

– 145 925 enfants et adolescents étaient accueillis dans des établissements médicaux, médico-éducatifs ou socio-éducatifs.

Chacun d'entre eux a suivi un itinéraire parfois complexe, **de l'accueil au détour par les classes spécialisées, du détour au retour dans les classes de l'école ordinaire,** en fonction souvent de la combativité des parents, de la résolution des équipes éducatives, de la volonté et du soutien de militants associatifs, des capacités d'adaptation des élèves et des maîtres eux-mêmes, et des possibilités disparates qu'offre le contexte local.

La loi du 30 juin 1975 (loi n° 75-534) **définit les principales obligations de la nation à l'égard des personnes handicapées,** mineures et adultes. Très importante, cette loi fournit un cadre non seulement aux actions qui relèvent de l'éducation spéciale, mais aussi à l'emploi des personnes handicapées, ainsi qu'à diverses allocations auxquelles elles peuvent prétendre. Elle instaure également les principales commissions ayant à statuer sur ces divers aspects.

L'essentiel des dispositions relatives aux enfants handicapés est énoncé dès le chapitre premier de la loi, dont certains articles ont été révisés en 1978 et 1989. Le législateur est très clair : « La prévention et le dépistage des handicaps, les soins, l'éducation et l'orientation professionnelle, l'emploi, la garantie d'un minimum de ressources, l'intégration sociale et l'accès aux sports et aux loisirs du mineur et de l'adulte handicapés physiques, sensoriels ou mentaux constituent une obligation nationale. »

Cette obligation s'impose à tous, en particulier aux collectivités publiques et privées : l'État, les établissements, les organismes de sécurité sociale, les entreprises... doivent contribuer à l'accès de leurs services et prestations aux mineurs et adultes handicapés, et « à leur maintien dans un cadre ordinaire de travail et de vie ».

Scolariser un enfant handicapé : entre protection et intégration

Quand un enfant handicapé arrive à l'âge d'être scolarisé, une des premières préoccupations de son entourage est de trouver un établissement d'accueil : peut-il bénéficier de l'école de quartier que fréquentent les autres élèves de son âge – mais sera-t-il bien accepté par ces derniers, suivra-t-il les enseignements qui lui seront le plus profitables, trouvera-t-il des maîtres prêts à soutenir ses efforts ? Où et comment trouver une classe, un établissement adapté ? Comment faire pour recueillir les informations utiles ?

Au-delà de l'acquisition des connaissances et des savoir-faire inscrits dans les programmes officiels, l'enseignement aux jeunes handicapés vise plus nettement que tout autre l'accès aux autonomies dont chacun d'entre eux peut être capable sur les plans intellectuel, affectif, moteur, social, puis professionnel, jusqu'à viser la pleine et entière citoyenneté que requiert une démocratie. Cet enseignement s'intègre le plus souvent dans un projet individualisé, en fonction d'objectifs éducatifs, thérapeutiques, pédagogiques définis par une multiplicité d'interlocuteurs qui assurent le suivi et la prise en charge de l'enfant. Qui dit intégration d'un enfant handicapé en école ordinaire dit en effet élaboration d'un projet cohérent.

L'une des questions primordiales est de savoir si l'accueil de l'enfant handicapé, qui va nécessiter la collaboration de plusieurs professionnels, est compatible avec le fonctionnement de la classe ou de l'école ordinaires. Dans le cas contraire, l'élève pourra faire l'objet d'une décision d'orientation vers une classe, un établissement ou un service spécialisé dans la prise en charge du handicap.

Quels que soient les cas de figure, **aucune mesure ne revêt, dans l'esprit de l'actuelle législation, un caractère définitif** : à chaque étape, dans le parcours d'orientation, est mis en place un dispositif d'évaluation. L'essentiel est de ne pas figer l'enfant dans un cursus préétabli et de déceler les divers acquis par-delà les déficiences et les inadaptations qui permettront d'envisager un mode de scolarisation habituel.

Scolariser en école ordinaire : la politique d'intégration

En priorité, on peut envisager une scolarité en établissement scolaire ordinaire, dans le secteur géographique dont relève le domicile des parents, et dans le respect de la législation qui prévaut partout en matière d'inscription des élèves.

Il faut toutefois savoir que les dispositions définies par le législateur en faveur des personnes handicapées **n'imposent pas** l'accueil en établissement ordinaire d'un enfant handicapé : **c'est une alternative**, certes marquée par une préférence pour cette solution, **non une obligation.**

C'est la raison pour laquelle il est conseillé aux parents de demander à rencontrer le directeur de l'école, afin d'évaluer les possibles difficultés, les objections et les opportunités, avant toute décision.

Les obligations de l'État en matière de scolarisation des jeunes handicapés

L'État prend en charge « les dépenses d'enseignement et de première formation professionnelle des enfants et adolescents handicapés » (loi du 30 juin 1975, art. 5.I). Cette prise en charge s'effectue selon trois voies complémentaires :

– soit les enfants susceptibles d'y être admis malgré leur handicap **sont accueillis dans les classes ordinaires** ou « dans les classes, sections d'établissements, établissements ou services dans lesquels la gratuité de l'éducation est assurée » ;

– soit l'État met « du personnel qualifié relevant du ministère de l'Éducation à la disposition d'établissements ou de services créés et entretenus » par d'autres départements ministériels, par des collectivités publiques, par des personnes morales de droit public (par exemple une municipalité), par des organismes à but non lucratif conventionnés à cet effet (par exemple des associations de parents et d'amis d'enfants handicapés) ;

– soit l'État passe un contrat avec des établissements privés, en vue de l'exercice de cette mission de service public.

Dans tous les cas, l'admission d'un enfant handicapé dans une école ordinaire n'est pas automatique : si elle ne peut être refusée purement et simplement – car, en aucun cas, la famille ne saurait être livrée à elle-même pour satisfaire aux impératifs de l'obligation scolaire –, elle ne peut pour autant s'effectuer sans une étude plus ou moins poussée des conditions de sa réalisation.

Qui décide ?

La mise en place des cycles dans l'école constitue un arrière-plan favorable à la politique d'intégration, et plus généralement à la prise en charge des élèves susceptibles de connaître des difficultés d'adaptation aux rythmes scolaires.

Dans le cas où l'accueil de l'enfant est favorisé en école ordinaire, c'est **l'équipe pédagogique, réunie par le directeur,** qui prend la décision de donner suite à la demande des parents. La plupart du temps, cela n'est effectif qu'à la condition qu'aient été associés à la décision tous ceux qui – médecins, rééducateurs, spécialistes divers – assurent le suivi médical, éducatif, parfois social de l'enfant. Très souvent, l'intervention directe d'une association spécialisée ou celle de tel ou tel service d'aide à l'intégration scolaire sont des facteurs essentiels.

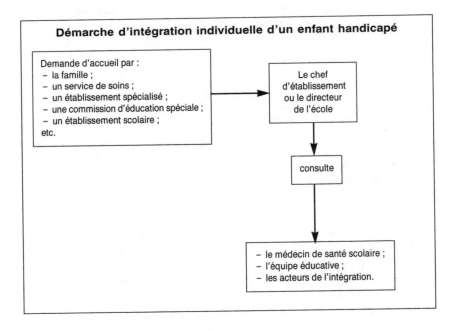

Si le maître de la classe, l'équipe des enseignants du cycle, le directeur, les inspecteurs de la circonscription scolaire estiment que les conditions requises sont réunies, l'inscription de l'enfant peut être effective sans délai particulier.

L'intégration individuelle, l'intégration collective

La majorité des enfants handicapés (93 %) sont scolarisés dans des classes ou des établissements relevant de l'enseignement spécial. 43,8 % dans des établissements (classes, sections) qui dépendent de l'Éducation nationale, 56,2 % dans des établissements qui relèvent du secteur des affaires sociales.

Sur l'ensemble des enfants et adolescents reconnus handicapés, 7 % environ bénéficient d'une intégration individuelle en établissement scolaire ordinaire (16 385 élèves intégrés individuellement dans le premier degré, et 8 274 dans le second degré, pour les statistiques les plus récentes dont on peut disposer). Les derniers chiffres disponibles relatifs à l'intégration individuelle dans le premier degré comptabilisent 20 067 élèves (en 1994-95, D.E.P. 96-06).

L'intégration collective est rendue possible grâce à l'ouverture, en milieu scolaire ordinaire, d'une ou plusieurs classes accueillant des enfants handicapés. En règle générale, l'intégration aux autres élèves est limitée aux temps habituels de vie collective (repas, récréations, etc.) mais elle peut être effective pour certaines activités d'enseignement (E.P.S., activités artistiques...) ou éducatives.

Que se passe-t-il en cas de refus ?

Il est fréquent que l'accueil immédiat en école maternelle ou primaire soit rendu difficile, soit en raison de la nature de la ou des difficultés que devrait affronter l'enfant, soit en raison de la faiblesse des opportunités locales. La volonté des maîtres, l'ouverture des parents des autres enfants, l'infrastructure matérielle, les modalités pédagogiques adoptées et bien d'autres facteurs encore sont à considérer.

Si l'équipe éducative estime que la scolarisation de l'enfant n'est pas judicieuse, le directeur de l'école, les parents, ou tout autre partenaire effectuent une **saisine de la commission d'éducation spéciale compétente**.

En l'occurrence, c'est la C.C.P.E. (commission de circonscription préscolaire et élementaire) qui sera chargée de proposer à la famille une solution adaptée aux besoins de l'enfant :

— inscription dans une autre école ordinaire plus éloignée, mais mieux adaptée aux exigences particulières (architecture étudiée, aménagements nécessaires réalisés, expérience ou volontariat des équipes, existence d'un réseau local d'aide et de soutien approprié, etc.) ;

— accueil dans une classe spécialisée d'une école ordinaire ;

Les acteurs de l'intégration et l'étude de faisabilité

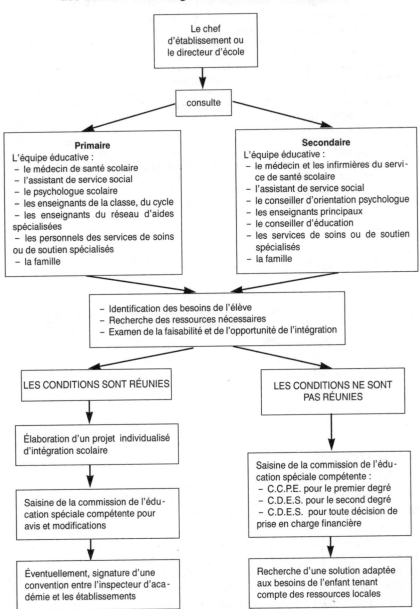

– proposition intermédiaire, consistant en l'accueil dans un établissement spécialisé, suivi d'une intégration à temps partiel en milieu ordinaire, etc.

Les rubriques d'un projet pédagogique individuel (exemple)

Le projet pédagogique individuel a pour objet principal de servir de référence à l'ensemble de l'équipe éducative et de l'aider à concevoir les démarches particulières et les adaptations nécessaires à l'acquisition et à l'évaluation des compétences, dans le cadre des programmes et instructions officielles.
Les principales rubriques sont en général les suivantes :

I. Objectifs
II. Présentation de l'enfant
    II.1 Nature du handicap
    II.2 Attitudes spécifiques
III. Capacités utilisables
IV. Difficultés liées à son handicap
    IV.1 Impossibilités fonctionnelles
    IV.2 Conséquences d'ordre pédagogique
    IV.3 Contre-indications médicales
V. Niveau de connaissances
VI. Compétences difficiles à maîtriser et attitudes pédagogiques facilitant leur acquisition
VII. Démarches à adopter
    VII.1 Par le maître de la classe
        VII.1.1. matérielles
        VII.1.2. pédagogiques
    VII.2 Par le maître de soutien
        VII.2.1. matérielles
        VII.2.2. pédagogiques
    VII.3 Par le conseiller pédagogique
VIII. Organisation
IX. Durée du projet
X. Évaluation

Quatre secteurs de l'éducation spéciale

Depuis plusieurs dizaines d'années s'est développé en France un réseau d'accueil, d'orientation, d'aide et de suivi particulièrement dense, en particulier au regard de ce qui existe dans les autres pays de l'Union européenne.

Entre la fin des années 60 et le milieu des années 70 a été constitué tout un dispositif visant à apporter des réponses éducatives pertinentes aux enfants handicapés, à tous ceux qui se révèlent en situation d'échec massif à l'école ordinaire ou ceux qui se trouvent en situation particulière au regard de la scolarité. Appuyés par une législation et une réglementation complexes, des associations de parents, des enseignants, des collectivités diverses ont pris de nombreuses initiatives, marquées par la volonté de fournir des réponses spécifiques à chaque problème et des prises en charge aussi satisfaisantes que possible, non seulement sur le plan des soins, mais aussi sur celui des biens que procure la maîtrise des savoirs et savoir-faire dont l'école assure l'acquisition.

Plus de 300 000 jeunes bénéficient d'une éducation spécialisée ou adaptée

La population des jeunes recevant une éducation spécialisée ou adaptée est extrêmement hétérogène. Les modalités de prise en charge sont distinctes selon l'âge de l'individu (de la naissance à 20 ans et plus), selon le type de difficultés éprouvées – les difficultés peuvent n'être que passagères, ou bien liées à des déficiences motrices, sensorielles, mentales plus ou moins importantes ainsi qu'à des facteurs complexes relevant de processus psycho-sociaux. Très souvent, ces difficultés se manifestent de façon prépondérante par un échec scolaire global.

Les statistiques conjointes du ministère de l'Éducation nationale et du ministère des Affaires sociales, de la Santé et de la Ville comptabilisaient, en 1993-94, 178 575 jeunes accueillis et scolarisés dans les classes dispensant un enseignement spécialisé ou adapté du premier ou du second degré relevant du ministère de l'Éducation nationale, et 131 635 (dont 84 069 scolarisés) accueillis dans des établissements dispensant éducation et soins.

Il convient de rappeler que les statistiques nationales et internationales relatives aux enfants et adolescents handicapés proviennent de diverses sources. Les publications des organismes principaux en la matière ne s'effectuant pas à une période identique, le lecteur trouvera des estimations diverses selon les dates de parution. Nous nous sommes efforcés de mentionner les chiffres les plus récents et les plus fiables dont nous disposions à la date de composition de l'ouvrage.

Si le cadre réglementaire dans lequel s'inscrit aujourd'hui le fonctionnement des classes, établissements et services est précis, il apparaît d'une extraordinaire complexité aux non-initiés. C'est que les citoyens français de 1996 sont les héritiers d'une infrastructure qui s'est implantée sur tout le territoire, qui s'est ramifiée et diversifiée de façon étonnante depuis deux siècles.

L'histoire, en rendant possible la juxtaposition, sinon la superposition d'établissements, de services et d'initiatives aussi variées quant à leur origine que différentes quant à leur objet et leurs effets, a fait qu'il existe non pas un mais **quatre secteurs de l'enfance handicapée ou en grande difficulté dont un seul relève directement du ministère de l'Éducation nationale.**

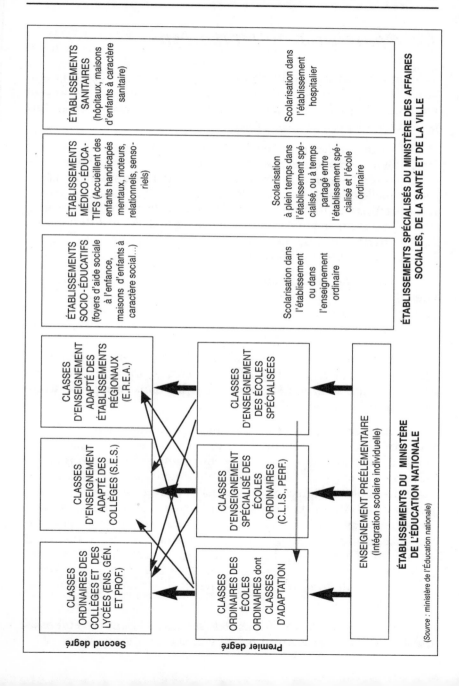

(Source : ministère de l'Éducation nationale)

La répartition contemporaine

Le premier secteur est celui de l'Adaptation et de l'intégration scolaires (A.I.S.). Il dépend directement du ministère de l'Éducation nationale et accueille la majeure partie des enfants recevant une éducation adaptée ou spécialisée.

Le second secteur est le secteur médico-éducatif. Il rassemble les établissements ou services qui assurent soins et éducation à des enfants ou adolescents (voire jeunes adultes) **reconnus handicapés** (et ce, quelle que soit la nature des déficiences dont ils peuvent avoir à souffrir) par une commission à laquelle siègent plusieurs spécialistes. Le secteur médico-éducatif accueille **près de 110 000 jeunes âgés de moins de vingt ans.** La majorité d'entre eux (82 %) y bénéficiaient en 1993-94 d'une scolarité spécifique.

Le troisième secteur, socio-éducatif, a pour raison d'être l'**accueil d'enfants et d'adolescents privés de soutien familial.** Héritier en partie des ex-orphelinats, il s'est structuré en un vaste ensemble de services et d'établissements qui vont de la prise en charge des mineurs sur décision de justice, au suivi d'enfants dont les parents ou tuteurs sont temporairement dans l'incapacité d'assurer leurs obligations pour raison de santé, ou d'enfant orphelins... **environ 10 000 jeunes sont actuellement accueillis dans ce type de structures**, dont la moitié scolarisés.

Le dernier secteur, historiquement l'un des premiers, **est le secteur sanitaire :** il est constitué par des établissements médicaux qui assurent **une mission de soin et d'éducation à des jeunes répertoriés comme malades.** Dans ces établissements existent des classes voire des écoles intégrées, dans lesquelles peuvent exercer des enseignants mis à disposition par le ministère de l'Éducation nationale. Mais les enfants qui fréquentent ces classes demeurent sous surveillance médicale : seules les autorités médicales sont compétentes en matière d'admission, de sortie des jeunes. Elles jugent de l'opportunité de suivre les enseignements, et surtout de leur compatibilité avec la réalisation des soins, souvent importants, qui leur sont dispensés.

Un peu moins de **15 000 jeunes sont admis dans ces établissements médicaux,** et environ 8 000 y bénéficient d'une scolarité.

	Éducation et soins spécialisés des jeunes en difficultés scolaires, handicapés, inadaptés, en danger moral ou malades *(voir glossaire en fin d'ouvrage)*		
	Ministère de l'Éducation nationale	**Ministère des Affaires sociales, de la Santé et de la Ville**		
		SECTEUR MÉDICO-ÉDUCATIF	**SECTEUR SOCIO-ÉDUCATIF**	**SECTEUR SANITAIRE**
Population accueillie	- Élèves en **graves difficultés scolaires** - Élèves **handicapés** (déficients mentaux, moteurs, sensoriels) en intégration	Enfants - adolescents **handicapés** (déficients mentaux, moteurs, sensoriels) ou **inadaptés** (troubles du comportement)	Enfants adolescents **en danger/ privés de soutien familial**	Enfants adolescents **malades**
Établissements, services et structures d'accueil	- Classes spéciales - Classes d'intégration scolaire - Établissements régionaux d'enseignement adapté (total : 178 117 jeunes)	- Instituts médico-éducatifs (déficients intellectuels) - Instituts de rééducation psychothérapique (troubles du comportement) - Établissements pour handicapés moteurs - Établissements pour poly-handicapés - Établissements pour déficients auditifs graves - Établissements pour déficients visuels graves (total : 105 180 jeunes)	- Foyers départementaux de l'enfance - Maisons d'enfants à caractère social - Villages d'enfants... (total : 10 015 jeunes) Établissements du ministère de la Justice :	- Centres hospitaliers - Hôpitaux de jour - Maisons d'enfants à caractère sanitaire - Centres de réadaptation fonctionnelle ...
Structures de prévention	- Classes d'adaptation - Réseaux d'aides spécialisés	- Services d'éducation et de soins spécialisés à domicile - Centres médico-psycho-pédagogiques - Centres d'action médico-spéciale précoce (total : 145 925 jeunes)	- Services d'investigation et d'orientation éducative - Centres d'action éducative (total : 14 900 jeunes)	- Intersecteur de psychiatrie infanto-juvénile ...
Décisions d'admission et de sortie	- Commission départementale de l'éducation spéciale	Commission départementale de l'éducation spéciale sauf C.M.P.P. et C.A.M.S.P. (actuellement)	- Décision administrative (services sociaux) avec accord des familles - Ou décisions judiciaires (juges des enfants, tribunaux)	- Sur avis médical
Financement	- État : ministère de l'Éducation nationale (pour les personnels) - Collectivités (pour les locaux)	- Sécurité sociale - Caisse d'assurance maladie - Aide sociale	- Conseil général (département) - Les établissements du ministère de la Justice sont financés par ce ministère	Sécurité sociale (Caisse d'assur. maladie + participation des familles : 55 F/j) - Aide sociale
Modalités d'enseignement	- Enseignants publics : écoles publiques - Enseignants privés : écoles privées	- Enseignants publics mis à disposition - Enseignants privés agréés pris en charge par l'État - Intégration scolaire, convention d'intégration	- Scolarisation dans les établissements du secteur (intégration) - Enseignants publics mis à disposition - Enseignants privés (éducateurs scolaires) pris en charge par le budget de l'établissement	

Source : J. Magnier C.N.E.F.E.I. janvier 1995

Date de parution	Objet des principales dispositions législatives et réglementaires Service public de l'Éducation nationale
Loi du 15/04/1909	Écoles et classes de perfectionnement pour enfants arriérés.
Loi 75.534 du 30/06/75	Loi d'orientation en faveur des personnes handicapées.
Décret 75.1166 du 15/12/1975	Composition des commissions de l'éducation spéciale et des commissions de circonscription.
Circ. 82.2 et 82.048 du 29/01/82	Mise en œuvre d'une politique d'intégration en faveur des enfants et adolescents handicapés.
Décret 87.415 du 15/06/1987	Création du C.A.A.P.S.A.I.S.
Ar. du 19/02/1988	Création du diplôme de directeur d'établissement d'éducation adaptée ou spécialisée.
Ar. du 09/01/1989	Nomenclature des déficiences, incapacités, désavantages.
Circ. 89.036 du 06/02/1989	Enseignements généraux et professionnels adaptés.
Loi 89.486 du 10/07/89	Loi d'orientation sur l'éducation.
Circ. 90.039 du 15/02/1990	Le projet d'école.
Circ. 90.065 du 20/03/1990	Enseignements généraux et professionnels adaptés : admission et orientation des élèves.
Circ. 90.082 du 09/04/1990	Mise en place et organisation des réseaux d'aides spécialisées aux élèves en difficulté.
Circ. 90.083 du 10/04/90	Mission des psychologues scolaires.
Circ. 90.108 du 17/05/90	Projet d'établissement.
Décret 90.788 du 06/09/1990	Organisation et fonctionnement des écoles maternelles et élémentaires.
Circ. 90.340 du 14/12/1990	Organisation des enseignements généraux et professionnels adaptés.
Décret 91.173 du 18/02/1991	Droits et obligations des élèves.
Circ. 91.302 du 18/11/1991	Intégration scolaire des enfants et adolescents handicapés.
Circ. 91.303 du 18/11/1991	Scolarisation des enfants et adolescents accueillis dans les établissements à caractère médical, sanitaire ou social.
Circ. 91.304 du 18/11/1991	Scolarisation des enfants handicapés à l'école primaire. Classes d'intégration scolaire (C.L.I.S.).
Circ. 92.143 du 31/03/1992	Mission d'insertion des établissements scolaires
Circ. 93.248 du 22/07/1993	Accueil des enfants et adolescents atteints de troubles de la santé évoluant sur une longue période dans les établissements publics et privés sous contrat des premier et second degrés.
Circ. 93.306 du 26/10/1993	Nouveau cadre législatif et réglementaire relatif à l'hygiène et à la sécurité dans certains établissements d'enseignement. Application des décrets n° 91-1162 du 7 novembre 1991 et n° 91-1184 du 27 novembre 1991.

Circ. 95-125 du 17 mai 1995	Mise en place de dispositifs permettant des regroupements pédagogiques d'adolescents présentant un handicap mental : les U.P.I.
Date de parution	**Organisation des établissements et services médico-éducatifs, socio-éducatifs, sanitaires (principales mesures)**
Ord. du 02/02/1945	Relative à l'enfance délinquante.
Loi 89.461 du 06/07/1989	Modifications des articles 11, 28, 30 de l'ordonnance du 02/02/1945 relative à l'enfance délinquante.
Loi du 04/06/1970	Relative à l'assistance éducative.
Décret 88.423 du 22/04/1989	- Conditions techniques d'autorisation des établissements et services prenant en charge des enfants ou adolescents atteints de déficience auditive grave (annexe XXIV *quater*). - Conditions techniques d'autorisation des établissements et services prenant en charge des enfants ou adolescents atteints de déficience visuelle grave ou de cécité (annexe XXIV *quinquies*).
Circ. 88.09 du 22/04/1988	Prise en charge des enfants et adolescents déficients sensoriels par les établissements et services d'éducation spéciale.
Décret 89.798 du 27/10/1989	- Conditions techniques d'autorisation des établissements et services prenant en charge des enfants ou adolescents présentant des déficiences intellectuelles ou inadaptés (annexe XXIV). - Conditions techniques d'autorisation des établissements et services prenant en charge des enfants ou adolescents présentant une déficience motrice (annexe XXIV *bis*). - Conditions techniques d'autorisation des établissements et services prenant en charge des enfants ou adolescents polyhandicapés (annexe XXIV *ter*).
Circ. 89.17 du 30/10/1989	Conditions de prise en charge des enfants ou adolescents déficients intellectuels ou inadaptés par les établissements et services d'éducation spéciale.
Circ. 89.19 du 30/10/1989	Conditions de prise en charge des enfants ou adolescents polyhandicapés par les établissements et services d'éducation spéciale.
Circ. 90.091 du 23/04/1990	Éducation spécialisée et intégration scolaire des enfants ou adolescents handicapés.
Décret 91.1410 du 31/12/1991	Organisation et équipement sanitaires (Comité national et comités régionaux de l'organisation sanitaire et sociale).
Décret 91.1415 du 31/12/1991	Conseils d'établissement des institutions sociales et médico-sociales.
Décret 95.185 du 14/02/1995	Procédure de création, de transformation et d'extension des établissements et services sociaux et médico-sociaux.

Au total, ce sont plus de 260 000 élèves que prennent en charge la plupart du temps des enseignants ayant suivi une formation particulière, leur permettant d'assurer des missions définies dans une grande diversité de cadres institutionnels.

Le secteur de l'Éducation nationale (Adaptation et Intégration Scolaires)

La philosophie actuelle : prévention de l'exclusion et intégration.

Dès la fin des années 70, de multiples voix s'élevèrent en faveur d'une lutte contre la mise à l'écart scolaire puis sociale des personnes handicapées, d'une réelle politique de prévention des inadaptations, d'un combat contre l'échec scolaire, précurseur de l'exclusion sociale et professionnelle. De ces courants de pensée sont issus deux thèmes majeurs qui ont pris aujourd'hui une dimension importante :

– **l'intégration scolaire et sociale** des personnes handicapées ;
– **la prévention de l'exclusion** des jeunes en difficulté au sein du système éducatif.

Ces deux courants de pensée ont contribué à promouvoir un changement de la demande sociale, qui induit une modification profonde des actions éducatives : il apparaît nécessaire aujourd'hui d'assurer l'information, la sensibilisation des différents partenaires (maîtres de l'enseignement ordinaire, professeurs, parents, élèves eux-mêmes, équipes spécialisées, collectivités locales...) afin que s'établissent des projets constructifs et ajustés permettant de viser ces deux objectifs de prévention de l'exclusion et d'intégration à tous les niveaux possibles de la citoyenneté.

C'est dans cette perspective qu'ont été définies les réglementations des services, classes et établissements dépendant de l'Éducation nationale, contribuant à structurer ce que l'on nomme le secteur de l'Adaptation et de l'intégration scolaires (A.I.S.).

Les structures de prévention : les réseaux d'aides spécialisées aux enfants en difficulté

Le secteur de l'Adaptation et de l'intégration scolaires est constitué en deux grands domaines : **les structures de prévention**, permettant d'apporter une aide voire un soutien aux élèves en difficulté dans leur scolarité ordinaire, et **les structures d'accueil,** permettant de recevoir les élèves qui ne peuvent tirer profit d'une scolarité ordinaire.

L'esprit des actuelles réglementations est de n'orienter un élève vers une classe ou une école spéciale qu'après avoir épuisé les diverses possibilités qu'offre le réseau d'aides aux élèves en difficulté à l'école maternelle et primaire.

S'il est encore tôt pour dresser un bilan exact de cette politique de prévention, on peut constater une meilleure tolérance de l'école ordinaire face aux enfants en grande difficulté ou handicapés, qu'accompagne un accroissement sensible de la lourdeur des handicaps que présentent les enfants orientés vers les établissements du secteur médico-éducatif.

Succédant aux G.A.P.P. (groupes d'aide psycho-pédagogique) mis en place dans les années 70, les réseaux d'aides spécialisées (R.A.S.) aux enfants en difficulté ont été définis par une circulaire d'avril 1990. Le dessein qui a présidé à leur constitution est d'adapter l'action pédagogique, et notamment le fonctionnement de l'institution scolaire, aux caractéristiques des élèves – et principalement de ceux qui éprouvent des difficultés particulières **dans l'acquisition et la maîtrise des apprentissages fondamentaux.**

Au premier chef, les aides sont d'abord apportées par les enseignants de l'école que fréquente l'enfant. En outre, sous la responsabilité de l'inspecteur de l'Éducation nationale, les participants aux activités d'un réseau d'aides sont :

– des **psychologues scolaires ;**
– des **instituteurs spécialisés, chargés de rééducation** et titulaires d'un certificat d'aptitude professionnelle (le C.A.A.P.S.A.I.S. option G) ;
– des **instituteurs spécialisés, assurant des actions d'aide à dominante pédagogique,** et ayant reçu une formation spécifique (ils sont titulaires du C.A.A.P.S.A.I.S. option E).

Les élèves bénéficiant de ces aides spécialisées sont **scolarisés dans les établissements scolaires ordinaires.** Ils vont recevoir, selon leurs besoins, une aide à dominante pédagogique ou une aide à dominante rééducative, après que leurs difficultés et leurs possibilités ont été appréciées grâce au concours des divers intervenants.

Qu'est-ce qu'une aide à dominante rééducative ?

Mises en œuvre à l'école maternelle et élémentaire, les aides à dominante rééducative sont procurées par un maître ayant suivi une formation complémentaire, sanctionnée par un diplôme national (l'examen est également ouvert à des candidats « libres », mais peu suivent effectivement cette voie).

Les enseignements, qui se déroulent en centre de formation et sur le terrain, comportent diverses approches du développement de l'enfant, des éléments de sociologie, une formation à l'entretien, à la psychomotricité, à la psychopédagogie des didactiques, à plusieurs techniques d'expression et de communication (arts plastiques, musique, conte, ateliers d'écriture, relaxation, etc.), une familiarisation avec les technologies nouvelles du traitement de l'information (vidéo, informatique...) et une formation aux multiples démarches de l'évaluation.

Cette formation complète va permettre aux rééducateurs qui en auront bénéficié de :
– favoriser l'ajustement progressif des conduites émotionnelles, corporelles, intellectuelles de l'enfant ;
– développer l'efficience dans les activités d'apprentissage proposées par l'école ;
– restaurer chez l'enfant le désir d'apprendre et l'estime de soi.

L'ensemble des interventions, qui laissent une grande part à l'échange, à la médiation par le corps, au jeu, à tout ce qui est symbolique et imaginaire..., va permettre un engagement actif et personnel de l'enfant dans différentes situations, et la construction ou la reconstitution de ses compétences d'élève.

Les séances, qui durent autour de trois quarts d'heures et se succèdent selon une progression directement liée à l'investissement de l'enfant, permettent souvent d'agir sur certains « blocages » préjudiciables à son évolution. Selon les circonstances, une séance peut s'effectuer avec deux ou trois enfants. La majeure partie du temps, l'intervention du rééducateur se déroule avec un seul enfant, dans le cadre d'une relation duelle qui permet un investissement important.

Compte tenu de son caractère singulier à l'école, l'aide à dominante rééducative (qu'il s'agisse d'une rééducation en psychomotricité ou en psychopédagogie) suppose l'accord des parents, et si possible leur concours. En outre, beaucoup d'éléments travaillés dans ce cadre sont difficiles à communiquer, ce qui engendre parfois des positions contrastées des professionnels – problème que l'on rencontre dès que l'on quitte le domaine de la seule transmission des connaissances.

Si besoin est, un élève peut être admis dans une **classe d'adaptation**, qui réunit sur une année une quinzaine (souvent moins) d'enfants en difficulté. Il peut se faire également que l'élève en difficulté continue de fréquenter une classe ordinaire. Auquel cas, il participera, plusieurs fois par semaine, à des **regroupements d'adaptation**, rassemblant de manière temporaire des élèves en difficulté d'une ou plusieurs classes. Les effectifs de ces regroupements sont également réduits (inférieurs à une quinzaine d'élèves).

Majoritairement, les élèves inscrits dans les classes d'adaptation sont ceux pour lesquels l'inscription en C.P. est apparue prématurée. Le but de ces classes est alors d'éviter un redoublement aux élèves les plus faibles, en favorisant une mise à niveau.

En 1995, 14 483 enfants fréquentaient une classe d'adaptation dans l'enseignement public.

Les missions des personnels intervenant dans ce cadre ne s'arrêtent pas à la mise en œuvre des aides spécialisées : ils doivent contribuer à l'observation continue de l'ensemble des élèves et permettre le signalement des plus en difficulté d'entre eux aux commissions spécialisées, afin que les suites nécessaires à leur action puissent être définies.

Les structures d'accueil du premier degré

Quelles que soient les classes spécialisées et les raisons qui peuvent conduire à proposer qu'un enfant puisse y être orienté, aucune décision ne peut être prise sans qu'**une commission d'éducation spéciale** n'ait examiné particulièrement les difficultés que présente un enfant au regard de la scolarité.

• Les classes de perfectionnement

Les classes de perfectionnement (dont les premières datent de 1909, soit près de trente ans après la législation ayant mis en place l'obligation scolaire) étaient destinées à recevoir des élèves entre 6 et 13 ans reconnus « arriérés » par une commission médico-pédagogique. Elles étaient fondées sur l'idée qu'il convenait d'adapter les démarches pédagogiques, le déroulement des enseignements dans le temps et les divers types de regroupements, aux besoins des élèves qui ont du mal à suivre.

Si les classes de perfectionnement se sont considérablement développées, pour atteindre un effectif qui a culminé aux alentours de 90 000 élèves en 1975, on constate actuellement **un déclin important de ce dispositif propre à l'Éducation nationale**, en raison notamment de l'extension des politiques de prévention des difficultés à l'école ordinaire. D'autres raisons peuvent être évoquées :
– la **modification, au plan mondial, des critères d'évaluation de l'efficience intellectuelle** des enfants et une nouvelle classification des troubles mentaux, qui tendent à jeter le doute sur la notion d'« arriération », tout comme sur les limites de ce qu'on appelait la « déficience intellectuelle légère » ; or, c'est sur la base de ces critères

aujourd'hui remis en cause qu'ont été recrutés, officiellement (et successivement), les élèves de perfectionnement ;

— la **conception dynamique** que l'on se forme désormais **de la déficience mentale**, qui n'est plus considérée de façon statique comme globale et irréversible ;

— l'idée que l'**échec scolaire massif peut fort bien ne pas être lié à un déficit des capacités intellectuelles ou à un retard de leur développement**, mais à plusieurs autres facteurs d'ordres psychique ou environnementaux ;

— l'**existence** et l'extension enfin **de pédagogies nouvelles** (pédagogie différenciée, pédagogie du projet, pédagogie du contrat, ateliers de raisonnement logique, programmes d'enrichissement instrumental, etc.) permettant de travailler plus finement qu'autrefois sur la carte des habiletés cognitives des élèves en difficulté, dans le cadre de ce qu'on appelle **les démarches de remédiation.**

Le rôle de la commission départementale de l'éducation spéciale (C.D.E.S.)

L'article 4 de la loi d'orientation en faveur des personnes handicapées rappelle que les enfants et adolescents handicapés sont, comme les autres, soumis à l'obligation éducative. Ils satisfont à cette obligation en recevant « soit une éducation ordinaire, soit, à défaut, une éducation spéciale, déterminée en fonction des besoins particuliers de chacun d'eux ». Ces besoins sont spécifiés par une commission d'éducation spéciale.

La commission départementale de l'éducation spéciale (C.D.E.S.) est créée dans chaque département. Elle a notamment pour objet de prescrire l'affectation des enfants dans les établissements ou services dispensant l'éducation spéciale correspondant à leurs besoins, et en mesure de les accueillir. « La décision de la commission s'impose aux établissements scolaires ordinaires et aux établissements d'éducation spéciale dans la limite de la spécialité au titre de laquelle ils ont été autorisés ou agréés » (art. 6, modifié par la loi du 17 juillet 1978).

Quand les parents ont fait connaître leur préférence pour un établissement ou un service spécialisé en particulier, la C.D.E.S. est tenue de faire figurer ces derniers au nombre de ceux qu'elle désigne, sous réserve qu'ils correspondent aux besoins de l'enfant et soient en mesure de le prendre en charge.

Pour le premier degré, les commissions de circonscription préélémentaire et élémentaire (C.C.P.E.) instruisent les dossiers et proposent les orientations dans les classes ou établissements spécialisés.

On peut noter en particulier l'impact de l'abandon du quotient intellectuel (le fameux **Q.I.**) comme indicateur principal de l'efficience des élèves. Rien d'étonnant à cela : les nouvelles normes de l'Organisation mondiale de la santé établissent la déficience intellectuelle légère pour un Q.I. compris entre 50 et 70. Selon les anciennes nomenclatures, une partie des élèves accueillis en classe de perfectionnement avec un Q.I. compris entre 70 et 80, réputés « déficients intellectuel légers », ont une intelligence dont l'écart à la norme serait maintenant jugé sinon comme peu significatif, du moins comme variation autour de la normale.

• **Les C.L.I.S.**

En cours de développement, les classes d'intégration scolaire (C.L.I.S.) ont pour vocation **l'intégration collective d'enfants atteints d'un handicap** physique, sensoriel ou mental, qui ne peuvent être accueillis dans une classe ordinaire d'emblée, mais **pour lesquels l'admission dans un établissement spécialisé ne s'impose pas.** Ils peuvent suivre une scolarité

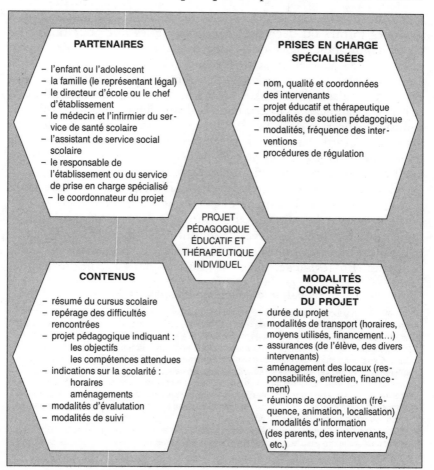

PARTENAIRES

– l'enfant ou l'adolescent
– la famille (le représentant légal)
– le directeur d'école ou le chef d'établissement
– le médecin et l'infirmier du service de santé scolaire
– l'assistant de service social scolaire
– le responsable de l'établissement ou du service de prise en charge spécialisé
– le coordonnateur du projet

PRISES EN CHARGE SPÉCIALISÉES

– nom, qualité et coordonnées des intervenants
– projet éducatif et thérapeutique
– modalités de soutien pédagogique
– modalités, fréquence des interventions
– procédures de régulation

PROJET PÉDAGOGIQUE ÉDUCATIF ET THÉRAPEUTIQUE INDIVIDUEL

CONTENUS

– résumé du cursus scolaire
– repérage des difficultés rencontrées
– projet pédagogique indiquant :
　les objectifs
　les compétences attendues
– indications sur la scolarité :
　horaires
　aménagements
– modalités d'évalutation
– modalités de suivi

MODALITÉS CONCRÈTES DU PROJET

– durée du projet
– modalités de transport (horaires, moyens utilisés, financement...)
– assurances (de l'élève, des divers intervenants)
– aménagement des locaux (responsabilités, entretien, financement)
– réunions de coordination (fréquence, animation, localisation)
– modalités d'information (des parents, des intervenants, etc.)

adaptée à leur handicap et leurs possibilités. Selon ces dernières, certains élèves peuvent prendre part à des activités d'autres classes de l'école.

Chaque élève de C.L.I.S. fait l'objet d'un projet individuel, définissant les objectifs à atteindre, les aides à prévoir, les équipements requis, les méthodes pédagogiques préférables et les modalités d'évaluation du déroulement du projet lui-même, ainsi que de ses effets. Si des interventions de personnels non enseignant sont nécessaires (pour des soins, des rééducations, ou si l'enfant nécessite l'aide occasionnelle d'une tierce personne, etc.), le projet en établit les modalités.

Les C.L.I.S. correspondent à l'augmentation de la demande d'intégration scolaire, qui se diversifie et ne se limite plus aujourd'hui à quelques formes ou degrés de handicaps. Elles ont pour public les élèves handicapés, avec lesquels sont visés autant que possible les programmes de l'école élémentaire (exception faite des quelques C.L.I.S. en maternelle). L'action pédagogique, conduite par un maître formé à cet effet (titulaire d'un C.A.A.P.S.A.I.S. dont l'option dépend de la nature du handicap), s'inscrit dans la droite ligne de la loi d'orientation sur l'éducation de juillet 1989, laquelle place l'enfant au cœur du système éducatif. La mise en place des cycles à l'école primaire de même que la constitution du projet d'école offrent un contexte qui facilite grandement le fonctionnement des C.L.I.S.

Contrairement à d'autres, les classes d'intégration scolaire ne se définissent pas par le caractère spécifique de la pédagogie qui s'y déroule, ou par la moindre ambition des objectifs d'apprentissage que l'on se fixe pour les élèves : elles ont plutôt pour vocation d'être des paliers, des passerelles entre les structures spécialisées et l'école ordinaire. En revanche, elles introduisent dans l'école des modes

---

L'allocation d'éducation spéciale (A.E.S.)

Une allocation d'éducation spéciale peut être attribuée à toute personne qui assure la charge permanente d'un enfant handicapé. L'allocation de base est accordée quand l'incapacité permanente de l'enfant (estimée par la C.D.E.S.) été égale ou supérieure à 50 %. Elle se montait à 665 F/mois au 1er janvier 1996. Trois compléments ont été institués : le premier est accordé quand la situation de l'enfant nécessite l'aide quotidienne mais discontinue d'une tierce personne ou des dépenses du même ordre (499 F/mois) ; le second est versé si l'enfant ou l'adolescent est obligé de recourir à l'aide constante d'une tierce personne. Son montant est de 1 497 F/mois. Le troisième complément, de 5 530 F/mois, est attribué lorsque le handicap, gravissime, nécessite des soins coûteux et continus. Il faut alors que l'enfant soit présent au foyer, et que son traitement entraîne l'arrêt d'activité de l'un des parents ou l'embauche d'un personnel spécialisé.

L'A.E.S. et son complément peuvent être versés jusqu'à ce que le jeune atteigne l'âge de 20 ans. Ce dernier peut prétendre ensuite, sous des conditions très précises, au versement d'une allocation aux adultes handicapés.

d'organisation et de fonctionnement relativement nouveaux pour elle, car les C.L.I.S. entretiennent des liens souvent étroits avec plusieurs secteurs, tels l'intersecteur de pédopsychiatrie infanto-juvénile, les services d'éducation et de soins à domicile, ou avec de multiples professionnels du secteur libéral, des professeurs de techniques palliatives (braille, déambulation, etc.)...

Au total, **les élèves accueillis dans les classes de perfectionnement et dans les classes d'intégration scolaire sont au nombre de 51 192** (1994-1995).

Quatre types de C.L.I.S. en école primaire

« Les classes d'intégration scolaire (C.L.I.S.) accueillent de façon différenciée, dans certaines écoles élémentaires ou exceptionnellement maternelles, des élèves handicapés physiques ou handicapés sensoriels ou handicapés mentaux qui peuvent tirer profit, en milieu scolaire ordinaire, d'une scolarité adaptée à leur âge et à leurs capacités, à la nature et à l'importance de leur handicap. L'objectif des C.L.I.S. est de permettre à ces élèves de suivre totalement ou partiellement un cursus scolaire ordinaire » (cf. circ. du 18 nov. 1991). La répartition est la suivante (en 1994-95) :

C.L.I.S. 1 : Classes d'intégration scolaire pour jeune souffrant d'un handicap mental : 42 322 élèves (82,7 %).
C.L.I.S. 2 : Classes d'intégration scolaire pour jeune déficient auditif : 1 053 élèves (2,1 %)
C.L.I.S. 3 : Classes d'intégration scolaire pour jeune déficient visuel : 679 élèves (1,3 %)
C.L.I.S. 4 : Classes d'intégration scolaire pour jeune handicapé moteur : 1 388 élèves (4,3 %)

(Voir p. 173 encadré : « **Les intégrations d'enfants présentant des troubles autistiques.** »)

• **Les écoles spécialisées**

Une soixantaine d'écoles spécialisées existent encore en France. Elles sont la plupart du temps une **survivance d'un dispositif ancien** destiné à apporter une solution éducative à des élèves présentant une pathologie dont la fréquence est aujourd'hui moins handicapante, ou une réponse à un problème social spécifique.

– **Les écoles de plein air (E.P.A.)** s'inscrivent tout à fait dans ce cadre : créées en 1922 dans le contexte de la prévention des méfaits de la tuberculose, les E.P.A. cherchaient à privilégier une hygiène de vie (au grand air), une forme d'alimentation (diététique), un rythme scolaire (adapté à l'état de santé des enfants) et une pédagogie active. Bien des établissements de ce type ont disparu. Les sept qui ont subsisté reçoivent des enfants convalescents, ou souffrant d'un retard dans leur développement physique, ou encore des jeunes dont l'état de santé ne rend pas envisageable une scolarité en école ordinaire.

– **Les écoles régionales du premier degré** ont la particularité d'être des écoles **disposant d'un internat**, ce qui les rend aptes à recevoir des enfants qui ne peuvent suivre une scolarité dans des conditions satisfaisantes, en raison par exemple de la profession itinérante de leurs parents (par exemple, forains, bateliers). Ces écoles sont au nombre de neuf en France.

– Il existe enfin **une quarantaine d'écoles spéciales**, recevant des élèves affectés d'une même déficience, ou souffrant de déficiences diverses (déficients auditifs, déficients visuels, etc.).

Le faible nombre de ces écoles spécialisées tient par ailleurs au fait qu'en règle générale, **ce n'est pas dans le cadre strict de l'Éducation nationale que l'on trouve le plus grand nombre d'enfants handicapés** : l'État satisfait à ses obligations en matière d'éducation à l'égard de ces enfants en mettant à la disposition d'associations gestionnaires d'établissements spécialisés des personnels enseignants, dont il assure la formation et prend en charge la rémunération.

Au total, pour ce qui est du premier degré des enseignements obligatoires du ministère de l'Éducation nationale, les élèves bénéficiant d'un dispositif particulier de scolarisation sont au nombre de 52 000 environ. Ces effectifs représentent à peu près 1% de l'ensemble des élèves relevant du premier degré. Depuis 1975-76, ces effectifs ont considérablement diminué – ils s'élevaient alors à 95 000 élèves.
Avec les développements, dans les années 80, de la politique d'intégration et de lutte contre l'exclusion, plus de 15 000 élèves (1990-91) ont pu bénéficier d'une scolarisation en C.L.I.S. ou en classe de perfectionnement. Près de 9 000 d'entre eux sont des handicapés physiques, et un peu plus de 6 000 sont répertoriés comme déficients intellectuels.

Les structures d'accueil du second degré

Deux structures particulières de l'Éducation nationale permettent la scolarisation dans le second degré des adolescents en difficulté ou handicapés : il s'agit des sections d'éducation spécialisée (S.E.S.) ou des sections d'enseignement général et professionnel adapté (S.E.G.P.A.) et des établissements régionaux d'enseignement adapté (E.R.E.A).

• Les S.E.S. et les S.E.G.P.A.

Probablement aussi connues que les classes de perfectionnement, dont elles ont longtemps constitué le prolongement dans le secondaire, alors que la scolarité obligatoire était portée à seize ans, les sections d'éducation spécialisée furent créées en 1967 et annexées, lors de leur construction, aux collèges.

L'originalité des ces sections, tout comme des E.R.E.A., est d'associer un enseignement général et un enseignement professionnel, assurés à un petit groupe d'élèves.

La priorité des S.E.S. est d'aider l'élève à s'investir dans un projet à vocation professionnelle, susceptible de redynamiser l'ensemble de ses apprentissages, et à rompre la logique d'échec dans laquelle il a pu s'enfermer.

Les S.E.S. et S.E.G.P.A. sont au nombre d'environ 1 200 et scolarisaient, en 1994-95, une centaine de milliers d'élèves (114 902, si on inclut les G.C.A.

Il existe encore, en particulier à Paris, quelques groupes classe-atelier (G.C.A.) qui scolarisent des jeunes en difficulté dans des perspectives similaires.

Les élèves admis en S.E.S. ou S.E.G.P.A. sont âgés de 12 à 16, 17 voire 18 ans. Sous l'autorité du principal de collège, le personnel enseignant (voir à ce propos le chapitre, consacré aux personnels de l'éducation spécialisée, p. 106) comprend a priori :

– **un directeur adjoint** (partiellement ou totalement dégagé d'enseignement selon l'ampleur de la S.E.S.) ;

– **quatre instituteurs** titulaires d'un certificat d'aptitude aux actions pédagogiques spécialisées d'adaptation et d'intégration scolaires (C.A.A.P.S.A.I.S.), leur permettant de dispenser leur enseignement auprès d'adolescents en échec scolaire massif ;

– **quatre professeurs de lycée professionnel**, assurant une formation préprofessionnelle et professionnelle.

L'origine scolaire des élèves de S.E.S. et de S.E.G.P.A.

Les élèves sont admis en S.E.S. après avoir fait l'objet d'une **décision d'orientation par une commission d'éducation spéciale** : la commission de circonscription du second degré (C.C.S.D.) ; tous les élèves de S.E.S. doivent avoir fait l'objet d'une décision, après que leur dossier a été étudié en commission.

L'origine des élèves est d'une grande diversité :
– 38 % proviennent des classes de perfectionnement et des classes d'intégration ;
– 31 % viennent du CM2 ;
– 12 % proviennent du CM1 ;
– 11 % sont issus du premier cycle du second degré.

La part d'élèves de nationalité étrangère était considérable il y a une dizaine d'années. Elle s'est stabilisée autour de 18 %. La proportion de garçons est également importante : 60 % de plus que celle des filles (pour l'ensemble de l'éducation spéciale en 1992-93, on comptait 38,8 % de filles, pour 61,2 % de garçons).

L'effectif théorique d'une S.E.S. est de 96 élèves.

Les S.E.S. ont fait l'objet d'une redéfinition récente de leurs missions, qui les inscrit plus nettement dans la visée de qualification assignée à l'ensemble du système scolaire.

La nouvelle dénomination de S.E.G.P.A. renvoie directement à l'évolution des missions dévolues à ces sections. Ce que l'on appelle le niveau V de qualification (c'est-à-dire le niveau d'un C.A.P.) est fixé comme objectif : cet objectif, s'il est effectivement significatif (le C.A.P. est le premier niveau reconnu dans les conventions collectives et permet d'envisager une poursuite de formation), n'en demeure pas moins ambitieux, dans la mesure où les S.E.S. accueillent des populations d'élèves fort hétérogènes, souvent en échec scolaire massif. Cet objectif apparaît plus difficile encore, lorsque l'on constate les effets de la politique d'intégration sur le recrutement : les élèves accueillis sont plus en difficulté que par le passé, et il faut avoir à leur égard des exigences de formation plus élevées. Le paradoxe n'a pas échappé au législateur, qui préconise de situer chaque élève par rapport aux exigences du C.A.P., afin qu'il soit en position favorable pour obtenir par la suite tout ou partie du C.A.P. Les tendances actuelles font plutôt de la S.E.G.P.A. une structure d'orientation vers des formations professionnelles.

Les nouvelles réglementations, invitant à renforcer le niveau de qualification visé en S.E.S. conduisent à une nouvelle dénomination : on parle maintenant de sections dispensant un enseignement général et professionnel adapté, et l'on tend aujourd'hui à les considérer comme l'une des voies possibles préparant l'obtention d'une qualification, parmi les voies plus habituelles que constituent les centres de formation d'apprentis (C.F.A.) ou les lycées d'enseignement professionnel (L.E.P.).

D'importantes modifications de ce dispositif de formation dans l'avenir devront affecter les S.E.S. et les E.R.E.A., afin de les rendre plus aptes à remplir leur mission et de minimiser les effets ségrégatifs qu'ont pu induire ces filières particulières, connotées parfois à tort comme filières de l'échec (voir le chapitre consacré à la formation professionnelle des adolescents en grande difficulté ou handicapés).

Une circulaire récente a créé, dans le second degré, des unités pédagogiques d'intégration (U.P.I.), destinées à constituer le prolongement des classes d'intégration scolaire (C.L.I.S.). Peu implantées à l'heure actuelle, ces classes ou celles qui visent un objectif similaire sont appelées à se développer, à mesure que la politique d'intégration se verra renforcée et mise en actes.

• **Les établissements régionaux d'enseignement adapté (E.R.E.A.)**

Au nombre de 82, les établissements régionaux d'enseignement adapté furent créés au début des années 50. L'appellation d'alors était celle d'école nationale de perfectionnement (E.N.P.).

L'une des particularités des E.R.E.A **est de disposer d'un internat**, théoriquement de 120 places. En général, 150 élèves (internes et externes) y sont admis entre 12 et 18 ans.

En 1994-95, les E.R.E.A scolarisaient **un peu plus de 12 000 élèves**.

Si les ressemblances sont importantes avec les S.E.S. de collège (les élèves accueillis manifestent des difficultés comparables, mais leurs conditions sociales d'existence sont souvent telles qu'elles justifient d'une éducation en internat), quelques différences sont toutefois remarquables :

– la formation générale et professionnelle dispensée peut être d'un niveau supérieur, voire très supérieur au C.A.P. : c'est le cas de certains E.R.E.A pour déficients sensoriels, pour déficients physiques ou moteurs. L'enseignement est alors dispensé par des professeurs du second degré, et un centre de soins annexé à l'établissement permet les prises en charge nécessaires ;

– l'E.R.E.A est un établissement autonome, et non une section de collège : il dispose d'un conseil d'administration, d'un budget propre ; un directeur spécialisé et dans certains cas un principal ou un proviseur sont placés à sa tête, en relation avec le niveau d'enseignement offert ;

– l'équipe des enseignants est étoffée et en particulier un chef des travaux coordonne la formation professionnelle ;

– le directeur est assisté par un éducateur principal, qui a la charge de l'organisation des activités d'internat, conduites par des éducateurs. Ces éducateurs sont des instituteurs ou des professeurs des écoles spécialisés formés à cet effet, et titulaires d'un C.A.A.P.S.A.I.S. option F.

Comme les S.E.S., les E.R.E.A. connaissent depuis la fin des années 80 une rénovation de leurs enseignements, en particulier professionnels, qui conduit à les considérer comme des « lycées d'enseignement professionnel adapté ».

Le secteur médico-éducatif

Le poids décisif des associations marque le secteur médico-éducatif. Le secteur médico-éducatif est constitué, pour une majeure partie, d'établissements et de services gérés par des associations à but non lucratif qui accueillent en dehors de l'Éducation nationale des enfants **reconnus handicapés**, dont l'état de santé requiert qu'ils reçoivent de façon soutenue des soins spécialisés, en plus d'une éducation et d'un enseignement adaptés. Au 1er janvier 1994, 1 874 établissements accueillaient 105 180 enfants et adolescents dont 70 966 scolarisés.

Dans la plupart des cas, c'est une équipe composée de médecins, de psychologues, de rééducateurs, d'éducateurs spécialisés, d'assistants de services sociaux, d'enseignants spécialisés, etc., qui intervient dans la prise en charge de l'enfant. L'éducation s'effectue donc dans un cadre pluridisciplinaire, et les enseignants ont à coordonner leurs actions à celles de plusieurs autres professionnels. Cela est souvent passionnant, parfois difficultueux, tant les attentes et les préoccupations de chacun à l'égard de l'enfant peuvent se révéler distinctes, voire contradictoires si l'on n'y prend garde.

Les établissements et services médico-éducatifs

Lorsque la fréquentation d'un établissement scolaire ordinaire s'avère impossible ou contre-indiquée, l'enfant est accueilli dans des établissements privés agréés ou publics. Dans tous les cas, l'enseignement y sera gratuit, tout comme l'ensemble des mesures dont il bénéficie, dès l'instant que la commission de l'éducation spéciale aura donné priorité à cette modalité de scolarisation. Les soins, les rééducations et toutes les actions que requiert la situation particulière de l'enfant (y compris, le cas échéant, l'hébergement en internat) donnent lieu à une prise en charge financière. **Sans l'accord de la C.D.E.S., aucune prise en charge ne peut être effectuée.**

En France, les établissements et services assurant éducation, rééducation et soins aux jeunes enfants et aux adolescents se sont organisés, la plupart du temps, autour d'un type de handicap ou de difficultés particulières. On ne trouve que très rarement des structures où vont être enseignés ensemble des handicapés moteurs, des déficients sensoriels, de jeunes trisomiques, etc., ce qui n'est pas le cas partout en Europe.

On distingue en outre deux grands types de structures :
– les établissements d'accueil ;
– les services de soins et de prévention, autonomes ou rattachés à un établissement.

**Comment s'effectue l'accueil d'un enfant
en établissement spécialisé ?**

Si l'intégration individuelle d'un enfant handicapé dans une classe ordinaire peut parfois s'effectuer sans qu'il y ait consultation nécessaire de la C.D.E.S., il n'en va pas de même pour ce qui est de l'admission dans une classe d'intégration ou dans un établissement spécialisé du secteur médico-éducatif : l'accord de la commission compétente est indispensable, en particulier en matière de financement des divers soins et rééducations que requiert l'état de l'enfant ou de l'adolescent de moins de vingt ans.

Généralement, tout ce qui touche aux difficultés occasionnées par l'éducation des jeunes handicapés ou en difficulté massive sera traité par la commission de résidence des parents ou représentants légaux, même si on envisage l'accueil de l'enfant dans un autre département. Les décisions de la C.D.E.S. sont en effet de nature à s'imposer sur l'ensemble du territoire, sous réserve que les établissements d'accueil soient agréés pour la prise en charge du handicap spécifié.

Les établissements agréés ne peuvent refuser l'admission d'un enfant sur décision d'une commission, dans la limite des places disponibles. Toutefois, l'accueil peut n'être que temporaire, si les équipes estiment, en réunion de synthèse, ne pouvoir assurer à l'enfant la prise en charge qui lui serait la plus profitable. L'établissement maintient alors le jeune dans l'établissement, jusqu'à ce qu'une autre solution ait été trouvée par la C.D.E.S.

Chaque département possède une C.D.E.S., dont les coordonnées peuvent être obtenues auprès de tout groupe scolaire, du centre d'information et d'orientation (C.I.O.), des assistants de services sociaux ou de la mairie.

Les établissements médico-éducatifs

Les établissements peuvent être déclinés en trois grandes catégories :
– les I.M.E. (instituts médico-éducatifs), accueillant des jeunes déficients intellectuels ;
– les instituts de rééducation, spécialisés dans l'éducation des enfants manifestant des troubles de la conduite ou du comportement ;
– les établissements spécialisés dans l'accueil des enfants déficients sensoriels graves, présentant un handicap moteur, ou polyhandicapés.

Les enfants et adolescents en établissements médico-éducatifs selon la déficience principale et le mode d'hébergement			
Déficience principale	Internat complet ou de semaine	Milieu familial	Total
Déficiences intellectuelles	40,5 %	59,5 %	62 374
Déficiences du psychisme	61,7 %	38,3 %	20 936
Déficiences du langage et de la parole	28,3 %	71,7 %	824
Déficiences auditives	43,7 %	56,3 %	7 948
Déficiences visuelles	50,7 %	49,3 %	3 273
Déficiences motrices	48,4 %	51,6 %	6 821
Déficiences viscérales métaboliques, nutritionnelles	48 %	52 %	329
Polyhandicap	58,9 %	41,1 %	5 271
Non déterminé	32,9 %	67,1 %	170
Total	**46,5 %**	**67,1 %**	**107 946**

Source : SESI, enquête ES 91

Tous ces établissements peuvent comporter un internat, auquel l'enfant peut être admis, sauf si cela présente une contre-indication. Certains internats fonctionnent en permanence pendant l'année civile, d'autres sont ouverts environ 210 jours par an, certains enfin sont des semi-internats ou des internats de semaine : l'enfant est ainsi encouragé à retrouver les siens chaque fin de semaine et pendant les périodes de vacance.

Parfois, les C.D.E.S. préconisent le recours à un centre d'accueil familial spécialisé. Les familles d'accueil sont alors recrutées et rémunérées par l'association qui assure la gestion de l'établissement : le travail des assistantes maternelles accueillant de jeunes handicapés est ainsi intégré dans l'ensemble du projet éducatif et thérapeutique.

• Les I.M.E.

La législation du secteur médico-éducatif rassemble sous la même appellation d'**instituts médico-éducatifs** (I.M.E.) les instituts médico-pédagogiques (I.M.P.) et les instituts médico-professionnels (I.M.Pro) :

– les I.M.P. ont pour objet l'éducation, les soins et l'enseignement général aux enfants handicapés de 6 à 14 ans environ ;

– les I.M.Pro assurent quant à eux un enseignement général et préprofessionnel, voire professionnel, à des adolescents déficients intellectuels de 14 à 20 ans.

Les I.M.E. représentent la très grande majorité des structures de l'éducation spéciale. Une proportion considérable en effet d'enfants et d'adolescents fréquentant un établissement spécialisé présente comme déficience principale une atteinte mentale, dont 57 % une déficience intellectuelle.

L'ensemble des I.M.E. accueillait en 1992-93 un peu plus de 62 000 jeunes qui requièrent une prise en charge globale plus importante et plus diversifiée que celle qui pourrait leur être apportée dans le cadre des seules classes ou des établissements de l'Éducation nationale. L'accueil ne peut s'effectuer que sur décision d'orientation d'une commission de l'éducation spéciale.

Les I.M.E. sont régis par une abondante réglementation (voir, en encadré, la liste des principales mesures législatives et réglementaires) fortement remaniée à la fin des années 80 pour prendre en compte l'évolution des conceptions et des pratiques liées au handicap mental. La plupart du temps dotés d'un internat, ces établissements reçoivent, selon l'agrément dont ils font l'objet, des enfants ou des adolescents dont la déficience intellectuelle est plus ou moins importante.

Il s'agit pour ces établissements :

– de veiller à la reconnaissance précise des besoins des enfants et adolescents, en mettant en place des formes diversifiées d'évaluation des capacités notamment cognitives, et de réaliser le potentiel de chacun par l'éducation, les rééducations et les thérapies :

– d'accorder à la famille un rôle réel et significatif dans l'éducation de leur enfant. Sur ce plan, une information de la famille, une association aux diverses phases d'élaboration, de mise en œuvre et de suivi du projet global (projet pédagogique, éducatif et thérapeutique), un soutien et un accompagnement de la famille sont clairement évoqués ;

– d'assurer un développement précoce et continu de l'éducation des enfants handicapés mentaux ;
– de développer un processus d'intégration scolaire ;
– d'assurer la cohérence globale de la prise en charge ;
– de faciliter enfin, à tous les niveaux, le développement de toutes les autonomies dont sont capables les enfants et adolescents accueillis.

Que contiennent les dossiers étudiés en C.D.E.S. ?

Une équipe technique, constituée de spécialistes divers, a pour tâche de constituer un dossier permettant à la commission de prendre une décision fondée sur la connaissance de l'enfant. En aucun cas **un dossier ne peut être constitué sans l'information et l'accord de la famille ou des tuteurs de l'enfant.** Il comprendra diverses pièces, notamment :

– un feuillet de renseignements pédagogiques ;
– un feuillet de renseignements médicaux ;
– un feuillet de renseignements sociaux ;
– le compte rendu de l'examen psychologique ;
– s'il y a lieu, le compte rendu des examens complémentaires ;
– un feuillet de synthèse.

En raison de la nature de certaines informations, les membres de la commission sont tenus au secret professionnel partagé, et ne peuvent divulguer aucune information confidentielle hors des réunions. La partie médicale du dossier est couverte par le secret médical : seul un médecin peut en prendre connaissance. Il n'a à faire connaître aux autres membres que les seuls éléments qu'il juge pertinent de communiquer.

Il en va de même pour la partie sociale du dossier, accessible aux seuls assistants des services sociaux.

Après examen, la commission prend une décision d'orientation, qui vaut décision de prise en charge financière des rééducations et soins prescrits. Dans tous les cas, cette décision doit être motivée, communiquée aux parents par un contact direct avec ces derniers, puis par voie de lettre recommandée.

Les I.M.Pro

Les I.M.Pro constituent des structures (autonomes, ou bien rattachées à un I.M.E.) dont l'objet est de promouvoir un apprentissage professionnel auprès de jeunes qui ne pourraient tirer bénéfice d'une formation professionnelle dans les conditions ordinaires de scolarisation, et nécessitant en particulier un suivi thérapeutique important.

Certains d'entre eux – la majorité – seront à terme capables de devenir autonomes et d'exercer une activité professionnelle.

D'autres (dont le Q.I. s'échelonne de 50 à 65) sont susceptibles d'une insertion professionnelle partielle. Pour d'autres enfin, dont le Q.I. est compris entre 30 et 50, il n'est guère possible d'espérer actuellement autre chose qu'une place dans un milieu de travail protégé, voire dans un foyer occupationnel (où les impératifs d'une production rentable sont exclus).

Les I.M.Pro dispensent des enseignements généraux assurés principalement par des instituteurs spécialisés. Les enseignements techniques et professionnels sont pris en charge par des éducateurs techniques spécialisés (E.T.S.).

Les éducateurs techniques spécialisés

Les éducateurs techniques spécialisés, au nombre d'environ 6 000, sont sous tutelle du ministère de la Santé. Ils sont recrutés sur la base au minimum d'un C.A.P. (ou d'un diplôme équivalent ou supérieur de l'enseignement technologique) et de cinq ans de pratique professionnelle du métier qu'ils souhaitent enseigner.
Les E.T.S. exercent dans les institutions spécialisées recevant des élèves en formation. Leur rôle premier est de développer diverses compétences professionnelles facilitant l'insertion des personnes inadaptées ou handicapées dans le monde du travail.
Les E.T.S. doivent suivre une formation obligatoire (subventionnée par le ministère de la Santé) d'une durée de trois ans (à raison de plusieurs semaines par an), au terme de laquelle ils sont autorisés à se présenter au C.A.F.E.T.S. (certificat d'aptitude aux fonctions d'éducateur technique spécialisé) délivré par le ministère de l'Éducation nationale.

À noter : la revue *Lien social* a fait paraître un dossier complet sur les E.T.S. dans son numéro 251 du 10 mars 1994.
(*Lien social*, 46 rue Paul-Bert, B.P. 4183 - 31031 Toulouse Cedex. Tél. : 61 80 28 66)

Accueillis normalement jusqu'à l'âge de 20 ans, les élèves d'I.M.Pro peuvent demander leur maintien dans ces établissements s'ils ne trouvent pas de place dans une structure de travail protégé alors que cette orientation est prescrite par la commission compétente.

• Les instituts de rééducation

Ils ont pour objet d'adapter les actions éducatives aux besoins **des enfants présentant des troubles importants de la conduite et du comportement.** Ces jeunes, qui se situent en général dans les seuils qui délimitent l'intelligence dite normale, sont en revanche très fréquemment dans les marges des normes sociales et scolaires. Ils sont souvent soit particulièrement inhibés, soit mal à l'aise face aux frustrations qu'engendre l'école, parfois dans un contexte familial peu propice à une amélioration de leur état.

Les enfants et adolescents accueillis ont un fonctionnement psychique souvent gravement perturbé jusqu'à rendre très incertains les acquis scolaires et éducatifs. Ils peuvent avoir connu « des discontinuités ou carences affectives ou éducatives dans leur petite enfance, avec parfois des placements précoces ». Il arrive qu'un juge des enfants ait été saisi à leur propos. Les I.R. n'ont toutefois pas pour mission l'accueil des enfants en difficulté sociale « sauf dans le cas où, éventuellement du fait de ces difficultés, ces enfants présentent des déficits ou des troubles nécessitant la mise en œuvre d'une éducation spécialisée ou d'un projet thérapeutique ».

L'enfant peut bénéficier dans les instituts de rééducation de psychothérapies et de diverses rééducations, sous le contrôle de médecins psychiatres. Les soins ne sont pas isolés de l'ensemble des autres aspects : l'ensemble du cadre institutionnel et les relations établies avec l'ensemble du personnel peuvent revêtir une dimension thérapeutique.

Dans ces I.R., tout doit être mis en œuvre pour « éviter que l'enfant ou l'adolescent ne s'enferme dans la filière inéluctable du handicap ».

Des réunions de synthèse régulières, rassemblant les membres de l'équipe pluridisciplinaire, permettent de faire le point sur les évolutions – parfois les régressions –, et d'envisager les mesures à prendre, qui peuvent aller jusqu'à une suspension provisoire de la scolarisation par exemple.

En 1992, **environ 13 000 jeunes étaient accueillis dans ce type de structures.**

• Les établissements pour déficients moteurs

7 000 enfants et adolescents souffrant d'un handicap moteur et dont la déficience requiert un suivi médical sont scolarisés dans le cadre d'instituts d'éducation motrice (I.E.M.) ou d'établissements de rééducation.

Une équipe constituée d'enseignants spécialisés, de médecins de rééducation fonctionnelle, d'infirmiers, de kinésithérapeutes, d'ergothérapeutes, d'orthophonistes et divers spécialistes requis, intervient afin de permettre aux jeunes de suivre, à la mesure de leurs possibilités, un enseignement préélémentaire, élémentaire ou secondaire.

L'épidémiologie du handicap, les progrès médicaux réalisés ces dernières années ont fait se développer une nouvelle population de personnes handicapées : celle des enfants victimes de traumatismes cérébraux : « L'augmentation régulière de leur nombre, les survies de plus en plus fréquentes ont en effet révélé des besoins importants et tout à fait spécifiques concernant les troubles moteurs associés à des troubles somatiques et sensoriels, mais aussi à des difficultés complexes d'ordre affectif, psychologique ou cognitif, et susceptibles de compromettre l'adaptation sociale. »

Quelle que soit la nature du handicap, une priorité vise « à donner à chaque famille les moyens et l'occasion d'assumer l'éducation de son enfant ».

Comme dans tous les établissements du secteur médico-éducatif, il faut organiser un soutien et un accompagnement de la famille, ainsi que de l'entourage habituel de l'enfant. Il s'agit en particulier :
– d'informer ;
– de conseiller ;
– de soulager ;

Reconnaître les besoins des adolescents handicapés moteurs

C'est probablement lors du passage de l'enfance à l'adolescence que la prise en charge des jeunes handicapés moteurs se fait la plus délicate : quoique parfois très lourdement handicapés, ce sont avant tout des adolescents et une attention particulière leur est accordée par les équipes, afin que les besoins autres provoqués par le bouleversement pubertaire et les aspirations qui les accompagnent soient reconnus et trouvent l'occasion d'être satisfaits.

Tout le monde connaît l'attention pleine d'anxiété que les adolescents ont tendance à porter à leur apparence corporelle. En établissement, fréquents sont les moments où se succèdent crises d'angoisse et révoltes, qui se traduisent parfois par un refus des contraintes thérapeutiques, des appareillages, des rééducations, des interventions chirurgicales.

Toute l'attention des professionnels est donc appelée sur cette période difficile. Il s'agit notamment alors :
– « de limiter autant que faire se peut l'aspect contraignant des soins, ou d'en moduler le contenu de manière plus attrayante » ;
– « de redonner à l'adolescent une maîtrise sur son propre corps et sur son devenir » (en l'informant de ses limites et de ses possibilités, en lui expliquant le sens des traitements et de l'éducation qu'on lui dispense, et surtout en lui ménageant des possibilités de choix) ;
– de le laisser « s'exercer aux conduites d'essai et de risque » ;
– de faciliter « des rencontres dans l'institution et en dehors avec d'autres jeunes qui lui permettent de trouver réponse à ses aspirations sociales et affectives » ;
– de préparer au-delà de l'enseignement professionnel quand celui-ci peut lui être dispensé, « une vie d'adulte aussi autonome que possible ».

Dans cette perspective, un entraînement au maniement responsable de l'argent, à l'exercice de ses responsabilités à l'égard de la collectivité, est valorisé.

– de prendre en compte l'impact de la détresse parentale sur la relation affective avec l'enfant.

• Les établissements pour polyhandicapés

Depuis les dernières décennies, nombre d'établissements se sont spécialisés dans l'accueil de nouveaux publics pour lesquels les solutions éducatives étaient jusqu'alors quasi inexistantes. C'est le cas des enfants et adolescents affectés de plusieurs déficiences, nécessitant des soins constants.

Ces établissements prennent soin de jeunes atteints d'un handicap grave à expression multiple, associant déficience motrice et déficience mentale sévère ou profonde, « entraînant une restriction extrême de l'autonomie et des possibilités de perception, d'expression et de relation ».

• Les établissements pour déficients sensoriels

Chaque type de déficience fait l'objet d'un type particulier d'établissement.

Par exemple, les **établissements pour déficients auditifs graves** vont comporter l'intervention de spécialistes en relation avec le soin et la rééducation de l'ouïe et de la parole. Une particularité : l'enseignement est dispensé par des professeurs de sourds et des enseignants spécialisés (titulaires d'un C.A.A.P.S.A.I.S. option A).

Des interprètes en langue des signes française (L.S.F.), des codeurs en langage parlé complété (L.P.C.) interviennent en outre dans ces établissements.

7 000 jeunes environ y sont actuellement accueillis.

Les **établissements pour jeunes déficients visuels graves** s'adressent à ceux « dont la déficience nécessite le recours à des moyens spécifiques pour le suivi médical, la compensation du handicap, l'acquisition de connaissances scolaires et d'une formation professionnelle, afin de réaliser leur intégration familiale, sociale et professionnelle ». Les enfants et adolescents accueillis sont aujourd'hui au nombre de 2 600.

Comme pour tout déficient sensoriel, le soutien, l'accueil ou le suivi peuvent s'exercer depuis la prime enfance, jusqu'à la fin du secondaire.

Outre la scolarisation, l'établissement exerce une surveillance médicale, notamment de l'état de la vision et de ses conséquences sur le développement.

Les équipes s'attachent à favoriser :
– « le développement des moyens sensoriels et psychomoteurs de compensation du handicap visuel » ;
– « la stimulation et le développement de la vision fonctionnelle, incluant l'utilisation éventuelle d'aides optiques ou non optiques lorsque des possibilités visuelles existent » ;

Répartition détaillée par type de handicap dans les établissements médico-éducatifs au 1/01/1994 (France métropolitaine)		
	Effectifs	**%**
Cécité	940	0,9
Autre déficience visuelle	1 479	1,4
Surdité	6 260	6,0
Autre déficience auditive	562	0,5
Handicap moteur	6 503	6,2
Déficience somatique	746	0,7
Polyhandicapés graves	5 854	5,6
Déficients mentaux non hand. gr.	53 473	50,8
dont : retard mental sévère	10 110	9,6
retard mental moyen	25 056	23,8
retard mental léger	18 307	17,4
troubles psychiatr. graves	9 053	8,6
troubles relationnels	17 177	16,3
Difficultés scolaires	3 133	3,0
Total enfants accueillis	**105 180**	**100,0**
Total enfants scolarisés	**70 966**	**67,4**

– « l'acquisition de techniques palliatives ». Ces techniques vont porter sur les domaines de la locomotion (par exemple, l'usage de la « canne blanche »), de la communication écrite (par l'apprentissage du braille, de la dactylographie, voire de l'écriture manuscrite) et sur tous les domaines de la vie quotidienne.

Les enfants **amblyopes**, c'est-à-dire ceux dont l'acuité visuelle de loin est comprise entre 4/10 et 1/20 de l'acuité visuelle nomade, après correction optique (pour le meilleur œil), et les enfants aveugles sont admis en priorité dans ce type d'établissements. Le chiffre de 1/20e marque la frontière de la cécité.

Les services de prévention et de cure

• C.M.P.P. et C.A.M.S.P.

Aussi bien la législation que la demande des famille ne privilégient pas l'admission systématique en établissement spécialisé. On distingue trois types de services qui offrent une alternative au placement.

Les **centres médico-psycho pédagogiques** (C.M.P.P.) sont actuellement plus de 500. Ils permettent le dépistage des troubles s'exprimant dans le cadre scolaire (ou préscolaire) et assurent soins et rééducations à ceux des enfants dont les troubles (du langage, du comportement, de la personnalité...) sont suffisamment avérés pour qu'on envisage un traitement, sans aller jusqu'à une orientation en établissement spécialisé.

Constituées de médecins (psychiatres principalement), de psychothérapeutes, d'orthophonistes, de psychomotriciens, parfois d'enseignants spécialisés (rééducateurs), d'assistants de services sociaux, les équipes sont placées sous la responsabilité d'un médecin. Souvent, le directeur administratif et pédagogique du centre est issu de l'Éducation nationale : c'est souvent l'assurance que les rééducations et soins dispensés ne négligeront en rien les exigences propres à la scolarité de l'enfant.

Les **centres d'action médico-sociale précoce** (C.A.M.S.P.) sont nés il y a une vingtaine d'années. Ils ont pour raison d'être le dépistage, la cure ambulatoire, la rééducation des tout jeunes enfants (de la naissance à six ans) présentant un handicap, quelle qu'en soit la nature. La plupart de ces centres sont polyvalents et sont placés sous la responsabilité d'un médecin.

L'action des C.M.P.P.

L'école s'est donné pour nouvelle tâche de redéployer son action en prenant l'enfant comme centre du projet éducatif. Elle dépasse ses ambitions traditionnelles.

La psychopédagogie s'est constituée comme discipline en cherchant à clarifier le processus d'apprentissage. Elle met l'accent sur la pluralité des voies d'accès aux connaissances. Elle insiste beaucoup sur le caractère essentiel de la signification des apprentissages pour chaque individu. C'est sur ce plan notamment que s'effectueront les rééducations en psychopédagogie.

Les rééducations se situent autour de deux axes principaux : les difficultés se manifestant lors de la réalisation des tâches scolaires, et les troubles plus diffus d'adaptation au milieu scolaire, perçus comme symptômes de difficultés individuelles en relation avec l'histoire de l'enfant ou de difficultés plus générales d'interaction.

Le C.M.P.P. reçoit des enfants dont les problèmes sont importants et sur lesquels les interventions habituelles au sein de l'école n'ont pu produire tous les effets souhaités. Le C.M.P.P. prend donc en quelque sorte le relais et assure :
– une aide psychologique, individuelle ou en petit groupe ;
– des rééducations dites instrumentales, portant sur les processus opératoires de base de la lecture, du calcul, etc. ;
– des entretiens divers, avec la famille, l'entourage de l'enfant ;
– des liens avec les différentes structures éducatives et sociales.

Dans tous les cas, le C.M.P.P. tend à apporter une réponse globale aux problèmes décelés, même si l'on ne traite que certains aspects identifiés dans le temps de la cure.

Ces actions ayant lieu hors d'un établissement, on parle de « cure ambulatoire ».

• Les services d'éducation et de soins spécialisés à domicile

Les S.E.S.S.A.D. connaissent actuellement un réel essor. Contrairement aux deux précédents, ils ne sont généralement pas autonomes, mais rattachés à un établissement ou un service spécialisés, et s'adressent à la même population d'enfants que ces derniers.

Leur objet est d'intervenir en dehors de l'établissement, « à domicile ». Mais cette expression revêt une signification très large : un ou plusieurs professionnels rattachés à un S.E.S.S.A.D. vont pouvoir intervenir au domicile de la famile, mais encore dans des lieux ordinaires de vie de l'enfant : pouponnière, crèche, école, collège, etc.

Ces services ont un rôle de première importance dans l'intégration en école ordinaire de jeunes déficients sensoriels ou moteurs.

Au 1er janvier 1992, 187 C.A.M.S.P. et 315 S.E.S.S.A.D. suivaient respectivement 13 000 et 8 000 enfants.

Le secteur socio-éducatif

Protection sociale et Protection judiciaire de la jeunesse

Le secteur socio-éducatif comporte des services et des établissements dont la vocation est double. D'une part, il s'agit d'apporter une réponse aux familles et aux jeunes qui font l'objet de **mesures de protection sociale**, décidées et mises en œuvre par divers services sociaux. D'autre part, il s'agit de donner suite à des **mesures de protection judiciaire** : en l'occurrence, ce sont les actions à caractère éducatif, dont l'initiative revient au juge ou au tribunal des enfants, lorsque ces derniers ne font pas l'objet d'une condamnation pénale.

Dans les deux cas, l'accord de la famille est recherché. Mais, si l'accord est indispensable dans le cadre de la protection sociale, le juge peut prendre une mesure autoritaire dans le cadre de la protection judiciaire.

Les mesures peuvent consister notamment en :
– un maintien dans le milieu familial, le milieu scolaire, mais avec un suivi éducatif (on parle alors, dans le cadre judiciaire, d'une action éducative en milieu ouvert – A.E.M.O.) ;
– un placement dans une famille d'accueil ;
– un placement dans un établissement spécialisé...

L'Aide sociale à l'enfance

L'action sociale en faveur de l'enfance et de la famille a pour objet d'aider les familles en difficulté à assumer leurs devoirs d'entretien, de garde, d'éducation de leurs enfants, et de les suppléer le cas échéant.

L'Aide sociale ne s'adresse pas à toutes les personnes, mais à celles qui rencontrent des difficultés sociales telles qu'elles risquent de nuire à leur équilibre et à leur développement. En revanche, ce droit d'assistance s'exerce à l'égard de toutes les familles présentes sur le territoire national, françaises ou étrangères.

L'Aide sociale concerne tous les mineurs, y compris les mineurs émancipés et les jeunes majeurs de moins de vingt et un ans. L'obtention de prestations en nature (par exemple, une consultation ou un soutien psychologique) n'est pas subordonnée à des conditions particulières de ressources.

• **Les missions du service d'Aide sociale à l'enfance**

Le soutien matériel, éducatif et psychologique que peut procurer le service d'Aide sociale s'exerce auprès des familles et des mineurs de moins de vingt et un ans, dans les lieux où peuvent se manifester des risques d'inadaptation.

En dehors des actions visant à prévenir la marginalisation et à promouvoir l'insertion sociale des jeunes, le service conduit en urgence des actions diverses en faveur des mineurs en danger et pourvoit à l'ensemble des besoins des jeunes gens qui lui sont confiés, en collaboration avec leur famille ou leur représentant légal.

L'aide à domicile peut comporter diverses mesures : l'intervention d'une aide-ménagère ou d'une travailleuse familiale, la participation d'un service d'action éducative et le versement de diverses aides financières.

Outre le versement d'aides financières et le pourvoi d'une aide éducative par des travailleurs sociaux (sous forme de soutien scolaire, d'aide aux devoirs, de prise en charge hors des horaires et dates scolaires par exemple), un placement auprès de familles d'accueil ou dans un établissement spécialisé peut être mis en œuvre.

• **Familles en difficulté, enfants en danger : où trouver de l'aide ?**

Chacun peut être confronté à des situations sociales délicates, ou se sentir tenu de trouver un relais aux aides qu'il procure à des enfants dont la situation peut paraître précaire. Selon la nature des difficultés, divers interlocuteurs ont reçu mission par le législateur de procurer les conseils et les aides requis, et de donner aux situations les suites qu'elles nécessitent.

– **L'assistante sociale de secteur.** L'ensemble du territoire national est divisé en secteurs, dont chacun correspond à la zone d'activité d'un assistant de service social qui en a la charge. Il est possible de contacter prioritairement l'assistante sociale de secteur (la profession est majoritairement féminisée) à sa permanence ou au centre de la circonscription. Son rôle est d'écouter, d'informer, de procurer une aide et d'orienter les personnes, quels que soient les besoins qu'elles manifestent.

— **Le responsable du service de l'aide sociale à l'enfance ; le médecin de protection médicale infantile.** Chacun de ces deux responsables peut être joint au centre administratif du département. L'action de ces deux spécialistes est complémentaire. Ils peuvent veiller à ce qu'une grande variété de réponses soient données aux situations portées à leur connaissance, grâce à l'intervention de plusieurs personnels (puéricultrice, éducateur spécialisé, psychologue, etc.) et leur maîtrise des moyens sanitaires, financiers, juridiques, éducatifs.

— **Le procureur de la République.** En cas de danger actuel et certain, toute personne a le devoir de saisir ce magistrat, au siège du tribunal de grande instance compétent. Le procureur de la République a mission de recueillir et de vérifier l'ensemble des informations, signalements, enquêtes, rapports divers ; il doit, s'il juge que le danger existe, saisir le juge des enfants. Si les faits sont graves, il a toute licence pour engager des poursuites pénales contre les auteurs de mauvais traitements par exemple et de saisir un juge d'instruction pour instruire le dossier.

En cas d'urgence, il peut demander le concours des forces de police ou de gendarmerie afin de prendre sans délai les mesures de retrait provisoire contre la volonté des parents. Il a en l'occurrence les mêmes pouvoirs que le juge des enfants, qu'il doit saisir dans un délai de huit jours.

— **Le juge des enfants.** Ce magistrat est spécialisé dans les affaires concernant des mineurs. Exceptionnellement, les parents, les tuteurs, la personne ou le service auquel un enfant a été confié, l'enfant lui-même peuvent en particulier lui demander audience, au terme de laquelle il peut décider de se saisir lui-même (la procédure ordinaire étant d'informer d'abord le procureur de la République). Avant de prendre toute décision, le juge des enfants entend les parents et le mineur lui-même, à moins que l'âge ou l'état de celui-ci ne le permette pas.

Le juge des enfants dispose de multiples moyens d'action et peut favoriser le maintien de l'enfant dans son milieu, mais avec le soutien d'une aide éducative ; il peut au contraire statuer en faveur d'un retrait de l'enfant hors de son milieu : il est confié alors à un parent, à un tiers digne de confiance, à un établissement ou un service spécialisé tels que ceux présentés ci-après.

Les foyers départementaux de l'enfance

En règle générale, et tout particulièrement dans les situations d'urgence, l'enfant pris en charge par l'Aide sociale à l'enfance est placé dans un foyer départemental. Il sera ensuite confié, selon ses besoins, son âge, ses préférences et celles de ses tuteurs ou parents, ou dans une famille d'accueil, ou dans un établissement.

Les foyers départementaux sont des établissements **publics** d'initiative départementale. Ils appartiennent à cette partie du dispositif d'Aide sociale à l'enfance qui permet de faire face aux urgences sociales, en accueillant sans délai les mineurs privés du soutien parental pour diverses raisons (décès, incarcération, abandon, maladie, etc.). De 24 heures à plusieurs mois, voire plusieurs années, le séjour de l'enfant est d'une durée très variable.

Le foyer dispose d'une capacité d'hébergement, de soins, d'éducation. Son rôle est notamment de faciliter l'orientation scolaire des jeunes dont il a la charge.

Les maisons d'enfants à caractère social

Ce sont les héritières des anciens orphelinats, gérées par des collectivités publiques, mais le plus souvent par des associations privées à but non lucratif. 1 012 établissements et services dans 439 associations travaillent pour les départements au titre de l'Aide sociale à l'enfance.

Environ 800 maisons d'enfants à caractère social (M.E.C.S.) s'occupent des mineurs orientés par les services sociaux et parfois par le juge des enfants. Dans ce dernier cas, il s'agira de mineurs en danger ou de délinquants pour lesquels a été prise cette mesure d'assistance éducative. Cette population est souvent difficile et suppose que l'établissement dispose d'une équipe expérimentée. Aussi, certains établissements seulement sont habilités par le ministère de la Justice et reçoivent effectivement de jeunes délinquants.

Si les jeunes fréquentent d'ordinaire les établissements scolaires et de formation professionnelle des environs, certains d'entre eux ne peuvent y suivre avec profit leur scolarité ou ont besoin d'un temps pour se réadapter à une scolarité ordinaire. Aussi certaines M.E.C.S. disposent-elles de classes ou d'écoles intégrées.

Les établissements et services de la Protection judiciaire de la jeunesse

Sous la tutelle de l'une des directions du ministère de la Justice – la direction de la Protection judiciaire de la jeunesse (P.J.J.) – existent divers établissements et services permettant d'éviter l'incarcération.

Ces structures relèvent du secteur public et comprennent (au 1er janvier 1995) :
– 109 foyers et centres d'action éducative exerçant la fonction d'hébergement. Ils reçoivent, parfois en urgence, des jeunes délinquants ou en danger, en nombre restreint (une douzaine) et généralement en milieu urbain ;
– 140 centres d'orientation et d'action éducative en milieu ouvert, chargés d'une fonction d'investigation afin d'apporter une aide à la décision du magistrat, et de la prise en charge éducative des mineurs maintenus dans leur famille ;
– 134 services éducatifs auprès des tribunaux (S.E.A.T.), qui sont chargés, à la demande du juge, d'effectuer un bilan sur la situation du mineur, assorti d'une proposition circonstanciée de prise en charge éducative.

Nombre de jeunes suivis par la Protection judiciaire de la jeunesse en 1991			
	Secteur public	Secteur associatif	Total
A. Service éducatif auprès des tribunaux	40 355		40 355
B. Investigations	22 263	51 291	73 554
C. Prises en charge éducatives :	63 843	138 048	201 891
Actions éducatives en milieu ouvert	59 089	108 306	167 395
Centre de Jour	1 727		1 727
Placement familial		6 293	6 293
Établissements	3 027	23 449	26 476
ENSEMBLE (A, B, C)	**126 461**	**189 339**	**315 800**

Source : ministère de la Justice : *Les Cahiers de la justice,* janvier 1995

C'est le ministère de la Justice qui assure le financement des établissements publics relevant de la P.J.J. 25 000 salariés du secteur associatif, 5 900 fonctionnaires d'État, respectivement 1 milliard et 1,2 milliard de francs, tels sont les chiffres clés de la Protection judiciaire de la jeunesse.

Quant au coût des mesures de protection sociale décidées par les services d'Aide sociale à l'enfance, ils sont supportés par le conseil général. Dans certains cas rares, il peut arriver que la participation financière des familles soit exigée.

• Organisation de la P.J.J. et rôle du juge pour enfants

Le code civil attribue aux parents la responsabilité première d'assurer l'éducation de leurs enfants. Ils peuvent être aidés dans cette tâche par les services d'Aide sociale à l'enfance, mais il arrive que les seules aides financières et sociales s'avèrent insuffisantes pour répondre à certaines situations graves.

La Protection judiciaire de la jeunesse joue un rôle de relais par rapport à l'aide sociale : elle concerne les **mineurs délinquants**, ou les mineurs dont la santé et la moralité sont **en danger**, ainsi que ceux dont les conditions d'éducation sont très précaires. Deux grands types de mesures peuvent être décidées : d'une part, des mesures d'assistance éducative, d'autre part des mesures de placement dans des structures spécialisées.

Le juge des enfants est habilité, en vertu de l'article 375 du Code civil, à intervenir directement dans ces cas et à présider pour les affaires les plus graves une juridiction spécialisée : le tribunal pour enfants. Le droit qui prévaut alors est **dérogatoire** du droit commun sur plusieurs points.

Tout d'abord, le traitement éducatif va constituer une priorité en matière pénale ; ensuite, le juge fonde ses décisions sur une connaissance approfondie du mineur concerné. Il est aidé dans cette perspective par un service éducatif auprès du tribunal (S.E.A.T.) ; enfin, le juge va suivre le dossier d'un même mineur pendant tout le déroulement de la procédure, en vertu du principe de continuité de l'action éducative entreprise.

Le juge pour enfants est donc un magistrat « pas comme les autres » : il organise la prise en charge éducative à partir des propositions que lui font les éducateurs qu'il a sollicités. Il exerce un contrôle sur les mesures qu'il a ordonnées. Il dépasse ainsi considérablement la fonction traditionnelle de décision des magistrats. Enfin, sa relation avec la famille est soulignée dans tous les cas, et l'adhésion est recherchée, même si le juge a le pouvoir d'imposer aux familles les mesures qu'il pense nécessaires. Selon les situations, les juges des enfants peuvent être conduits à traiter un nombre très important de dossiers, ce qui rend parfois très difficile la poursuite de leurs missions.

• Un cas particulier : l'enseignement en milieu pénitentiaire

Le nombre de mineurs incarcérés est, fort heureusement, très faible. On ne peut donc guère parler de « scolarisation » en milieu pénitentiaire. En revanche, un nombre important de détenus bénéficient de mesures visant à leur réinsertion, au premier rang desquelles les actions de formation. Nous évoquons le cas particulier des enseignants exerçant en milieu pénitentiaire dans le chapitre consacré aux personnels.

Enfance en difficulté ou en danger : quelques coordonnées utiles

– Centre de formation et de recherche de l'Éducation surveillée (C.F.R.E.S.) : 54, rue de Garches, 92400 Vaucresson.

– Comité français d'éducation pour la santé (C.F.E.S.) : 2, rue Auguste-Comte, 92170 Vanves.

– Centre international de l'enfance (C.I.E.) : Château de Longchamp, Bois de Boulogne, 75016 Paris.

– Fédération nationale de l'École des parents et des éducateurs : 5, impasse Bon-Secours, 75011 Paris.

– Groupe de recherche et d'action pour l'enfance (G.R.A.P.E.) : 12, rue Vivienne, 75002 Paris.

– Ministère de la Justice, service de l'information et de la communication : 13, place Vendôme, 75001 Paris.

– Institut de l'enfance et de la famille (I.D.E.F.) : 3, rue Coq-Héron, 75001 Paris.

– Service national d'accueil téléphonique : 11, boulevard Brune, 75014 Paris (n° vert : 05 05 41 41).

Ce service d'accueil téléphonique a été créé en vue de prévenir les mauvais traitements infligés aux enfants. Sa mission est de répondre jour et nuit aux demandes d'information, de conseil, et de transmettre les informations recueillies aux services spécialisés. La communication est entièrement gratuite et accessible à tous (enfants, professionnels, voisins, etc.). Le numéro vert doit être affiché dans tous les établissements et services recueillant des mineurs, y compris, bien entendu, les établissements scolaires.

– Commission d'accès aux documents administratifs (C.A.D.A.) : 31, rue de Constantine, 75007 Paris.

Cette commission statue sur les demandes d'accès des personnes aux dossiers administratifs les concernant directement.

À noter : le *Journal du droit des jeunes* (16, passage Gatbois, 75012 Paris) édite dix numéros par an à destination des professionnels de l'Aide à l'enfance et de la Protection judiciaire de la jeunesse. Sa consultation permet de se faire une idée actualisée des débats nombreux et importants qui parcourent ce champ, et des types de démarches possibles face à des situations sociales difficiles.

Le secteur sanitaire

Le secteur sanitaire englobe l'ensemble des établissements et services qui accueillent des enfants ou adolescents malades. À la différence de ce qui se passe dans les établissements médico-éducatifs, les admissions et les sorties s'effectuent sur proposition du médecin traitant, qui doit fournir un dossier médical à l'appui de la demande des parents. Ce n'est donc pas la C.D.E.S. qui prend la décision en la matière, dans la mesure où les jeunes gens, quoique malades, ne sont pas reconnus handicapés.

Deux situations sont à considérer, au regard de l'impact de la maladie sur la scolarité : celles liées aux maladies contagieuses entraînant le cas échéant l'éviction temporaire de l'enfant et sa prise en charge médicale en milieu spécialisé ou dans sa famille, et celles occasionnées par les maladies graves entraînant l'hospitalisation prolongée de l'enfant puis sa réintégration voire son accueil plus ou moins temporaire en milieu scolaire, lorsque cela s'avère possible.

Comme dans le cas d'une hospitalisation banale, le coût de la prise en charge est assuré par les caisses d'assurance maladie, sous la réserve de l'ouverture des droits et de l'accord du médecin conseil de l'organisme payeur.

S'il arrive que le ticket modérateur reste à la charge des familles, qui doivent par ailleurs s'acquitter du forfait hôtelier journalier, les services d'Aide sociale peuvent être sollicités si les ressources familiales sont inférieures à un certain plafond. Toutefois, si le jeune est en outre reconnu handicapé, la famille n'aura pas à supporter ces charges financières.

On distingue deux types de structures : celles qui assurent l'hébergement, les soins et l'éducation des jeunes dont l'état de santé nécessite un séjour de longue durée, et celles qui reçoivent en consultation ou interviennent à domicile, le jeune restant dans son cadre ordinaire de vie. Dans tous les cas, des enseignants peuvent être mis à disposition d'une structure sanitaire afin de favoriser la poursuite de la scolarité.

Au cours de l'année 1992-93, 16 500 jeunes ont été accueillis dans les établissements sanitaires et la moitié environ y a été scolarisée.

L'accueil de l'enfant malade

C'est une circulaire récente, en date du 22 juillet 1993, qui définit les orientations pédagogiques de l'accueil scolaire des enfants et adolescents malades. L'organisation de cet accueil est précisée par une circulaire en date du 18 novembre 1991.

Si les enseignants spécialisés (titulaires, majoritairement, du C.A.A.P.S.A.I.S. option C) affectés dans des établissements sanitaires ou dans des structures hospitalières sont appelés à réaliser leur travail dans la perspective très spécifique d'une collaboration avec les équipes médicales, voire sous l'autorité de ces dernières, et dans le cadre d'une déontologie dont on peut marquer les particularités, le problème de la scolarisation des enfants atteints de maladies graves touche en fait tout enseignant appelé un jour ou l'autre à aménager son action pour faciliter le retour ou l'accueil d'un enfant rencontrant des problèmes importants de santé.

• Qui désigne-t-on par « enfants malades » ?

Par enfants malades, il faut entendre ceux qui sont atteints d'une maladie grave, d'une maladie somatique évolutive, acquise ou congénitale. Il faut y adjoindre le nombre important d'enfants qui, accidentés, relèvent d'une hospitalisation plus ou moins longue.

Le nombre de ces enfants est de plusieurs dizaines de milliers, qui fréquentent pour des durées variables les structures organisées à leur intention. En fonction de leurs caractéristiques et de leur impact sur les possibilités et l'autonomie de l'enfant, il est possible de les répertorier :

— les maladies chroniques stabilisées, tels le diabète, les affections cardiaques ;
— les maladies chroniques marquées par des périodes de crise (l'asthme, les épilepsies, l'insuffisance rénale sévère, l'hémophilie) ;
— les maladies chroniques évolutives, à pronostic fatal à court ou moyen terme, en particulier au passage à l'âge adulte.

• Les maladies entraînant l'exclusion temporaire obligatoire

La gravité est diverse, selon que l'on a affaire aux classiques maladies infantiles (oreillons, rougeole, coqueluche, varicelle, rubéole), à des maladies contagieuses mais banales (dysenterie, gale, syndrome grippal épidémique) ou à celles qui peuvent avoir des conséquences gravissimes en l'absence d'un traitement immédiat et parfois de longue haleine (méningite, tuberculose respiratoire, poliomyélite).

Les maladies contagieuses inscrites dans un arrêté qui en précise la liste (arrêté du 3 mai 1989) entraînent l'éviction temporaire de l'enfant qui en est atteint et son retour dans la famille ou son placement dans des structures médicalisées afin de lui prodiguer les soins que son état exige. Ces maladies entraînent en outre un signalement aux autorités sanitaires afin d'éviter tout risque de contagion massive.

Si la plupart de ces maladies contagieuses sont fort heureusement éradiquées sur notre territoire, il demeure que des contaminations sont toujours possibles. L'admission des jeunes élèves à l'école demeurant subordonnée à la présentation des certificats de vaccination obligatoire, on a là les moyens d'une prévention primaire efficace, dès lors que les responsables des établissements scolaires demeurent vigilants face à ces formalités.

• **L'accueil d'enfants malades en école ordinaire**

En dehors des cas précis des maladies obligeant à exclure temporairement l'élève jusqu'à sa guérison à des fins de protection sanitaire, aucun règlement ne s'oppose aux aménagements que requiert l'accueil permanent ou temporaire d'un enfant malade. Sous réserve qu'un projet suffisant soit établi entre les diverses parties, le législateur invite au contraire à tout mettre en œuvre pour que soit assurée de façon aussi continue que possible l'obligation scolaire.

Tout cas particulier doit être examiné dans le cadre d'un projet individuel, définissant de façon aussi claire que possible les modalités de la scolarisation. Le médecin du service de santé scolaire joue un rôle majeur dans cette perspective, puisqu'il est à même d'expliquer les caractéristiques principales de la maladie et les besoins spéciaux de l'enfant. Il peut être appelé à jouer en quelque sorte un rôle d'interface entre le milieu scolaire, le milieu médical et les parents, afin que soit envisagées et aplanies les difficultés qu'occasionne une scolarité adaptée à l'enfant.

Adresses utiles

Les enfants atteints d'une leucémie, d'un cancer, ou porteurs du virus H.I.V. (et donc susceptibles de développer le syndrome du S.I.D.A.), entrent dans le cadre de ces jeunes malades auxquels peuvent être confrontés les enseignants, aussi bien les enseignants spécialisés que les enseignants ordinaires. La circulaire 92-194 du 29 juin 1992 donne les principales orientations en la matière. Nombre d'organismes publics ou associatifs sont susceptibles de fournir les informations et les aides utiles en ce domaine :

– Infos Sida Assistance publique : 45 82 93 93

– Comité français d'éducation pour la santé : 22, rue Lecourbe, 75015 Paris. 45 67 99 16.

– Centre de documentation de l'UNAFORMEC : 83, boulevard Voltaire. 75011 Paris. 47 00 90 86.

– Association A.I.D.E.S. : 12, rue Bourg-l'Abbé. BP 759 Paris Cedex 03. 42 77 13 23.

– Association de lutte contre le Sida (A.L.S.) : 152, cours Gambetta. 69007 Lyon.

– Association pour la prévention du Sida (A.P.S.) : 26, rue Gay-Lussac, 75005 Paris. 43 25 27 82.

L'accueil de l'enfant malade

Le numéro 424 de la revue *Réadaptation* de novembre 1995 fait le point sur l'accueil des enfants et adolescents atteints de troubles de la santé à l'école, au collège et au lycée. Il propose une quinzaine de fiches informatives sur l'arthrite chronique juvénile, l'asthme, les cancers et les leucémies, les cardiopathies congénitales, le diabète, les épilepsies, l'hémophilie, l'insuffisance rénale, la maladie de Crohn, les maladies neuromusculaires, les myopathies, la mucoviscidose, l'ostéogenèse imparfaite, l'infection VIH et le Sida de l'enfant et de l'adolescent et les transplantations.

Dans un protocole signé par les divers protagonistes (parents, médecin scolaire, médecin traitant et, selon les cas, enseignants, directeur de l'école ou de l'établissement, intervenants divers assurant soins et rééducations, etc.), sont généralement indiqués :

– les besoins particuliers de l'enfant au regard de sa maladie (aménagement du temps scolaire, adaptation du mobilier, réorganisation de la salle de classe si nécessaire, traitement médical, prises médicamenteuses, régime alimentaire, etc.) ;

– les conduites à tenir dans le quotidien, les mesures préventives à prendre (exposition aux changements de température, aux bruits, vigilance aux signes de fatigue), les conduites et attitudes en cas de crise ou d'urgence ;

– les aménagements à prévoir dans le cadre des activités scolaires ou périscolaires (possibilités en éducation physique et sportive, conditions de participation aux transferts de classes, aux visites à l'extérieur, attention particulière aux jeux violents, etc.) ;

– l'information à diffuser aux autres enfants, aux parents de ces derniers, aux personnels de l'établissement – ou à ne pas diffuser, lorsque des consignes visant au respect du secret médical partagé sont explicitement données ;

– enfin, les objectifs spécifiques de l'accueil en classe ordinaire et toutes les caractéristiques proprement pédagogiques, qui permettent aux enseignants d'adapter les séquences et les activités aux besoins, aux possibilités, aux acquis d'un élève donné.

Dès qu'un tel projet est élaboré, un établissement scolaire quelconque peut être appelé à scolariser un ou des enfants souffrant de pathologies diverses, plus ou moins graves, voire transmissibles – mais dont la transmission peut être suffisamment cadrée pour qu'il n'y ait pas danger.

Le principe fondamental sur lequel repose ce choix est qu'un enfant déjà pénalisé – parfois de façon terriblement lourde et handicapante – par la maladie n'a pas à l'être une deuxième fois par l'exclusion du milieu scolaire et social ordinaire.

C'est ainsi que l'on peut avoir à intégrer un enfant asthmatique, épileptique stabilisé, diabétique. Il est à noter que les enfants atteints d'une maladie affectant leurs défenses immunitaires (tels ceux porteurs du V.I.H.) peuvent et doivent être accueillis. Bien entendu, des précautions particulières doivent être prises dans le domaine de l'hygiène pour éviter tout danger. En aucune manière, dans ce cas précis comme dans d'autres, l'enfant n'a à être isolé de ses camarades pour les activités scolaires banales.

Les services de pédiatrie des centres hospitaliers

Ces services ont pour mission d'assurer les soins intensifs aux jeunes dont l'hospitalisation s'est avérée indispensable. Il peut arriver que des psychologues, des éducateurs spécialisés, des instituteurs soient mis à la disposition de l'hôpital par les autorités académiques.

Si cette présence de professionnels du monde éducatif permet une moindre rupture dans la scolarité de certains jeunes, leur rôle va bien au-delà : ils aident sensiblement les enfants hospitalisés dans leur lutte contre la maladie en leur permettant de conserver ou de construire des repères qui leur facilitent le contact avec une réalité scolaire et sociale extérieure.

La lourdeur de cette tâche, la détresse dans laquelle se trouvent souvent les jeunes et leur entourage requièrent de la part des personnels un sens de la relation et des qualités humaines de première importance.

Les maisons d'enfants à caractère sanitaire

Les maisons d'enfants à caractère sanitaire relèvent la plupart du temps du secteur associatif. Ces établissements sont spécialisés dans l'accueil en internat sous contrôle médical permanent d'enfants ou d'adolescents. Les M.E.C.San. peuvent encadrer une population de jeunes souffrant d'affections bien définies (maisons pour enfants diabétiques, pour épileptiques, pour enfants présentant des déficiences temporaires psycho-motrices par exemple) ou suivant des soins particuliers (par exemple, il existe des établissements permettant de suivre une cure thermale).

On y trouve une équipe pluridisciplinaire à dominante médicale. À la différence des services des hôpitaux, le personnel éducatif et pédagogique est toutefois en nombre plus élevé, ce qui permet une scolarisation à l'intérieur même de l'établissement. Chaque fois que cela est possible et souhaitable cependant, les enfants peuvent fréquenter les établissements scolaires avoisinants.

Les **sanatoriums, aériums, préventoriums**, qui étaient en grand nombre au début du siècle, se sont pour la plupart reconvertis ou ont disparu.

Les services sanitaires : hôpitaux de jour et centres de santé mentale

Les **hôpitaux de jour** consistent en un mode original d'hospitalisation, qui tend à se développer du fait de sa souplesse : les enfants reçoivent dans la journée les soins que nécessite leur état de santé, bénéficient d'apports éducatifs et pédagogiques, et regagnent après leur milieu ordinaire de vie.

C'est surtout dans le traitement des jeunes malades mentaux que cette formule s'est développée (voir le chapitre consacré à ce sujet).

Les **centres de santé mentale** ont en partie le même fonctionnement, mais leur mission est plus large, dans la mesure où ils ont en plus un rôle de prévention et de dépistage. En outre, ils n'ont pas vocation à assurer des activités « scolaires ».

L'ensemble de ce dispositif a pour objet d'éviter autant que possible l'hospitalisation et de favoriser le maintien dans le milieu habituel.

Chapitre cinq

LES PERSONNELS DE L'ADAPTATION ET DE L'INTÉGRATION SCOLAIRES

Les enseignants assurant leur mission auprès d'enfants et d'adolescents en grande difficulté ou handicapés sont, pour la majeure partie d'entre eux, issus du corps des instituteurs et, depuis 1992, du corps des professeurs des écoles.

Ils bénéficient d'une formation diplômante qui débouche sur un certificat d'aptitude spécifique : le C.A.A.P.S.A.I.S. (certificat d'aptitude aux actions d'adaptation et d'intégration scolaires).

Selon l'option du C.A.A.P.S.A.I.S. obtenue (il en existe sept), il est possible d'exercer dans une diversité de contextes professionnels, auprès d'enfants, d'adolescents ou de jeunes adultes présentant des besoins éducatifs très différents.

Les possesseurs d'un C.A.A.P.S.A.I.S. ou d'un diplôme professionnel reconnu équivalent peuvent être appelés à occuper d'autres types d'emplois, après avoir été inscrits sur des listes d'aptitude. Ils peuvent ainsi postuler pour un emploi de directeur d'établissement, d'école spécialisée, de section ou de service d'éducation spécialisée. Ils devront, la plupart du temps, satisfaire aux exigences d'un diplôme national attestant de leurs compétences, le D.D.E.E.A.S. (diplôme de directeur d'établissement ou de section d'éducation adaptée ou spécialisée), auquel prépare un stage de formation d'une année.

Certains s'orientent vers des responsabilités administratives et pédagogiques à l'échelle d'un département, et présentent le concours d'inspecteur de l'Éducation nationale. Une spécialisation professionnelle existe dans ce domaine, qui conduit aux fonctions d'inspecteur de l'Éducation nationale chargé de l'Adaptation et de l'intégration scolaires (I.E.N.-A.I.S.).

Les formations prennent la forme de stages de spécialisation et sont ouvertes dans des instituts universitaires de formation ainsi que, pour certaines d'entre elles, dans un centre d'études et de formation dépendant du ministère de l'Éducation nationale.

Comment devenir enseignant spécialisé ?

Pour exercer en tant qu'enseignant spécialisé, il convient d'appartenir, dans la majeure partie des cas, à l'un des corps d'enseignants du premier degré des enseignements obligatoires (instituteur ou professeur des écoles).

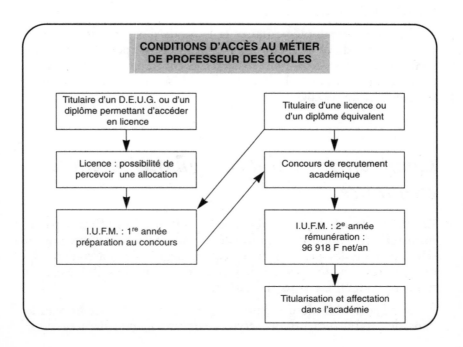

En 1992 a été mis fin au recrutement de personnels enseignants dans le corps des instituteurs au profit de celui de **professeur des écoles**.

Si un professeur des écoles conserve les mêmes attributions qu'un instituteur, le changement de dénomination correspond en fait à une **élévation du niveau de recrutement** (les professeurs des écoles sont recrutés au niveau de la licence), à une **structure nouvelle de la formation**, rapprochée des universités (les professeurs des écoles, tout comme ceux des lycées et des collèges, sont formés dans les instituts universitaires de formation des maîtres – I.U.F.M.), et à une **revalorisation des traitements** (la rémunération d'un professeur des écoles équivaut à celle d'un professeur de collège ou de lycée certifié).

Le travail d'un enseignant est différent selon les structures dans lesquelles il exerce. Par exemple, un enseignant nommé dans un établissement du secteur médico-éducatif doit s'adapter au fonctionnement de celui-ci, qui peut être très déroutant par rapport à un rythme scolaire habituel : autres horaires, dates de vacances particulières, travail possible le week-end, etc. Il doit travailler en concertation avec les autres professionnels et participer à de nombreuses réunions de synthèse.

Les activités supplémentaires et le mode d'organisation constituent la base de ce que l'on appelle la **sujétion spéciale** à laquelle sont astreints les personnels. Ils sont, en contrepartie de cette sujétion, rémunérés par le budget de l'établissement à hauteur de ce supplément de travail.

Combien y a-t-il d'enseignants spécialisés en France ?

En 1994, on dénombrait plus de 35 000 emplois affectés par le ministère de l'Éducation nationale à l'Adaptation et l'intégration scolaires dans les premier et le second degrés des enseignements obligatoires. La très grande majorité de ces emplois (83 %) sont tenus par des enseignants spécialisés.

Sur l'ensemble de ces emplois, plus de 6 000 sont implantés dans des établissements ou services relevant principalement de la tutelle du ministère chargé des Affaires sociales et de la Santé et plus de 250 emplois se trouvent dans des établissements pénitentiaires, relevant du ministère de la justice.

Un effort important en faveur de la prévention des inadaptations et de la lutte précoce contre l'échec scolaire se traduit par la proportion d'emplois de l'A.I.S. implantés dans les réseaux d'aides spécialisées aux élèves en difficulté : 37 % des emplois (soit plus de 13 000) d'enseignants spécialisés relèvent de cette catégorie.

Les sections dispensant des enseignements généraux et professionnels adaptés (S.E.S. et S.E.G.P.A.) viennent en seconde position (elles mobilisent près de 7 000 emplois, soit environ 20 %), suivies par les classes d'intégration scolaire (C.L.I.S.), lesquelles se substituent progressivement aux classes de perfectionnement et aux classes spéciales annexées. Plus de 5 000 emplois relèvent de ces dernières catégories.

26 000 emplois affectés à l'A.I.S. premier degré représentent près de 8,5 % du total des emplois du premier degré du territoire national. *(Source* : ministère de l'Éducation nationale, Direction des écoles, sous-direction de l'organisation administrative et financière, D.E.A.2 et D.E.C.3.).

Le certificat d'aptitude aux actions pédagogiques spécialisées d'adaptation et d'intégration scolaires

L'accès à l'examen du certificat d'aptitude aux actions pédagogiques spécialisées d'adaptation et d'intégration scolaires (C.A.A.P.S.A.I.S) est soumis à des conditions limitatives. Il faut :
— être instituteur (ou professeur des écoles) de l'enseignement public, ou maître agréé des établissements d'enseignement privés ;
— être titulaire du certificat d'aptitude pédagogique, du diplôme d'instituteur ou d'un examen professionnel spécifique (article 13-5 du décret n° 64-217 du 10 mars 1964 modifié) ;
— avoir exercé pendant quatre ans ou avoir effectué le stage de préparation à l'examen du C.A.A.P.S.A.I.S. organisé par le ministère de l'Éducation nationale.

Les options du C.A.A.P.S.A.I.S.

Le diplôme proprement dit se décline en 7 options, depuis l'arrêté du 15 juin 1987 en définissant la structure :
– **Option A** : enseignants spécialisés chargés de l'enseignement des enfants et adolescents handicapés auditifs.
– **Option B** : enseignants spécialisés chargés de l'enseignement des enfants et adolescents handicapés visuels.
– **Option C** : enseignants spécialisés chargés de l'enseignement des enfants et adolescents malades somatiques, déficients physiques, handicapés moteurs.
– **Option D** : enseignants spécialisés chargés de l'enseignement des enfants et adolescents présentant des troubles importants à dominante psychologique.
– **Option E** : enseignants spécialisés chargés de l'enseignement et de l'aide pédagogique auprès des enfants en difficulté à l'école préélémentaire et élémentaire.
– **Option F** : enseignants spécialisés chargés de l'enseignement et de l'aide pédagogique auprès des adolescents ou des jeunes en difficulté.
– **Option G** : enseignants spécialisés chargés de rééducations.

Chaque année, le ministère de l'Éducation nationale organise des stages de préparation d'une année aux diverses options du C.A.A.P.S.A.I.S., accessibles aux enseignants désignés nommément par les autorités académiques, après consultation des instances paritaires compétentes.

Sous réserve que le nombre de candidatures effectives soit suffisant, plusieurs centres répartis sur l'ensemble du territoire national sont habilités à conduire les formations diplômantes correspondant aux diverses options du C.A.A.P.S.A.I.S.

Les candidats au stage annuel de préparation doivent demander en priorité l'établissement le plus proche de leur domicile.

Carte des centres de formations A.I.S.
pour l'année scolaire 1995-96

Centres nationaux et IUFM	Options préparées
Centre national d'études et de formation pour l'adaptation scolaire et l'éducation spécialisée (C.N.E.F.A.S.E.S.) 2, av. du Président-Wilson, 95260 BEAUMONT-SUR-OISE.	(E.F.G.)
Centre national d'études et de formation pour l'enfance inadaptée de Suresnes (C.N.E.F.E.I.) 58-60, avenue des Landes, 92150 SURESNES	(A.B.C.D.)

Centres nationaux et IUFM	Options préparées
IUFM de l'académie de Paris 10, rue Molitor, 75016 PARIS	(D.E.F.G.)
IUFM de l'académie de Créteil 4, rue Roger-Salengro, 93350 LE BOURGET	(E.F.G.)
IUFM de l'académie de Versailles 45, avenue des États-Unis, 78000 VERSAILLES	(E.F.G.)
IUFM de l'académie d'Aix-Marseille 2, avenue Jules-Isaac, 13626 AIX-EN-PROVENCE Cedex 1	(E.F.G.)
IUFM de l'académie d'Amiens 51, boulevard de Châteaudun, 80044 AMIENS Cedex 1	(E ou F.G.)
IUFM de l'académie de Bordeaux Château Bourran, 160, av. de Verdun, BP 152 MÉRIGNAC Cedex	(E.F.G.)
IUFM de l'académie de Caen 186, rue de la Délivrande, 14000 CAEN	(D.E.)
IUFM de l'académie de Clermont-Ferrand 20, avenue Bergougnan, 63039 CLERMOND-FD Cedex 2	(D.E.)
IUFM de l'académie de Dijon 1, rue des Prés-Devant, 71000 CHALON-SUR-SAONE	(D.F.)
IUFM de l'académie de Lille 58, rue de Londres, 59045 LILLE Cedex	(D.E.F.G.)
IUFM de l'académie de Lyon 5, rue Anselme, 69317 LYON Cedex 04	(A.D.E.F.G.)
IUFM de l'académie de Nancy-Metz 5, rue Marcelle-Dorr, BP 3359, 54014 NANCY Cedex	(E)
IUFM de l'académie de Nantes 4, chemin de Launay-Violette, 44072 NANTES Cedex 03	(D.E.F.G.)
IUFM de l'académie de Poitiers 22, rue de la Tranchée, 86034 POITIERS Cedex	(C)
IUFM de l'académie de Reims 1, boulevard Victor-Hugo, 51037 CHALONS-SUR-MARNE Cedex	(D.E.F.)
IUFM de l'académie de Rouen 2, rue du Tronquet, BP 18, 76131 MONT-SAINT-AIGNAN Cedex	(D.E.F.G.)
IUFM de l'académie de Strasbourg 1, rue de Neuvic, 67100 STRASBOURG	(D.E.F.G.)
IUFM de l'académie de Toulouse Site de Rangueil, 118, route de Narbonne, 31077 TOULOUSE Cedex	(D.E.G.)
IUFM de l'académie d'Orléans-Tours Bel Air - La Guignière, 37230 FONDETTES	(E.F.G.)
IUFM de l'académie des Antilles et de la Guyane – Pointe des Nègres BP 678, 97262 FORT-DE-FRANCE Cedex – Morne Ferret BP 399, 97162 POINTE-À-PITRE Cedex	(D.E.F.G.) (D.E.F.G.)
IUFM de l'académie de la Réunion Belle Pierre Allée des Aigues Marines, 97487 SAINT-DENIS-DE-LA-RÉUNION Cedex	(D.E.)
IUFM de Nouméa	(E.)

Les missions des enseignants spécialisés et la définition de référentiels de compétences

Fidèle à une démarche entamée pour l'ensemble des corps d'enseignants, le ministère de l'Éducation nationale a entrepris de définir un référentiel de compétences précisant, pour chaque enseignant spécialisé, les missions principales que lui confie la collectivité, les domaines d'activités dans lesquels il aura à les exercer et les compétences générales ou spécifiques qu'il doit mettre en œuvre, selon les métiers auxquels il se destine.

Cette démarche, de longue haleine, a conduit a organiser le domaine d'activité de chaque enseignant spécialisé autour de trois missions principales, déclinées selon chaque C.A.A.P.S.A.I.S. en aspects généraux et en aspects spécifiques :
– une mission d'enseignement spécialisé : exercer auprès des élèves handicapés ou en difficulté toutes les missions d'un enseignant, en s'appuyant sur les valeurs fondamentales du système éducatif, en recherchant, pour chacun, les conditions optimales d'accès aux apprentissages scolaires et sociaux, dans des contextes professionnels variés ;
– une mission de prévention et d'intégration : prévenir les difficultés d'apprentissage et d'adaptation scolaires, promouvoir l'intégration scolaire et l'insertion sociale et professionnelle ;
– une mission d'échange et de communication dans le respect d'une éthique professionnelle.

Les épreuves de l'examen du C.A.A.P.S.A.I.S.

L'examen en vue de l'obtention du C.A.A.P.S.A.I.S., organisé selon un arrêté du 15 juin 1987, comprend des épreuves théoriques et une épreuve pratique. À l'heure où nous mettons sous presse, une refonte de l'examen est envisagée, en liaison avec les référentiels de compétences établis pour chacune des options du C.A.A.P.S.A.I.S.

**Éléments de programme commun à toutes les options du
C.A.A.P.S.A.I.S. (au 31 janvier 1996)**

I. Étude critique de notions et concepts de référence.
1) *Normes et déviances.*
   Le normal et le pathologique.
   Adaptation et inadaptation.
   Déficiences, incapacités, handicaps.
   Infirmité et invalidité.
   La notion de « personnes en difficulté ».
2) *La nomenclature des handicaps.*
   Historique : les systématiques et leurs critères.
   Nomenclature actuelle : intérêts et limites.

**II. L'approche dynamique et pluridisciplinaire des variantes et des troubles dans
le développement de l'enfant et de l'adolescent et le développement de la personnalité.**

III. Les enfants et adolescents handicapés ou en difficulté.
1) *Les caractéristiques, les potentialités, la dynamique du sujet.*
   a) Évaluation et bilans :
      Le bilan scolaire.
      Le bilan médical.
      L'examen psychologique : psychométrie et clinique ; objectifs et méthodes.
   b) L'enfant et l'adolescent handicapé ou en difficulté dans ses milieux de vie : école,
   famille...
2) *Les besoins spécifiques relatifs aux différents handicaps.*

IV. L'action pédagogique et éducative adaptée.
1) *Les problèmes pédagogiques spécifiques aux enfants et adolescents handicapés.*
2) *L'évolution de la conscience collective et des pratiques sociales.*
   Champs et niveaux de la prévention des handicaps.
   Des ségrégations aux intégrations.
3) *Les problèmes éducatifs, pédagogiques et sociaux posés par les placements*
   Les différents types de placements.
   Les établissements spécialisés et le monde extérieur.
4) *Problématique de la scolarisation, de la formation professionnelle et de l'intégration
sociale des personnes handicapées ou en difficulté.*
5) *L'intégration scolaire.*
   Aspects théoriques et pratiques.
   Aspects institutionnels.
   Aspects pédagogiques des pratiques intégratives.
   La collaboration des équipes pédagogiques et des intervenants spécialisés.
6) *Initiation à la méthodologie de l'action/recherche et de la recherche.*

V. **Les institutions.**
Les principales données historiques.
La loi du 30 juin 1975 en faveur des personnes handicapées et ses textes d'application.
Dispositifs et actions dans le domaine de la prévention.
Établissements, classes, services spécialisés.
La psychiatrie infanto-juvénile et la sectorisation.
Associations et groupements.
La mise en œuvre de la politique d'intégration des handicapés : la collaboration des différents services.
(Arrêté du 15 juin 1987)

Les épreuves théoriques comportent (au 31 janvier 1996) deux épreuves écrites et deux épreuves orales :
— la première épreuve écrite consiste en une composition dont le sujet porte sur un programme commun à toutes les options (deux sujets offerts au choix du candidat) ;
— la seconde épreuve écrite est une interrogation d'une durée de trois heures. Elle consiste à répondre à trois questions posées à partir d'un ou plusieurs documents se référant de manière directe au programme de l'option choisie par le candidat ;
— la première épreuve orale (30 minutes) est une interrogation sur un sujet tiré au sort par le candidat, renvoyant au programme de l'option ;
— la seconde épreuve orale consiste en un entretien avec le jury (30 minutes) ayant pour point de départ un travail personnel réalisé par le candidat et soumis au jury avant l'examen. Ce travail se rapporte aux aspects théoriques et aux pratiques pédagogiques concernant l'option choisie.

Quant à l'épreuve pratique, elle est subie devant une commission au cours de l'année civile qui suit l'admission aux épreuves théoriques.

Elle consiste en trois heures d'activités pédagogiques, suivies d'un entretien. Les activités pédagogiques présentées doivent inclure deux séquences, l'une de langue française, l'autre de mathématiques.

Les candidats se destinant aux fonctions de rééducateur doivent présenter une séquence d'une heure et demie consacrée à la conduite d'activités rééducatives ; une autre heure et demie est consacrée à l'exposé d'une autre rééducation, au cours de laquelle le candidat doit étudier le cas de l'élève, préciser et justifier le projet rééducatif mis en œuvre, l'évaluation qui en est faite, l'état actuel de sa réalisation et les perspectives d'action retenues.

Handicap et examens ou concours publics

Diverses mesures s'appliquent aux personnes handicapées qui se présentent aux examens et concours publics.

Les élèves de l'enseignement élémentaire, secondaire ou technologique

Épreuves écrites et orales : le temps de composition ou de préparation est majoré d'un tiers. Un temps de repos suffisant doit être prévu entre les épreuves.

Les candidats ayant un handicap visuel disposent des textes des sujets en braille ou en gros caractères. Ils peuvent composer en braille ou en gros caractères, à la main ou à la machine. Le braille abrégé peut être utilisé pour certaines épreuves.

Les candidats ayant un handicap auditif disposent des sujets, précisions complémentaires, instructions pratiques sous forme écrite. Pour les épreuves d'orthographe, ils peuvent utiliser la méthode de communication qui leur et familière : français signé, lecture labiale avec ou sans langage parlé complété.

Si l'installation avec les autres candidats n'est pas possible (utilisation de machines à écrire, assistance d'un secrétaire, etc.), la composition s'effectue dans une salle particulière.

Pour bénéficier de ces mesures, ainsi que d'autres en fonction des situations particulières, il convient de remplir diverses formalités, qui sont précisées dans la circulaire n° 85-302 du 30 août 1985 (*B.O. de l'E.N.* 31 du 12 septembre 1985). Les dispositions particulières pour le baccalauréat sont définies dans le décret 95-1206 du 10 novembre 1995, article 3.

Les étudiants du supérieur

Les mesures prévues pour les élèves de l'enseignement secondaire leur sont applicables.

Formalités à accomplir : lors de l'inscription à l'université, l'étudiant adresse au président de l'université une demande précisant les mesures dont il souhaite bénéficier et accompagne cette demande d'un certificat médical précisant la nature et le degré du handicap. Après un contrôle médical, le service de médecine préventive établit une attestation précisant les conditions particulières dont l'étudiant doit bénéficier (accessibilité des locaux, machine à écrire, secrétaire assistant, majoration du temps de composition, etc.).

Les textes de référence sont la circulaire n° 86-156 du 24 avril 1986 (*B.O. de l'E.N.* 18 du 8 mai 1986).

Les candidats handicapés à un concours de la fonction publique

Les administrations de l'État, les collectivités territoriales (départements et communes), la fonction publique hospitalière appliquent diverses mesures. Elles ne sont pas automatiques et supposent certaines conditions précises.

Le candidat doit d'abord être reconnu travailleur handicapé par la COTOREP du département de résidence.

Il doit ensuite avoir satisfait à une visite médicale effectuée auprès d'un médecin assermenté désigné par l'administration, ayant son cabinet dans le département du candidat. Le médecin établit un certificat déterminant, en fonction du degré d'invalidité et de la demande effectuée par le candidat, les conditions particulières d'installation, de temps et d'assistance dont il peut bénéficier.

Plusieurs textes précisent les règles applicables en la matière lors des concours de la fonction publique :
– circulaire FP 1424 du 21 août 1981 modifiée par la circ. FP 1556 du 26 avril 1984 ;
– circulaire FP 1605 du 4 juillet 1985, avis paru au *J.O.* du 27 août 1989 ; circulaire 85/210 du 27 août 1985 (collectivités ter-

ritoriales) ; circulaire DH/8D/8585 du 4 mars 1985 (fonction publique hospitalière).

Les candidats handicapés à un concours de recrutement de personnels d'enseignement, d'éducation ou d'orientation des lycées et collèges

Les candidats handicapés doivent demander l'autorisation de concourir aux commissions compétentes. Ces commissions peuvent accorder diverses facilités après une visite médicale passée auprès d'un médecin assermenté désigné par l'administration. Ce dernier établit les conditions particulières dont ils peuvent bénéficier (isolement, assistance, temps). Le texte de référence est la note de service n° 91-223 du 2 août 1991 (*B.O. de l'E.N.* spécial n° 7 du 5 septembre 1991).

Pour plus de détails sur l'ensemble de ces mesures, on peut consulter l'ONISEP, département des publications, division réadaptation, 75635 Paris cedex 13. Tél. : (1) 43 29 21 92.

Devenir psychologue scolaire

La psychologie scolaire est, en France, directement liée à l'École, dont elle est en partie issue et à laquelle elle demeure liée. Elle permet aux enseignants du premier degré d'accéder à des fonctions différentes, et offre à l'École des compétences professionnelles particulières et de première importance.

Dans le cadre des instituts universitaires de formation des maîtres (I.U.F.M.) agréés, une formation est dispensée conduisant au diplôme d'État de psychologue scolaire.

Pour être admis à suivre cette formation, les candidats doivent être des **fonctionnaires titulaires d'un corps d'enseignants du premier degré**, être titulaires d'une licence de psychologie et avoir effectué trois années de services effectifs d'enseignement (décret 89. 684 du 18 septembre 1989).

Les candidats remplissant ces diverses conditions doivent déposer leur candidature auprès de l'inspecteur d'académie directeur des services départementaux de l'Éducation nationale dont ils dépendent. Ce dernier établit la liste et le classement des candidats retenus, après consultation de la commission paritaire compétente.

La formation comporte des enseignements théoriques et pratiques pour un volume horaire d'environ trois cents heures, des stages pour un volume horaire d'environ deux cents quarante heures et un travail d'étude et de recherche équivalent à au moins cent soixante heures de formation.

Les missions des psychologues scolaires sont diversifiées : elles portent aussi bien sur la prévention des difficultés scolaires, l'élaboration et la réalisation du projet d'école, la conception, la mise en œuvre et l'évaluation des mesures d'aide individuelles ou collectives au bénéfice des jeunes en difficulté, l'intégration des jeunes handicapés.

Cette variété de missions conduit le psychologue à être en contact direct avec les enfants, les familles, les personnels du système éducatif, les associations, etc.

Une bonne partie des actions sont conduites dans le cadre des réseaux d'aides spécialisées (R.A.S.). Elles comportent l'examen, l'observation, le suivi psychologique des élèves, en liaison étroite avec les maîtres et les familles.

Le psychologue scolaire a la responsabilité de la conduite des examens cliniques et psychométriques demandés par les maîtres, les intervenants spécialisés ou les familles. Il est à noter qu'**aucun examen individuel ne peut être entrepris sans l'autorisation des familles.**

Le psychologue a également pour mission de réaliser le suivi psychologique et d'organiser dans cette perspective des entretiens avec les enfants concernés, le cas échéant avec leur maître ou leurs parents.

L'objet est de rechercher l'ajustement des conduites et des comportements éducatifs. Il est aussi de favoriser, chez l'enfant, l'émergence et la réalisation du désir d'apprendre et de réussir.

Lorsqu'une prise en charge spécialisée paraît souhaitable, le psychologue scolaire conseille les familles sur l'opportunité et les modes de consultation d'un service ou d'un spécialiste extérieurs à l'école.

Diriger un établissement spécialisé

Stage destiné aux candidats à l'examen de directeur d'établissement d'éducation adaptée ou spécialisée (1995-1996)

Il existe actuellement deux diplômes nationaux de directeurs d'établissement spécialisé :
– l'un, délivré par le ministère de l'Éducation nationale, est le diplôme de directeur d'établissement d'éducation adaptée et spécialisée (D.D.E.E.A.S., arrêté du 19 février 1988, *B.O.* n° 13 du 31 mars 1988) ;
– l'autre, délivré par le ministère de la Santé, est le certificat d'aptitudes aux fonctions de directeur d'établissement social (C.A.F.D.E.S.).
Seul le premier diplôme peut être préparé dans le cadre d'un stage d'un an mis en œuvre par le ministère de l'Éducation nationale au Centre national d'études et de formation pour l'enfance inadaptée (C.N.E.F.E.I., 58-60, avenue des Landes, 92150 Suresnes).

Conditions exigées des candidats
A. Conditions générales
Peuvent être candidats les personnels enseignants et de direction ainsi que les personnels d'éducation et les personnels d'orientation de **l'enseignement public** réunissant les conditions suivantes :
– être âgés de 30 ans au moins et de 55 ans au plus au 1er juillet 1996 ;
– être titulaires du baccalauréat.

B. Conditions particulières

1) Les instituteurs et les professeurs des écoles doivent
a) Être titulaires de l'un des diplômes suivants :
– C.A.P.S.A.I.S. ou l'un des diplômes auxquels il se substitue ;
– diplôme de psychologie scolaire délivré par les universités habilitées à cet effet par le ministère de l'Éducation nationale.
b) Avoir exercé pendant 5 ans au moins, au 1er juillet 1996, des fonctions dans des classes, établissements ou services assurant une mission d'adaptation et d'intégration scolaires, dont 3 ans après l'obtention de l'un des diplômes précités.

2) Les personnels d'enseignement général, technique et professionnel du second degré de l'enseignement public, titulaires, doivent avoir exercé pendant 5 ans au moins au 1er juillet 1996, des fonctions dans des classes, établissements ou services assurant une mission d'adaptation et d'intégration scolaires.
Peuvent en outre être candidats :

3) Les personnels de direction d'un établissement d'enseignement public.

4) Les personnel d'éducation et les personnels d'orientation de l'enseignement public, titulaires, ayant exercé pendant 5 ans au moins au 1er juillet 1996, des fonctions dans des classes, établissements ou services assurant une mission d'adaptation et d'intégration scolaires.

La formation de directeurs d'établissements et de services d'éducation adaptée et spécialisée existe, dans le cadre du ministère de l'Éducation nationale, depuis 1959. Cette formation s'est effectuée depuis cette origine au Centre national d'études et de formation pour l'adaptation scolaire et l'éducation spécialisée de Beaumont-sur-Oise et, depuis 1968, au Centre national d'études et de formation pour l'enfance inadaptée de Suresnes.

Il existe actuellement environ 2 300 postes de direction pourvus, gérés par le ministère de l'Éducation nationale. 60 % d'entre eux se situent dans les structures du ministère de l'Éducation nationale (S.E.S., E.R.E.A., écoles spécialisées) et 40 % dans des établissements ou services sous tutelle du ministère des Affaires sociales (en application de la loi d'orientation en faveur des personnes handicapées, les personnels issus du ministère de l'Éducation nationale peuvent être affectés, après qu'une convention a été passée, dans des **établissements** tels : I.M.E., établissements pour jeunes présentant une déficience sensorielle ou motrice, établissements pour jeunes présentant des troubles de la conduite et du comportement, etc. – et des **services** tels un C.M.P.P., un S.E.S.S.A.D., etc.). Au cours de sa carrière, compte tenu des opportunités et de l'évolution des besoins, un directeur peut être appelé à occuper une pluralité de postes très différents les uns des autres, ce à quoi le prédispose le diplôme obtenu.

Directeur d'établissement spécialisé : des responsabilités nouvelles pour un enseignant

Le directeur d'un établissement du secteur médico-éducatif exerce ses responsabilités auprès d'un personnel important sur le plan numérique, diversifié quant au statut et à la formation de chacun, etc. Autrement dit, au-delà de la comptabilité, de la gestion financière, de la gestion des biens, des connaissances sont requises en matière de ce qu'on appelle, dans le champ des organisations, la gestion des ressources humaines.

On retrouve également ces compétences chez les directeurs de S.E.S., mais les enjeux ne sont pas de la même importance : les directeurs du secteur médico ou socio-éducatif ont un rôle important dans le recrutement des personnels, ils peuvent avoir à élaborer des contrats de travail ou à en vérifier la conformité, à faire face à des fautes lourdes ou graves, à prononcer des avertissements, voire à proposer une mesure de licenciement etc., ce qui suppose de sérieuses connaissances en matière de droit du travail et une maîtrise des obligations que suppose la fonction d'employeur – même si au regard de la loi le seul employeur demeure bien le président de l'association gestionnaire d'un établissement ou service pour jeunes handicapés, éclairé par son conseil d'administration.

Un des aspects du travail du directeur spécialisé souvent souligné renvoie aux dimensions hiérarchiques de sa fonction et cela d'autant plus que les relations entre un directeur d'école ordinaire et ses collègues sont différentes de celles qu'un directeur spécialisé est tenu d'avoir avec les diverses catégories de personnels.

Les enseignants exerçant en établissement scolaire n'ont pas l'habitude des rapports de cette nature sur leur lieu de travail : le directeur d'une école à 10 classes est un collègue, sans pouvoir hiérarchique sur les instituteurs et professeurs des écoles (ni pouvoir de recrutement ou de nomination, ni pouvoir de notation ou d'appréciation, etc.). Il en va tout autrement dans un établissement ou un service spécialisé : si, vis-à-vis des collègues enseignants, c'est à peu près la même situation que dans une école ordinaire, en revanche, par rapport à l'orthophoniste, au médecin, à l'agent de service, il a un véritable pouvoir de « patron » qu'il doit apprendre à exercer. Avoir des relations avec le personnel en tant que patron, hiérarchiquement positionné, est une tâche la plupart du temps totalement nouvelle pour des enseignants d'origine. Les négociations avec les représentants du personnel ou les délégués du comité d'entreprise relèvent aussi d'un champ d'expérience nouveau pour eux. Selon la taille de l'association, certaines de ces négociations devront être directement prises en charge par le directeur lui-même, ou bien seront traitées au siège par le président.

Les qualités de négociateur sont d'autant plus appréciables que, dans tous les cas, les marges de manœuvre du directeur sont étroites, directement liées à l'exécution d'un budget fixé par ailleurs ; quant aux conditions salariales, elles ne peuvent en général faire l'objet d'aucune négociation dans ce cadre.

L'ensemble du dispositif de formation mis en place lors du stage annuel a pour objet de préparer le futur directeur à exercer et faire exercer une mission de service public visant à l'intégration en milieu scolaire ordinaire et à la prévention de l'exclusion scolaire, sociale et professionnelle d'enfants, d'adolescents ou de jeunes adultes handicapés ou en grande difficulté.

Selon les structures, il sera responsable en totalité ou en partie :
– de la direction technique et de l'animation pédagogique ;
– du management et de la conduite des partenariats ;
– de l'administration générale et de la gestion.

Les missions principales qui définissent le champ d'action d'un directeur spécialisé sont aujourd'hui :
– d'exercer et de faire exercer une mission de service public en s'appuyant sur les valeurs fondamentales du système éducatif, de l'action sociale et d'une éthique professionnelle ;
– d'assurer la promotion de l'intégration scolaire et la gestion des dispositifs de prise en charge adaptés aux usagers et aux contextes ;
– d'animer une équipe pluridisciplinaire ;
– d'établir et de gérer les relations institutionnelles avec une multiplicité d'interlocuteurs ;
– de conduire l'administration générale d'un établissement, d'une section ou d'un service d'éducation adaptée ou spécialisée, quel qu'en soit le ministère de tutelle ;
– d'assurer l'administration et la gestion du personnel ;
– de prendre part à la gestion d'une section ou d'assurer la gestion d'un établissement ou service d'éducation adaptée ou spécialisée ;
– d'étudier et de proposer des projets d'évolution à moyen et court terme des établissements, sections ou services qui lui sont confiés, ainsi que les moyens de leur mise en œuvre.

Selon un principe général d'alternance entre le centre de formation et divers terrains de stage pratique, plusieurs périodes de durée variable offrent l'occasion à chaque stagiaire d'approfondir ses connaissances des particularités et des fonctionnements propres aux structures les plus représentatives. Enfin, compte tenu de l'ouverture récente de l'Union européenne aux questions relatives aux problèmes d'éducation et de formation, un stage de sensibilisation dans l'un des pays de l'U.E. est depuis peu possible dans le cadre de la formation des personnels de direction spécialisés.

Enseigner en milieu pénitentiaire

En 1994, on dénombrait 270 enseignants du premier degré affectés à temps plein (125 à temps partiel) dans les établissements allant de la maison d'arrêt au centre de détention pour longues peines. 30 enseignants du second degré à temps complet (et 385 à temps partiel), soit près de 800 professionnels de l'enseignement, s'adressent aux prévenus ou aux détenus qui bénéficient d'un soutien scolaire, pièce maîtresse dans le dispositif de prévention de la récidive.

Enseigner auprès d'adolescents ou plus souvent de jeunes adultes en détention, c'est exercer une mission originale pour un enseignant, tant sur le plan du contexte de travail, des objectifs visés, des partenariats établis, des méthodes à employer.

Dans tous les cas, c'est sur la base du volontariat que sont recrutés les enseignants affectés sur ces postes, mais il ne suffit pas de faire acte de candidature pour enseigner en milieu pénitentiaire : une formation de base est généralement requise, en outre des qualités humaines nécessaires pour assumer ce rôle professionnel.

Pour les maîtres et les professeurs des écoles, la formation débouchant sur le certificat d'aptitude aux actions pédagogiques spécialisées d'adaptation et d'intégration scolaires (C.A.A.P.S.A.I.S.), option F (adolescents en grande difficulté) prépare tout particulièrement à ce type d'emplois. Par ailleurs, diverses formations continues de plusieurs semaines par an ont pour public les enseignants nouvellement nommés en milieu carcéral.

D'un âge moyen de 31 ans, les détenus ayant un niveau d'instruction primaire constituent la majorité de la population incarcérée (plus de 63 % de cette dernière). 30 % des personnes incarcérées ont moins de 25 ans.

La part des illettrés est fort importante, bien plus que dans la population générale. Les seuls illettrés déclarés (qui ne savent ni lire ni écrire) dépassent les 15 %.

C'est la plupart du temps un travail humainement enrichissant, mais exigeant et difficile à conduire, que doivent assurer les enseignants nommés à temps plein dans une prison.

Travail difficile, car les durées d'intervention sont très brèves (la durée moyenne des peines est de six mois), et les détenus ou les prévenus sont, contrairement aux représentations rapides qu'on peut avoir de la vie en détention, très sollicités et peu disponibles.

Travail difficile aussi car l'étude, et tout ce qui y renvoie (les enseignants, les tâches scolaires, la discipline...), peut être marquée du sceau de l'échec, du sentiment de l'injustice ou de la révolte, souvent sédimentés au collège.

Travail passionnant et gratifiant par ailleurs, car aider un adulte à progresser vers un minimum de maîtrise de la langue écrite, de la lecture, c'est souvent aider ce dernier à franchir une étape décisive dans la conquête d'une image positive de soi.

Professionnels et bénévoles

De longue date se sont développées des actions de formation au bénéfice des détenus, sous l'égide d'associations à but non lucratif, ou à partir d'initiatives privées plus ou moins organisées.

La part prise par l'Éducation nationale dans cet ensemble s'est accrue dans le temps, mais les premières réglementations structurant le réseau d'enseignement sont relativement tardives : c'est en 1964 en effet que furent créés les premiers postes à temps plein d'instituteurs (décret du 1er juin 1964, faisant suite à des textes plus anciens, dont un décret du 17 août 1938). De 13 postes en 1964, on est passé à plus de 270 postes d'instituteurs spécialisés à temps plein aujourd'hui.

Au plan associatif, des organisations importantes interviennent massivement pour assurer des activités d'insertion et de soutien auprès de la population pénale, y compris des actions de formation. Deux d'entre elles occupent une place de premier plan :
    – le GENEPI (Groupement étudiant national d'enseignement aux personnes incarcérées) qui rassemble plus de 800 étudiants bénévoles ;
    – AUXILIA (structure d'enseignement par correspondance), organisme qui se révèle très actif dans le registre de l'enseignement individualisé.

Les niveaux de formation

Près des deux tiers des détenus ont un niveau de formation qui atteint à peine la fin du cycle des approfondissements (CM2-6ᵉ) de l'école primaire. L'illettrisme est massif, et il n'est pas étonnant dans ces conditions que le certificat de formation générale (C.F.G.) soit une des premières validations recherchées, dans la mesure où sa possession permet d'obtenir des unités de C.A.P. La très grande majorité des diplômes délivrés en milieu carcéral se situe à ce niveau. Cela permet également de comprendre la présence numériquement importante d'enseignants du secteur primaire auprès d'une population d'adultes : ils sont les plus familiarisés à ce niveau d'enseignement – mais les méthodes employées de même que les supports utilisés ont bien sûr à être ajustés à la population destinataire des sessions de formation.

20 % environ des bénéficiaires se situent à un niveau de fin de cinquième. L'objectif principal, pour ces détenus sans diplôme, est de les faire accéder à un niveau V de qualification – c'est d'ailleurs l'objectif assigné à l'ensemble du système éducatif que de ne laisser aucun jeune sortant du système de formation à un niveau inférieur à celui du C.A.P.

Nombre de détenus dans les actions de formation générale
(d'après le rapport 1994 de l'Administration pénitentiaire)

ACTIONS MISES EN ŒUVRE	alphabéti-sation	lutte contre l'illettrisme	remise à niveau	certificat de formation générale	1ᵉʳ cycle 2ⁿᵈ degré	2ᵉ cycle 2ⁿᵈ degré	prépara-tion ESEU	Enseigne-ment supérieur	ensemble
ENSEMBLE	2 363	3 695	5 283	5 289	4 116	1 134	227	182	17 110
EN %	12,71 %	15,80 %	30,88 %	21,23 %	13,93 %	3,06 %	1,33 %	1,06 %	100 %

Les significations de la formation

Comme le rappelle le dernier rapport annuel de l'Administration pénitentiaire, « la formation est un droit fondamental figurant dans les textes du Conseil de l'Europe et inscrit dans le Code de procédure pénale. Il s'adresse prioritairement aux jeunes détenus et aux publics faiblement qualifiés ou illettrés. »

Le droit à la formation signifie notamment que l'on cherche à ce que les détenus soient dans les conditions les plus proches de celles que l'on rencontre d'ordinaire. La formation élémentaire est ainsi assurée par des instituteurs, les formations préprofessionnelles et professionnelles sont assurées par des GRETA, des associations, telle l'A.F.P.A. Quant aux formations secondaires et universitaires, elles sont dispensées par les personnels des Lycées, des GRETA, des universités, ou des organismes d'enseignement à distance, tel le C.N.E.D.

On note de grandes différences selon que les détenus ont vécu un échec scolaire massif ou possèdent un niveau minimum de diplôme : plus le niveau est bas, plus la crainte de se trouver de nouveau en situation d'échec est grande. Plus délicat aussi est l'investissement dans la formation, dont la signification et les objectifs peuvent être mal perçus.

Le travail de l'enseignant

Le travail spécifique de l'enseignant en milieu carcéral connaît des variations importantes, selon le type d'établissement, sa taille, son organisation interne, etc. De même, les relations avec les détenus et avec les divers professionnels ne seront pas identiques, si l'on considère le travail d'un professeur vacataire qui assure quelques heures par semaine d'enseignement de sa discipline dans le cadre d'un GRETA par exemple, ou d'un instituteur à temps plein dont les tâches sont plus diversifiées : repérer les besoins, définir une stratégie et une organisation des cursus, motiver les détenus afin qu'ils s'inscrivent dans une logique de formation, etc.

Comme le relève le rapport déjà cité, « plus le niveau est bas, plus on peut faire l'hypothèse que la formation est complexe dans sa mise en œuvre et constitue un enjeu en termes de réinsertion et, par conséquent, de prévention de la récidive ».

Les objectifs visés sont définis dans des plans annuels, conjointement par la direction des Écoles, la direction des Lycées et Collèges et la direction de l'Administration pénitentiaire. En 1993, les objectifs suivants étaient déterminés :
- lutter contre l'illettrisme ;
- favoriser la participation des enseignants et leur prise de responsabilité dans l'élaboration et le suivi des plans locaux de formation ;
- pratiquer la reconnaissance des acquis pour les plus bas niveaux de qualification et rechercher des modes de validation pour les plus qualifiés ;
- rechercher des dispositifs adaptés permettant de pratiquer l'évaluation des compétences ;
- expérimenter des outils pédagogiques pour la formation d'adultes de bas niveaux de qualification.

Ces objectifs renvoient, dans leur globalité, à une bonne partie des qualifications des enseignants spécialisés, que l'on retrouve massivement dans ce cadre particulier d'exercice de leur métier.

Chapitre six

LA FORMATION PROFESSIONNELLE DES ADOLESCENTS EN GRANDE DIFFICULTÉ OU HANDICAPÉS MENTAUX

Les récentes circulaires émanant de la direction des Lycées et Collèges indiquent que les sections d'éducation spécialisée (S.E.S.) ainsi que les établissements régionaux d'enseignement adapté (E.R.E.A.) constituent l'une des voies possibles visant à l'acquisition par les jeunes gens d'une formation et d'une qualification. Cette qualification a pour perspective, depuis 1989, au minimum le niveau du C.A.P.

Pour la première fois, les formations destinées aux adolescents en grande difficulté ou handicapés sont clairement rapportées à une qualification professionnelle reconnue à la fois par les employeurs, l'État et les diverses organisations.

Cette nouvelle orientation invite au passage de l'éducation spécialisée aux enseignements généraux et professionnels adaptés. À ce titre en particulier, les S.E.S. évoluent vers une nouvelle réalité, ce que désigne leur nouvelle appellation de S.E.G.P.A.

Tenant compte des caractéristiques contemporaines et prévisibles du marché de l'emploi, et tout particulièrement des difficultés d'insertion des jeunes sortis sans qualification du système éducatif, les formations professionnelles tendent à s'appuyer aujourd'hui à la fois sur les référentiels des métiers et sur les référentiels des diplômes, définissant les compétences exigées à chaque niveau.

Cette nouvelle approche de la qualification professionnelle entraîne des changements importants dans la formation tant générale que professionnelle : cette dernière vise la construction de compétences transférables au sein d'un champ professionnel donné et non plus l'acquisition de savoir-faire d'un métier, ou d'habiletés gestuelles.

Dans cette perspective, la formation et l'embauche des plus handicapés peuvent s'avérer problématiques et obliger les professionnels à redoubler d'efforts.

Les nouvelles exigences de la formation

Tenir compte du nouveau marché de l'emploi

La nouvelle conception de la mission des classes et établissements d'éducation adaptée accueillant des adolescents en grande difficulté (il s'agit essentiellement, pour ce qui est de l'Éducation nationale, des sections d'éducation spécialisée – S.E.S. – et des établissements régionaux d'enseignement adapté – E.R.E.A.) ou des adolescents handicapés mentaux (s'y ajoutent alors les instituts médico-professionnels – I.M.Pro) tient compte d'une évolution très nette depuis le milieu des années 70.

En vingt ans se sont modifiés les types d'élèves accueillis, le contexte social et professionnel de leur formation, la structure de l'emploi, les théories éducatives et pédagogiques, et les pratiques en vigueur dans les établissements.

C'est probablement l'objectif global d'insertion sociale, culturelle et professionnelle assigné aux structures d'enseignement adapté qui est le plus touché par les transformations du contexte dans lequel exercent désormais les équipes enseignantes : il est clair aujourd'hui que **l'insertion socio-professionnelle des jeunes en difficulté est de moins en moins fondée sur un accès direct à des emplois non qualifiés,** ou sur le relais qu'offrait la pratique de l'apprentissage passé seize ans.

Si les S.E.S. et les E.R.E.A ont constitué une voie de promotion et d'insertion dans le monde du travail pour bon nombre de jeunes en grande difficulté dans des périodes de plein emploi ou de faible chômage, ces structures ont pu apparaître dès les années 80 comme des filières scolaires sans enjeu, des voies de garage, dernier terme de l'échec pour un nombre non négligeable d'élèves.

En effet, malgré l'important travail effectué par les équipes d'enseignants, qui ont dû prendre en charge des adolescents en situation d'exceptionnelle difficulté parfois, les classes et établissements spécialisés n'avaient jusqu'à ces dernières années aucune référence commune obligatoire avec le secteur ordinaire. Sur le plan des diplômes préparés, on se trouvait devant le paradoxe singulier de cursus scolaires les plus longs du système scolaire et ne débouchant sur aucun diplôme reconnu. Les uns préparaient aux C.F.G., les autres délivraient un diplôme de fin d'études obligatoires ; dans le meilleur des cas seulement, extrêmement rares en fait, on préparait activement au C.A.P., auquel les élèves pouvaient se présenter en « candidats libres ». Les choses ont heureusement tendance à changer progressivement, même si beaucoup reste à faire encore pour que les plus en difficulté ne soient pas relégués dans des études sans lendemain.

L'exigence de qualification

Les secteurs qui procuraient traditionnellement un emploi aux quelque deux cent mille jeunes sans qualification sortant alors chaque année du système scolaire (bâtiment, travaux publics, commerce et services) sont aujourd'hui affectés par la mondialisation des échanges économiques, par l'évolution des technologies et par la réorganisation globale du travail dans les pays industrialisés. En France tout particulièrement, la régulation du marché du travail s'effectue la plupart du temps par le biais sinon du licenciement, du moins d'une certaine réserve face à l'embauche en général.

L'embauche des jeunes en particulier est frappée par ce fonctionnement, et les nouveaux postulants à l'emploi se retrouvent régulièrement en situation de concurrence.

Cela est vrai notamment pour ceux qui n'ont été formés qu'à l'un des métiers ordinairement enseignés en S.E.S. (par exemple les métiers de la maille et de l'habillement industriels pour les jeunes filles, ceux de la métallerie, de la mécanique générale, de la menuiserie pour les garçons, ceux du secteur alimentaire pour les uns et les autres) : au sortir de leurs études, ils doivent affronter la concurrence des jeunes d'un niveau de formation supérieur sans emploi titulaires parfois d'un BAC pro. et au-delà et la concurrence des stagiaires issus des nombreux dispositifs d'insertion et de qualification existant aujourd'hui.

Dans ce contexte nouveau, **l'insertion apparaît conditionnée premièrement par le niveau de qualification atteint.** Sans qualification aucune, sans référence à un niveau attesté et reconnu par les organisations d'employeurs, la probabilité de « rester sur le carreau » est considérable, comme en attestent de multiples statistiques du B.I.P.E. (Bureau international de la prospective et de l'emploi) ou de l'A.N.P.E.

C'est l'une des raisons pour lesquelles s'allonge la durée de la scolarisation en France et s'élève le niveau général des études. Ce cadre structurel permet de comprendre les actuels enjeux de la formation dispensée dans les classes de l'enseignement spécial : les adolescents doivent y bénéficier d'une durée et d'une qualité de formation qui puissent leur donner un maximum de chances, aussi bien dans leurs possibilités de décrocher et tenir un emploi, que dans la poursuite d'une formation ultérieure.

Viser le niveau V de qualification

L'enjeu de la qualification est décisif, mais la réalisation en est difficile : les équipes enseignantes ne sont pas encore toutes accoutumées à fonder leur travail sur la préparation d'un diplôme professionnel très exigeant compte tenu des publics accueillis : jusqu'aux principales orientations datant de la fin des années 80, il n'existait aucun programme officiel sur lequel on invitait les équipes enseignantes à élaborer leur projet de formation.

Les textes organisant les enseignements généraux et professionnels adaptés introduisent en cela **une rupture considérable** : il y est clairement affirmé que « les S.E.S. et les E.R.E.A ont toute leur place dans l'ensemble des formations du second degré et constituent l'une des voies visant à l'acquisition par les jeunes d'une formation et d'une qualification leur permettant une insertion professionnelle au niveau V » (circulaire du 6 février 1988).

Ce niveau V, qui correspond à la possession d'un C.A.P., est défini comme l'objectif à poursuivre pour chaque élève, même s'il n'est pas envisageable de l'atteindre avec tous les élèves : « L'objectif recherché est de donner la possibilité aux élèves des enseignements adaptés **d'obtenir, ou d'être en position favorable pour obtenir un diplôme attestant de leur qualification au niveau V** » (*ibid.*), quelle que soit la structure dans laquelle ils préparent effectivement leur diplôme : C.F.A., L.E.P., etc.

Niveau de qualification et l'emploi

Une étude de la direction de l'Évaluation et de la Prospective (D.E.P. 93-50), conduite à partir d'une enquête réalisée au 1er février 1993 sur les élèves sortis des classes du second degré à la fin de l'année scolaire 1991-92, fait apparaître des différences notoires dans l'accès à un emploi selon le niveau de qualification atteint.

Il est d'usage de se référer à la nomenclature de l'I.N.S.E.E., qui distingue 7 niveaux. Les élèves fréquentant les classes de l'enseignement adapté se situent aux trois derniers niveaux :

– Niveau VI : il correspond aux sorties du premier cycle du second degré et des E.R.E.A (6e, 5e, 4e), des formations préprofessionnelles en un an (C.E.P., C.P.P.N. et C.P.A., aujourd'hui en désuétude), et aujourd'hui aux quatre premières années de S.E.S. et des groupes classe-atelier.

– Niveau V bis : il correspond aux sorties de 3e, des classes du second degré du cycle court avant l'année terminale, des cinquièmes et sixièmes années de S.E.S. et de la formation professionnelle en E.R.E.A

– Niveau V : il correspond aux sorties de l'année terminale des seconds cycles courts professionnels, et à l'abandon du second cycle long avant la terminale. Ce niveau V coïncide notamment avec la possession d'un C.A.P.

Ce qu'on entend par **sorties sans qualification** du système scolaire représente les sorties aux niveaux VI et V bis. D'après l'étude de la D.E.P., les embauches des jeunes de moins de 25 ans ont fléchi de 23 % entre 1992 et 1993. En 1993, après sept mois, parmi les jeunes sortants, 50,4 % avaient un emploi, et 24,1 % étaient au chômage (contre 58,2 % et 20,3 % un an auparavant).

Aux niveaux VI et V bis, l'apprentissage demeure un débouché possible pour 48,4 % des jeunes en 1992, et pour 54,1 % en 1993 (on constate donc un allongement de la durée globale de formation).

Les jeunes ayant atteint le niveau V sont moins massivement à la recherche d'un emploi, mais leur nombre s'est toutefois accru entre 1992 et 1993 (22,1 % de chômeurs de niveau V en 1992, 27,6 % en 1993).

Ces quelques statistiques permettent de comprendre à la fois les enjeux d'une poursuite de formation jusqu'à un niveau reconnu de qualification, et les difficultés qu'il y a à conduire cette formation, lorsque les élèves eux-mêmes ne croient plus guère que le diplôme péniblement préparé leur permette l'accès à un emploi. En outre, les résultats d'une étude conduite par le Bureau international de la prospective et de l'emploi confirme cette tendance, et montre qu'entre 1982 et 2000, selon l'une des hypothèses les plus probables, les besoins de personnels non qualifiés ne vont faire que considérablement décroître (on devrait passer de 56 % de personnel sans qualification en 1982 à 32 % à l'horizon 2000), alors que les besoins de travailleurs au niveau d'un C.A.P. ou d'un B.E.P. devraient beaucoup augmenter (de 22 % à 32 %).

Les tendances actuelles des nouvelles réglementations visent à faire de la S.E.S. une structure préparant l'orientation affective vers d'autres dispositifs de formation qualifiantes.

Les structures de l'Éducation nationale : S.E.S. et E.R.E.A.

Les défis des S.E.S. et des E.R.E.A.

Quelque légitime que soit l'objectif assigné aux équipes éducatives exerçant auprès des adolescents en échec souvent massif, il demeure qu'elles doivent affronter bien des obstacles : par exemple, le C.A.P. demeure de fait hors de portée pour nombre de jeunes gens, dont **les handicaps et les niveaux de difficulté sont plus importants à mesure que la politique d'intégration est mise en œuvre**. En outre, **les équipements des ateliers sont la plupart du temps insuffisants** au regard des exigences nouvelles.

Certains métiers enseignés encore à l'heure actuelle **ne sont plus, parfois depuis longtemps, des passeports pour un emploi**, ce qui oblige à des reconversions en amont (de la part des formateurs) ou en aval (de la part des jeunes gens formés, qui doivent s'inscrire dans des stages de formation plus appropriés). La tendance est donc actuellement à favoriser, après seize ans, la réorientation vers des structures mieux à même d'assurer une qualification, organisées au sein d'un véritable réseau laissant un plus grand choix aux élèves.

Outre les E.R.E.A., qui évoluent vers le statut de « lycées d'enseignement adapté », seuls certains des ateliers des S.E.S. déjà bien engagés dans la préparation effective au C.A.P. peuvent être considérés comme des sections de L.E.P.

Les autres ateliers sont toutefois mieux à même aujourd'hui d'assurer des enseignements préprofessionnels et technologiques : telles sont les grandes lignes de l'esprit qui guide à l'heure actuelle l'élaboration d'un ensemble de nouveaux textes réglementaires, dont l'objet est de parachever la rénovation des enseignements dits adaptés.

Il faut noter qu'à l'heure actuelle, les réorientations vers les lycées professionnels ou vers les centres de formation d'apprentis se révèlent parfois très aléatoires, compte tenu de l'élévation des exigences à l'entrée de ces structures et de l'effort important qu'y requiert une scolarité pour des élèves souvent fragiles. Sur ces plans, on note des écarts importants d'un endroit à l'autre.

Une pédagogie de l'appropriation

Dans son esprit, le trait dominant du caractère **adapté** des enseignements dispensés en S.E.S. et en E.R.E.A renvoie à une pédagogie de l'appropriation liée à des effectifs réduits, une organisation spécifique des études sur une durée pouvant aller dans certains cas jusqu'à six ou sept ans, un choix de démarches et de méthodes pédagogiques prenant en compte les difficultés des élèves et favorisant leur réorientation.

La pédagogie de l'appropriation en particulier va beaucoup plus loin qu'une simple pédagogie de l'apprentissage, car elle est fondée très explicitement sur la liaison entre les savoirs sociaux, les savoirs scolaires et les savoirs professionnels. L'appropriation pose à chaque étape de la pédagogie **le problème du sens de l'acte d'apprendre** pour l'élève, des résistances que ce dernier peut développer, de la compatibilité avec ses divers processus cognitifs, sociaux, affectifs et psychomoteurs. Elle pose également le problème des effets du savoir sur les restructurations et les réorganisations de la personne entière.

Parler d'appropriation, c'est se démarquer d'une simple logique de l'apprentissage qui ne retiendrait **de l'adolescent** que la seule dimension de l'élève ou de l'apprenti. C'est en somme concevoir l'adolescent comme un **acteur** d'emblée, acteur de son projet d'orientation et de formation. C'est aussi l'aider à s'inscrire dans une problématique plus positive de construction de soi sur divers plans.

Pensée en termes de pédagogie différenciée, de projet individuel ou collectif, de contrat, de remédiation, **la pédagogie de l'appropriation** a pour objet le développement de la personne dans l'accès à ses diverses autonomies. Elle vise ce développement au travers de la transmission ou plutôt de la construction des savoirs généraux et techniques, des savoir-être requis pour la vie sociale et professionnelle. Mais elle cherche aussi à favoriser dans un même élan l'exercice de la citoyenneté et l'épanouissement de la personnalité.

Il faut saluer le courage d'un grand nombre d'enseignants (professeurs de lycées professionnels, instituteurs spécialisés, directeurs d'établissements...) qui, face à ces difficultés importantes, ont entrepris une rénovation d'envergure de leurs démarches de formation et d'insertion. Car la réussite d'une formation qualifiante repose en grande partie sur les réconciliations qu'ils permettent de l'adolescent avec la formation, même s'ils n'ont pas à la conduire jusqu'à son terme.

De l'éducation spécialisée aux enseignements généraux et professionnels adaptés

Le passage du concept d'éducation spécialisée au concept d'enseignement adapté marque une évolution radicale dans les approches proposées aux adolescents connaissant un échec scolaire massif au point de fréquenter les classes du secteur de l'Adaptation et de l'intégration scolaires. Cette évolution entraîne **des transformations dans les représentations, dans les pratiques, dans les ambitions des enseignants à l'égard de leurs élèves.**

Le renoncement au terme « spécialisé » pour caractériser les enseignements indique un changement de relations entre l'enseignement ordinaire et le champ de l'A.I.S. : alors qu'éducation spécialisée a longtemps rimé avec classes séparées, distinctes et diminuées par rapport aux exigences ordinaires, **l'enjeu des enseignements adaptés est de favoriser l'ouverture à l'ensemble des réseaux de formation technologique et professionnelle du second degré.** Dans cette perspective, on rénove les enseignements, et l'on rend plus aisée la réorientation des élèves en fonction de leurs possibilités et de leurs projets personnels.

Ce passage de l'éducation spécialisée aux enseignements adaptés se concrétise plus précisément par :

– une approche différente des déficits de l'élève, car on passe d'une conception purement déficitaire et constitutionnelle à l'idée que le déficit est la résultante d'un trajet personnel complexe ;

– des actions pédagogiques nouvelles, fondées sur l'écart entre une pédagogie spéciale (de réparation, de remotivation, de compensation, de rattrapage) et une pédagogie de la médiation (médiations et remédiations cognitives, pédagogies par objectif, évaluation formatrice, pratiques de la métacognition, etc.) ;

– une conception plus riche de l'accès aux savoirs (on est passé en particulier d'une pédagogie de la simplification, d'un trajet que l'on croyait imposé allant toujours du simple au complexe, de l'utile à la généralisation... à une pédagogie de la complexité, une pédagogie de l'abstraction, la complexité devenant le point de départ de l'apprentissage) ;

– une tout autre relation entre l'enseignant et l'enseigné, en passant d'une logique transmissive ou non directive à une pédagogie de l'appropriation et du transfert des compétences ;

– un objectif de formation rénové, puisque ce n'est plus une formation préprofessionnelle préparant, au travers des habitudes de travail, à l'occupation d'un poste précis de travail, mais bien une réelle formation professionnelle qualifiante, avec toutes les capacités d'adaptation que cela suppose, même si la poursuite de cette formation suppose une réorientation de l'élève ;

– une nouvelle place enfin et surtout de l'élève au cœur du système éducatif, car il passe d'un rôle passif à un rôle d'acteur décisif de sa formation et de son insertion. Mais elle cherche aussi à favoriser dans un même élan l'exercice de la citoyenneté et l'épanouissement de la personnalité.

Les référentiels

L'une des modifications majeures dans les formations générales et professionnelles adaptées consiste en la référence systématique des enseignements dispensés à l'ensemble des savoirs requis pour tenir un emploi qualifié et se présenter à diverses épreuves du certificat d'aptitude professionnelle.

Ces savoirs sont répertoriés dans ce qu'on appelle des référentiels : il en existe de deux sortes – les référentiels de l'emploi et les référentiels du diplôme, fondés sur les précédents.

Dans le cadre des enseignements techniques et professionnels, les référentiels de compétences sont établis pour chaque diplôme, à l'occasion de sa création ou de son actualisation. Les référentiels décrivent les compétences attendues de tout candidat et constituent la base des formations dispensées tout comme de leur évaluation.

Le C.N.D.P. a fait paraître un grand nombre de brochures, dans la collection « Horaires/Objectifs/Programmes/Instructions »,

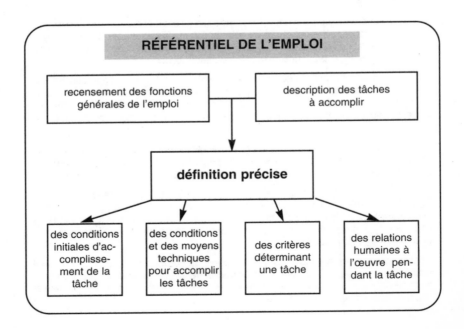

permettant aux équipes enseignantes d'établir leur projet pédagogique. Chacune de ces brochures est dédiée à un C.A.P. et comporte :

– des informations sur la réglementation générale des C.A.P., en particulier l'arrêté de sa création ;

– une définition claire de l'emploi, consistant en la description du domaine d'activité de son détenteur, des capacités et compétences techniques et professionnelles requises pour son exercice ;

– le référentiel du diplôme proprement dit, sous forme d'un tableau à trois colonnes (« être capable de », « conditions ressources », « indicateurs de compétences, critères de réussite ») ;

– des indications sur les connaissances technologiques associées, et des tableaux descriptifs de ces savoirs technologiques, distinguant les connaissances et les compétences requises ; enfin des précisions sur les conditions précises de délivrance du diplôme et la description de chacune des épreuves et les coefficients qui leur sont affectés.

Les spécialités professionnelles enseignées en S.E.S. et E.R.E.A.

Les S.E.S. et les E.R.E.A. assurent aux élèves ayant douze ans révolu une scolarité de deux années d'enseignement général adapté, suivies de deux à quatre années pendant lesquelles l'enseignement général alterne avec une formation préprofessionnelle puis professionnelle, comportant des travaux pratiques en atelier, des stages et des séquences en entreprise.

S'il n'y a pas, a priori, de métiers « réservés » aux seuls élèves de S.E.S, on constate que le choix des ateliers professionnels est relativement limité : la majeure partie des ateliers proposés sont liés au secteur du bâtiment (installations sanitaires et thermiques, menuiserie d'agencement, peinture et vitrerie par exemple), à celui des services de collectivités (agent technique d'alimentation, horticulteur), à divers secteurs de l'industrie (industrie de la maille et de l'habillement, mécanique générale, mécanique agricole). Les garçons ont un choix un peu plus ouvert que les jeunes filles. Si le choix à l'intérieur d'une même section est limité à quatre spécialités professionnelles, il est à noter que la tendance actuelle est à la mise en réseau des S.E.S. dans les communes fortement urbanisées, ce qui permet un éventail beaucoup plus important aux élèves. Les S.E.S. (et les E.R.E.A) fournissent de nombreux efforts depuis plusieurs années pour adapter les types de formation dispensées aux caractéristiques locales et générales du marché de l'emploi, et permettent à un nombre important d'élèves de trouver une solution d'insertion professionnelle. Cette insertion est malheureusement tributaire des fluctuations du monde du travail, dont les exigences ne jouent guère au profit des jeunes issus de l'enseignement adapté. Toutefois, un service de suite plus ou moins élaboré selon les établissements permet de faciliter leur insertion économique.

Un exemple de référentiel adapté au secteur de la restauration

Le titulaire du C.A.P. doit être apte à remplir immédiatement les fonctions de commis cuisinier dans tous les secteurs de la restauration d'hôtellerie et de collectivité.

Chaque compétence, ainsi que le niveau devant être atteint, sont caractérisés par des savoirs et des savoir-faire relevant ici de quatre champs principaux d'activités :
- l'approvisionnement et le stockage ;
- la fabrication ;
- la distribution ;
- l'entretien, l'hygiène et la sécurité.

L'exemple illustre ce qui est attendu en matière de fabrication culinaire.

Tableau des capacités et compétences technologiques et professionnelles (niveau terminal) – exemple

CAPACITÉS	COMPÉTENCES	CHAMPS
ORGANISER	Identifier les informa- tions et les classer. Dresser une liste de matériels, de denrées. Appliquer les consignes. Prévoir une fabrica- tion. Organiser un poste de travail.	Décomposer un ensemble de préparations culinaires en phases techniques. Reconnaître les éléments de base dans une recette. Ordonnancer dans le temps les diverses phases techniques. Au cours d'une fabrication, s'adapter à un poste ou à un matériel mis à disposition. Rédiger un plan d'organisation des tâches. Exploiter une documentation culinaire ou technique.
RÉALISER	Remplir les documents. Préparer les denrées et matériels. Appliquer les techniques. Mener une cuisson. Nettoyer, ranger le poste, les matériels. Dresser. Distribuer les produc- tions.	Régler la puissance des matériels en fonction des besoins. Utiliser une fiche technique. Effectuer de façon rationnelle et logique les préparations préliminaires. Appliquer les cuissons appropriées aux denrées. Confectionner le menu (les plats) en respectant : – le temps imparti ; – les techniques gestuelles et de production culinaire.
APPRÉCIER	Vérifier - contrôler - interpréter. Évaluer une situation. Justifier un point de vue. Goûter. Rectifier une situation, un goût.	Apprécier une saveur. Choisir une présentation. Rectifier d'éventuelles erreurs.

Chaque référentiel de C.A.P. met en relation les principales tâches du référentiel de l'emploi et les compétences terminales qui sont requises chez les candidats. En outre, il recense les capacités générales et fixe les types de savoirs technologiques associés. Pour chacune des capacités générales, le référentiel procède à la description de séries de compétences terminales qui feront l'objet d'un contrôle.

Ces capacités sont appréciées en termes d'objectifs, et l'on précise à chaque fois :
— **les conditions dans lesquelles la compétence sera appréciée** (il s'agit des ressources, « on donne... ») ;
— **les capacités précises à mettre en œuvre** (il s'agit d'être capable de, autrement dit « on demande ») ;
— **les indicateurs de l'évaluation** (ou encore les critères permettant d'évaluer, « on exige »).

Les référentiels des diplômes constituent la base de l'évaluation et de la certification des acquis. Ils sont utilisés quel que soit le mode d'accès au diplôme et quelles que soient les caractéristiques des épreuves (épreuves ponctuelles en fin de cursus ou contrôle en cours de formation). Ont été introduits, à côté des formes traditionnelles d'évaluation, des formes de **contrôle en cours de formation** qui consistent à faire évaluer les acquis des jeunes pendant la durée de la formation.

Le contrôle doit respecter trois principes :
— d'abord, la qualité de l'évaluation ;
— ensuite, l'équité de l'évaluation : des dispositions doivent être prises pour que le contrôle en cours de formation, tout en étant mis en œuvre sous la responsabilité des formateurs, s'effectue selon des dispositions communes à tous les candidats, quel que soit l'établissement dans lequel a lieu leur formation. Dans cette perspective, la délivrance du diplôme relève toujours d'un jury extérieur à l'établissement et nommé par l'autorité académique ;
— la faisabilité enfin de l'évaluation : les modalités du contrôle tout en étant précises ne doivent être ni trop lourdes ni trop rigides. Le temps de la formation ne doit pas s'effacer devant celui du contrôle.

L'ensemble de ces principes a conduit à concevoir un schéma général : la délivrance du diplôme repose sur un mode d'évaluation mixte, constitué en partie d'épreuves ponctuelles terminales, sur des sujets académiques, et en partie de contrôles en cours de formation par les formateurs. Ce dispositif a le mérite essentiel de rendre possible l'acquisition de niveaux de compétences référencées sur une plus longue durée, ce qui est un gain appréciable lorsqu'on s'adresse à des élèves ayant connu un passé d'échec important, comme c'est le cas de ceux fréquentant l'enseignement spécial.

Une note de service du 2 février 1996 (n° 96-034) précise, par ailleurs, les conditions dans lesquelles un élève peut conserver (pendant 5 ans) le bénéfice des notes supérieures à dix, lorsqu'il n'a pas obtenu l'ensemble du CAP.

L'enseignement professionnel en I.M.Pro

C'est une circulaire d'octobre 1989, portant sur la prise en charge des enfants et adolescents déficients intellectuels ou inadaptés accueillis dans les établissements et services d'éducation spéciale, qui définit les grandes lignes de l'enseignement professionnel en institut médico-professionnel.

Les instituts médico-professionnels sont des établissements médico-sociaux : pour les jeunes gens et jeunes filles nécessitant une éducation spécialisée intimement liée à un travail thérapeutique, la formation professionnelle s'inscrit dans une globalité de prise en charge nécessairement individualisée.

L'insistance est mise sur la dynamique évolutive et sur la réalisation du potentiel propres à chacun dans la perspective d'une conquête de l'autonomie maximale. Il s'agit en particulier d'« éviter l'enfermement du jeune dans la filière inéluctable du handicap » et de lui permettre une insertion dans les structures professionnelles qui soient source d'épanouissement et d'évolution.

Largement fondée sur l'implication directe du jeune et de son environnement familial, la formation professionnelle doit permettre à l'adolescent d'exprimer ses goûts et ses aspirations. Elle doit aussi contribuer à valoriser son image sociale et son accès au statut d'adulte.

Compte tenu de la nature et de l'étendue des déficiences et des possibilités de chacun, l'enseignement professionnel va accorder un primat sans exclusive à la maîtrise des outils, à l'usage des machines, à l'éducation gestuelle, dans le respect des consignes d'hygiène et de sécurité.

Quoiqu'il y ait référence aux contenus des C.A.P., l'attention est souvent d'abord portée à une formation polyvalente, qui précède l'apprentissage professionnel proprement dit.

Les ateliers que l'on trouve dans les instituts médico-professionnels sont sensiblement les mêmes que ceux que l'on rencontre dans les sections d'éducation spécialisée. Les enseignements y sont assurés par des instituteurs spécialisés et par des **éducateurs techniques spécialisés**. Ces derniers, qui sont à la fois éducateurs et techniciens, doivent justifier d'au moins quatre années de pratique d'un métier. Ils doivent en outre être titulaires d'un diplôme attestant leurs compétences professionnelles.

Les objectifs de formation fixés ne sont pas de même nature que ceux qui prévalent en S.E.S. (la probabilité en effet de voir un élève d'I.M.Pro accéder à un C.A.P. est infime) et surtout la durée de la formation est plus longue, puisqu'elle peut s'étendre jusqu'à ce que le jeune atteigne l'âge de vingt ans.

Dans le cas où un jeune fréquentant un I.M.Pro ne trouve pas d'emblée une place dans une structure de travail protégé, alors que cette dernière est prescrite par une commission spécialisée (la C.O.T.O.R.E.P.), il lui est possible de demeurer au-delà de sa vingtième année dans l'établissement de formation : c'est l'effet principal de ce qu'on appelle **l'amendement Creton** à la loi du 30 juin 1975.

Au terme de leur formation, une minorité de jeunes fréquentant les I.M.Pro peuvent espérer trouver un travail en milieu ordinaire, en fonction de la structure locale de l'emploi, de la volonté d'intégration des jeunes eux-mêmes, de leur famille, des employeurs, des équipes et des associations œuvrant dans le secteur du handicap. L'existence d'un service dynamique de placement et de suite est décisive sur ce plan.

L'intégration de jeunes handicapés dans des entreprises ordinaires est modeste : si elle peut atteindre jusqu'à 30 % des effectifs dans tel ou tel I.M.Pro particulièrement performant, la moyenne nationale est de l'ordre de 8 % pour les jeunes issus d'I.M.Pro

L'intégration demande toujours une longue préparation, un soutien, un suivi : sa réussite tient à la volonté et à la disponibilité de chacun. Elle est d'autant plus nette qu'elle apparaît modulable et révisable et qu'un suivi de longue haleine est réalisé par les équipes ayant eu en charge la formation professionnelle du jeune.

De l'I.M.Pro au monde du travail

L'apprentissage professionnel varie d'un établissement à l'autre, en fonction des caractéristiques des jeunes accueillis, des types d'ateliers existants et du projet global de l'institution.

Certains I.M.Pro vont par exemple privilégier une formation transversale, générale, plutôt que la préparation à un type de métier donné.

Dans tous les cas, des stages sont proposés aux adolescents, après réunion de l'ensemble de l'équipe éducative et thérapeutique, afin qu'ils soient confrontés, s'ils peuvent en tirer profit, à plusieurs expériences et contextes professionnels. Ces stages sont préparés et ajustés en fonction des capacités et de l'évolution du jeune. Une grande progressivité est recherchée, de façon que le stage ne soit pas l'occasion d'un trop grand échec ou de risques considérables.

Les stages peuvent se dérouler à l'intérieur même de l'I.M.Pro (dans les services de restauration ou d'entretien par exemple, ou dans les services administratifs), en milieu ordinaire, dans un C.A.T., dans tel ou tel service municipal...

L'adolescent, la plupart du temps très handicapé dans l'accomplissement des rôles sociaux et professionnels ordinaires, va être préparé à chaque changement de situation par l'équipe de l'établissement. Chaque stage peut faire dans cette perspective l'objet d'une convention afin d'éviter les échecs et de prévenir les difficulés. Un bilan est effectué à son terme et contribue le cas échéant à modifier le projet défini pour chacun.

La majorité de adolescents qui seront orientés vers un C.A.T. effectuent dans l'I.M.Pro l'apprentissage d'un métier, mais compte tenu des nouvelles orientations en faveur d'une recherche d'une meilleure adaptabilité des travailleurs, on s'éloigne d'une centration sur la seule maîtrise de gestes répétitifs à inculquer au jeune handicapé mental. L'essentiel est aujourd'hui le développement de compétences, par-delà les seules habiletés manuelles, la capacité d'adaptation, l'acquisition de repères significatifs permettant de faire varier la relation à autrui dans une variété de contextes. Là encore, on est passé d'une approche parfois strictement comportementaliste à une approche plus compréhensive, en concordance à la fois avec les nouvelles conceptions de l'apprentissage et les attentes des employeurs.

Plus généralement, c'est vers les ateliers protégés et vers les centres d'aide par le travail que les jeunes adultes handicapés se trouveront dirigés, la plupart du temps pour la totalité de leur vie professionnelle.

Centres d'aide par le travail, ateliers protégés, intégration en milieu ordinaire

Les centres d'aide par le travail (C.A.T.) et les ateliers protégés (A.P.) sont des établissements médico-sociaux qui relèvent du Code de la famille et de l'Aide sociale, et non du Code du travail. C'est la raison pour laquelle les travailleurs handicapés qui y trouvent place (environ 100 000) n'ont pas un statut de salarié à part entière.

C.A.T. et A.P. ont vocation, selon les textes qui en régissent le fonctionnement, à faciliter l'intégration socio-professionnelle en milieu ordinaire. Rares sont ceux en fait qui peuvent s'acquitter effectivement de cette mission, compte tenu de la lourdeur du handicap et du contexte difficile de l'emploi. Une évolution est toutefois à attendre de l'application de la loi du 10 juillet 1987, qui oblige le entreprises à favoriser l'emploi des personnes handicapées.

Les deux types de structures répondent à trois principes fondamentaux :

– **un principe thérapeutique**, selon lequel le travail permet d'éviter les régressions d'une personne handicapée et facilite la structuration et la confiance en soi nécessaires à une meilleure autonomie ;

– **un principe de protection sociale**, selon lequel il convient d'aider ceux qui ne sont pas à même d'affronter les lois du marché de l'emploi, en raison de leur état de santé, de leurs difficultés permanentes, de leurs possibilités restreintes ;

– **un principe d'adaptation**, selon lequel on doit faciliter l'aménagement des postes de travail pour ceux qui ne sauraient utiliser autrement leurs capacités productives, à la fois pour leur bien et celui de la collectivité : l'assistance à la personne à qui l'on permet de travailler étant d'un moindre coût social, financier et humain.

Les **C.A.T.** (plus d'un millier aujourd'hui) offrent un grand nombre d'activités dans l'industrie, l'agriculture, les services. Ils réalisent dans leur grande majorité un travail de sous-traitance pour les entreprises, travaillent pour les collectivités locales, commercialisent parfois leurs propres produits.

Les C.A.T. reçoivent les personnes handicapées dont les capacités de travail sont les plus faibles (inférieures au tiers de ce que l'on peut attendre d'un travailleur ordinaire) et possèdent pour cette raison un personnel d'encadrement permanent rémunéré par une dotation de financement du ministère du Travail. On comptait 80 217 places de C.A.T. en 1993.

C'est une commission spéciale, la CO.T.O.R.E.P. (commission technique d'orientation et de reclassement professionnel) qui décide de l'orientation d'un adulte handicapé dans une structure de travail protégé en particulier.

Les travailleurs reconnus handicapés par la C.O.T.O.R.E.P. bénéficient d'une garantie de ressources de l'ordre de 70 à 110 % du S.M.I.C.

Bénéficiant de subventions diverses, les **ateliers protégés** quant à eux emploient des personnels handicapés et des personnels valides et doivent dégager un bénéfice suffisant pour les rémunérer. 11 985 places en A.P. pouvaient être dénombrées en 1993.

Si, dans l'une ou l'autre de ces organisations que sont les ateliers protégés et les centres d'aide par le travail, les travailleurs handicapés doivent être productifs, **on ne demande toutefois pas à chacun d'être rentable pour l'entreprise et de dégager du profit** ; ces structures ne sont pas tout à fait des entreprises comme les autres : ce sont des organisations à vocation à la fois médicale et sociale, même si elles n'échappent pas aux lois de l'économie de marché. De fait, les travailleurs souffrant d'un handicap mental en particulier se révèlent généralement appliqués et méticuleux, et parviennent avec une aide plus ou moins importante à réaliser un travail dans des délais prescrits, bien entendu adaptés à chacun.

On constate depuis quelques années une **évolution contradictoire des structures du travail protégé**, en particulier des C.A.T. :
– l'évolution d'une part vers l'accueil en C.A.T. de personnes en grande difficulté sociale, de très bas niveau de qualification, ayant cheminé dans de nombreux dispositifs d'insertion sans résultat, contraintes de se replier vers le secteur du travail protégé faute de mieux. Leur handicap n'est pas lié en l'occurrence à une déficience avérée. Ces personnes peuvent être capables d'une activité productive soutenue ;

– l'évolution vers l'accueil de personnes dont les handicaps sont plus lourds que ceux des travailleurs handicapés ordinairement accueillis. La pression des groupes associatifs représentatifs de certaines populations (traumatisés crâniens, autistes par exemple) conduit à revendiquer cette forme valorisée d'intégration dans la collectivité par le travail. Le souci est d'offrir une autre perspective à ces adultes que la fréquentation d'une maison d'accueil spécialisée, qui propose aux personnes les plus handicapées des activités dites occupationnelles dans lesquelles les contraintes ordinaires du travail productif sont absentes.

Un exemple de travaux réalisés en C.A.T. et A.P.

Implanté dans les Hauts-de-Seine depuis une vingtaine d'années, le C.A.T. reçoit 80 travailleurs handicapés, hommes et femmes, encadrés par un personnel qualifié sur les plans éducatif et technique. Il est géré par une association dont les statuts répondent parfaitement à la loi de 1901, qui régit les associations à but non lucratif. L'objectif actuel de l'association est de faciliter l'intégration des jeunes et adultes handicapés et la création de structures de travail adapté correspond à cet impératif, dès l'instant qu'elles offrent l'opportunité d'une mobilité possible du travailleur handicapé.

Trois types de travaux y sont réalisés, relevant de l'électro-mécanique (sertissage de cosses, façonnage de filerie, câblage de coffrets et de platines, etc.), de la menuiserie (production de mobilier de collectivité, de présentoirs publicitaires, etc.), et du conditionnement (mise sous pellicule plastique de marchandises, ensachage, flaconnage, réalisation d'échantillons, composition de catalogues, de colis etc.). Le prix de revient de ces opérations pour les donneurs d'ordre (les entreprises, les collectivités) est en général moindre que ceux pratiqués par une entreprise ordinaire, les résultats conformes et les délais observés : en effet, lorsqu'il faut faire face à une commande urgente, on pallie la modeste rapidité d'exécution de certains, en affectant momentanément un plus grand nombre d'ouvriers handicapés sur une tâche particulière. La question des délais, si importante pour les entreprises, est ici traitée de façon satisfaisante.

Ce C.A.T. va permettre aux travailleurs :
– de bénéficier d'activités de soutien (soutien scolaire, aide à l'acquisition d'une meilleure autonomie sociale, loisirs, formation continue...) ;
– de faire l'objet d'une attention privilégiée aux difficultés physiques, psychiques, sociales de chacun par l'ensemble du personnel, en particulier (mais pas seulement) par le personnel médical et para-médical ;
– de connaître une ouverture sur le milieu ordinaire de travail, par la possibilité d'effectuer des activités en entreprise, dans des collectivités locales, etc.

L'atelier protégé, de création plus récente, offre une trentaine d'emplois réservés aux travailleurs susceptibles de quitter le C.A.T. L'encadrement qualifié permet d'accomplir diverses activités au sein même des entreprises, ou pour ces dernières (par exemple, entretien de bureaux, d'écoles, d'immeubles pour des collectivités diverses ; tri et réparation de palettes, petits conditionnements, routage, reprographie, etc.).

Lieu de transition entre le C.A.T. et l'entreprise ordinaire, l'atelier protégé donne ici à chacun l'occasion de s'essayer aux risques, aux droits et aux devoirs du salarié en entreprise, tout en recevant les divers accompagnements nécessaires. Privilégier toutes les activités qui permettent au travailleur handicapé d'entrer dans une entreprise publique ou privée est ce qui va mobiliser l'ensemble des interventions de l'équipe d'encadrement.

L'obligation d'emploi de salariés handicapés : des effets contrastés

Une loi promulguée le 10 juillet 1987 impose à tous les établissements de vingt salariés et plus du secteur public comme du secteur privé d'employer l'équivalent de 6 % de travailleurs handicapés.
Cette loi reconnaît quatre catégories de bénéficiaires :
– les personnes handicapées reconnues comme telles par la C.O.T.O.R.E.P. ;
– les victimes d'accidents du travail ou de maladies professionnelles, ayant entraîné une incapacité permanente d'au moins 10 % ;
– les titulaires d'une pension d'invalidité attribuée au titre d'un régime de protection sociale obligatoire ou statutaire ;
– les mutilés de guerre ou assimilés.
Deux tiers des entreprises et établissements ont recours aux solutions alternatives prévues par la loi pour s'acquitter de cette obligation d'emploi : il est possible en effet de passer des accords et des contrats de sous-traitance avec des structures de travail protégé (C.A.T., A.P., etc.) et de contribuer financièrement à l'Association de gestion des fonds pour l'insertion professionnelle des personnes handicapées (A.G.E.F.I.P.H.).
Sur les 89 000 établissements qui employaient en 1992 au moins vingt salariés, un tiers environ remplit directement cette obligation d'emploi (Source : ministère du Travail, de l'Emploi et de la Formation professionnelle, D.A.R.E.S.). On comptait à la même date 250 000 bénéficiaires de la loi de 1987, alors que l'on estime à plus de 120 000 le nombre des nouveaux handicapés d'âge actif présents chaque année sur le marché du travail, et à 2 100 000 l'effectif des personnes handicapées (au sens précis de la loi de 1987) d'âge actif au 31 décembre 1992.

Chapitre sept

LE RENOUVEAU COGNITIVISTE

Apprendre peut-il s'apprendre ? Cette question semble insolente, au moins aux yeux de tous ceux qui, enseignants et éducateurs, ont fait profession de conduire les jeunes au plein usage de leur équipement cognitif. Qu'il s'agisse des savoirs (informations, connaissances à mémoriser), des savoir-faire (c'est-à-dire des savoirs procéduraux, des connaissances opératoires) ou des savoir-être (des attitudes, des façons de se comporter conformément aux normes sociales et culturelles dans divers types de groupes et de circonstances), il va de soi que l'ensemble de l'édifice scolaire est fondé sur l'idée qu'un enfant peut apprendre et qu'on peut l'aider dans ses apprentissages.

Mais qu'en est-il dans le cas précis de ceux qui furent longtemps pensés comme « inéducables », ceux contre lesquels venaient se briser les efforts et parfois l'opiniâtreté des maîtres, ceux dont on pensait l'intelligence à tout jamais restreinte ou en sommeil ?

Quels sont les principes et les méthodes aujourd'hui employés pour faire accéder les plus démunis, les plus handicapés, aux rudiments puis à la maîtrise des connaissances ?

Depuis une quinzaine d'années en France se sont développés de nouveaux modèles de l'apprentissage des connaissances, de nouvelles conceptions beaucoup mieux instrumentées que par le passé du rôle des enseignants et des médiateurs entre l'enfant et le savoir. L'apport des technologies modernes de traitement de l'information a stimulé la recherche aussi bien de nouveaux supports pédagogiques, attractifs et bien adaptés aux difficultés des enfants, que de nouvelles manières d'effectuer un bilan des compétences, de travailler de façon sélective sur les déficits de performance, de fournir des aides d'importance.

S'il fallait résumer les principales orientations de la recherche et de l'action pédagogiques, trois thèmes apparaîtraient dominants : les nouvelles conceptions de la construction des savoirs, le postulat de l'éducabilité de l'intelligence, et la place accordée aux pratiques de médiation et de remédiation.

Les limites des orientations pédagogiques des années 60

Au milieu des années 60 – c'est l'époque où se sont développées les classes de perfectionnement et où les S.E.S. ont été créées – l'attitude de l'enfant face au savoir scolaire est considérée parfois comme une cause, parfois comme une conséquence de ses dysfonctionnements intellectuels.

En particulier, on a principalement attribué au sujet lui-même, au travers de l'usage de la catégorie de débilité mentale, son incapacité à apprendre et son fonctionnement mental particulier. On parlait alors de « viscosité mentale » (B. Inhelder), d'« inertie oligophrénique » (A.R. Luria), d'« hétérochronie intellectuelle » (R. Zazzo) pour qualifier ces troubles et leur structure.

Le courant le plus abondamment répandu – aussi bien chez les psychologues que chez les enseignants et les cadres du système éducatif – fut de considérer la débilité mentale comme un déficit global et irréversible de l'intelligence. À la limite, si certains enfants évoluaient au-delà des espérances, c'est que le diagnostic à leur égard avait été probablement mal posé : on ne remettait pas en question le postulat fondamental d'alors, celui de l'irréversibilité des troubles chez le « vrai » débile.

Enseignants et sociologues n'ont pas manqué, dans le même temps, de relever l'étrange proximité entre l'échec scolaire – qu'il soit ou non pensé comme la résultante d'une quelconque déficience – et l'origine sociale des élèves. Tout un pan de la sociologie critique de la fin des années 60 a stigmatisé le phénomène, accusant le système scolaire de reproduire une hiérarchie sociale inégalitaire sous couvert d'une prétendue répartition inégale des dons et des aptitudes. D'autres ont voulu montrer la corrélation non moins significative entre les inhibitions intellectuelles de certains élèves (par exemple, ceux qui fréquentaient les classes de perfectionnement) et les caractéristiques parfois pathogènes de leur proche environnement socio-affectif.

Dans l'un et l'autre cas, quand les problèmes sociaux ou psychologiques, manifestes ou induits, constituaient l'unique explication des difficultés d'apprentissage, cela pouvait conduire à des dérives importantes en matière d'enseignement : soit l'enseignant avait tendance à se transformer en « travailleur social », soit il s'inspirait du travail des thérapeutes, ce qui risquait de le dispenser d'un réel investissement pédagogique. En outre, un important facteur de limitation provenait des recommandations officielles qui étaient faites alors aux enseignants.

Des ambitions longtemps restreintes

Les orientations définies par le ministère de l'Éducation nationale entre 1964 et 1967 sont très révélatrices de l'universalité des convictions qui régnaient dans le champ de l'éducation spéciale et ce, jusqu'au détour des années 80.

Sur le plan des apprentissages fondamentaux en mathématiques et en français, l'idée centrale était d'être pragmatique, de viser l'utilité sociale en adaptant les contenus et les méthodes aux déficits de l'enfant. L'approche était marquée par des conceptions utilitaristes et déficitaires : il fallait faire face à tous les manques supposés des enfants (manques d'expression, d'imagination, de possibilités d'abstraction et de compréhension), l'élève demeurant pensé d'abord dans ses différences par rapport à l'élève normal, au travers de ses incompétences bien plus nettement qu'à la lumière de ses compétences.

Globalement, à mesure que l'on restreignait les possibilités *a priori* des enfants réputés débiles – fussent-ils débiles légers –, on restreignait l'ambition pédagogique des maîtres : les démarches préconisées allaient par exemple jusqu'à suggérer un simple apprentissage par imitation avec les plus démunis. Dans la plupart des cas, on prônait une pédagogie du concret, du détour, centrée sur les apprentissages sociaux grâce auxquels l'enfant apprend en agissant. Non pas que cela soit contestable en soi : nombre d'enfants ont pu accomplir de cette façon de réels progrès, acquérir des connaissances et plus tard s'insérer dans la vie professionnelle. Les limites que l'on se fixait alors n'en apparaissent pas moins arbitraires aujourd'hui, et surtout peu compatibles avec les exigences d'acculturation qui sont celles de la fin du XXe siècle.

Pour ce qui est des adolescents admis en section d'éducation spécialisée, on attendait beaucoup de la formation professionnelle, supposée apporter un remède à l'échec scolaire en favorisant les nouveaux investissements et les réussites qui avaient fait défaut jusqu'alors. Cette formation était organisée autour de l'enseignement d'un métier par un professeur d'atelier, mais la plupart du temps sans référence obligée à la technologie et à ses évolutions, et surtout sans ambition théorique forte. Seule l'initiative des personnels ou les incitations de certains partenaires pouvaient élever les exigences auxquelles les instructions officielles d'alors n'invitaient pas explicitement. L'ensemble de la formation relevait d'une **éducation spécialisée**, mettant en avant les ressources d'une intelligence pratique chez l'élève, supposée distincte d'une intelligence symbolique que huit à dix ans de scolarité élémentaire n'avaient pu développer.

Les contraintes du marché de l'emploi n'étaient d'ailleurs pas telles qu'on exigeât à cette époque beaucoup plus pour garantir une insertion économique, gage d'une insertion sociale.

Somme toute, l'accès des élèves handicapés ou en grande difficulté à toute l'étendue des savoirs dont ils pouvaient être capables n'apparaissait pas comme une impérative nécessité.

Il en va bien autrement aujourd'hui. Mais suffit-il d'adopter une attitude positive à l'égard d'élèves en échec scolaire, suffit-il d'être convaincu de la nécessité d'une élévation de leur niveau de performance pour que cela engendre une amélioration décisive de leurs capacités ?

Il est possible de provoquer des apprentissages tardifs

Il peut paraître très banal d'adopter un point de vue optimiste sur l'élève que l'on cherche à instruire. Cela semble même une idée régulatrice de l'action des enseignants, faute de quoi il serait vain de « faire la classe ». Cependant, la bonne volonté des uns et des autres trouve ses limites, tout comme s'estompe la confiance en l'avenir, si les stagnations – voire les régressions – sont trop massives. Ajoutons à cette usure les effets négatifs des jugements portés sur l'élève à l'aune des tests d'efficience scolaire et des tests d'intelligence et le pessimisme s'installe quant aux capacités que présente un enfant d'accéder aux stades supérieurs de cette dernière.

L'histoire de la pédagogie est pourtant pleine de praticiens et de théoriciens qui ont illustré la possibilité de provoquer, même tardivement, des apprentissages scolaires chez les plus en difficulté. Les travaux de Binet, ceux des mouvements pédagogiques du début du siècle, qu'ils soient centrés sur le groupe (comme les pédagogies institutionnelles ou celles inspirées par C. Freinet) ou sur la participation directe du sujet à ses apprentissages (l'ensemble des pédagogies actives), conduisent tous à aménager l'environnement dans lequel l'élève va se trouver en situation d'apprendre, et l'attention qu'il porte à cette activité.

De nouvelles conceptions de la construction des savoirs

On sait depuis longtemps que l'on peut engendrer des progrès plus ou moins importants chez les enfants en très grande difficulté, bloqués depuis longtemps, grâce à une forte implication des adultes qui les aident et les soutiennent de façon intense et répétée. On sait aussi que ce qui réussit avec l'un ne réussit pas avec d'autres, et que ce qui a permis d'étayer un élève à un moment donné peut se révéler tout aussi inefficace que le reste à un autre moment. Le problème présente donc plusieurs facettes : quelles sont les aides, quelles sont les méthodes appropriées à la diversité des profils des apprenants ? Comment faire en sorte que les acquis se maintiennent et se transfèrent quand cesse le soutien ? Comment analyser finement les processus mentaux des élèves, et repérer le mode de fonctionnement intellectuel qui caractérise chacun ? Comment construire des séquences d'enseignement, des activités pédagogiques, des situations stimulantes, capables de modifier non seulement les performances mais aussi l'intelligence même de chaque élève, fût-il lourdement handicapé ?

Ces questions sont, par nature, au cœur de la psychopédagogie : cette approche se donne pour objet l'augmentation de l'efficacité des enseignants, fondée sur la connaissance des relations entre les trois pôles du triangle pédagogique : l'élève, les connaissances et les enseignants, véritables médiateurs de ces relations. Il aura fallu toutefois attendre les quinze ou vingt dernières années pour que soient diffusés des travaux significatifs, expérimentées avec succès des méthodes diverses fondées sur des hypothèses précises, généralisés les apports des théoriciens et praticiens les plus représentatifs.

Les pédagogies élaborées pour favoriser l'apprentissage des jeunes les plus en difficulté ont beaucoup profité du courant développé dans les années 60, tendant à **définir avec précision chaque objectif visé par un enseignant à l'intention de ses élèves.** Toute cette réflexion a conduit à mieux objectiver les compétences que l'on entend installer chez les élèves. Elle a permis aussi de détourner d'une attention exclusive portée aux contenus d'enseignement, pour s'intéresser aux logiques d'apprentissage des élèves et aux nouveaux rôles des éducateurs en général, dans cette perspective.

Les approches actuelles sont dans leur majorité en continuité avec cette conception renouvelée de la pédagogie fondée sur l'analyse de ses objectifs et se sont centrées avec beaucoup de finesse sur les activités des maîtres qui permettent d'apporter à l'élève le type très particulier d'aides dont il a besoin. Les contributions contem-

Quelques apports de l'approche cognitiviste en pédagogie		
Caractéristiques	**Approche traditionnelle**	**Approche cognitiviste**
la situation d'apprentissage	orientée vers la performance de l'enseignant	orientée vers la performance de l'élève. L'accent est mis sur l'apprentissage
objectifs visés	rarement énoncés en termes de performances observables	clairement présentés à l'élève, traduits en termes de comportements à tenir
individualisation	l'individu principal, c'est l'enseignant	l'enseignement est fonction de chaque élève, il est individualisé
rôle du maître	il dispense les savoirs, développe des argumentations, met l'accent sur l'essentiel	il organise les situations d'apprentissage, diagnostique les difficultés, propose des méthodes
rythmes scolaires	les élèves s'adaptent au maître, qui régule en fonction des plus faibles	chaque élève peut apprendre à son propre rythme
activité de chacun	sollicitée, elle est épisodique	la participation de chacun est fondamentale, et la méthode active
évaluation	assez rare, souvent tardive, elle est dispensée surtout par le maître	régulière et fréquente, l'évaluation a lieu après chaque séquence. Chacun peut évaluer progrès et démarches
niveau de réussite	on s'attend à ce qu'une minorité échoue	on vise la maîtrise des connaissances par chacun, quitte à donner plus de temps à certains et à modifier les présentations
méthodes employées	en général, celles qui sont efficaces avec une majorité	on utilise plusieurs méthodes, pour s'adapter à tous les élèves

poraines sont focalisées bien plus décisivement qu'auparavant sur les **styles cognitifs**, sur la façon dont chacun apprend, fait fonctionner son attention, sa mémoire... Les situations construites vont donc chercher à **favoriser la prise de conscience, par l'apprenant, de ses propres processus intellectuels,** de ses propres attitudes face aux savoirs à élaborer. Cette attention sélective chez l'élève suppose que l'enseignant soit à même de conduire une action, individuelle ou collective, facilitant cette prise de conscience.

La théorie constructiviste

C'est d'abord aux travaux du Suisse Jean Piaget et de tous ceux qui s'en réclament (ils constituent, pour une grande part, ce que l'on a appelé l'école de Genève) que l'on doit l'idée clé selon laquelle **la pensée est de l'action intériorisée**, généralisée au point de n'en conserver que des opérations transférables dans un grand nombre de contextes.

Les recherches dans le domaine des théories de l'information et de la communication, l'analyse des processus affectifs et sociaux en jeu dans l'acte d'apprendre, conduisent à **penser l'apprentissage comme un processus complexe, qui intègre des dimensions non cognitives** liées à la motivation de l'apprenant, à ses désirs et ses appréhensions. C'est par l'interaction d'une multitude de facteurs que **l'intelligence évolue d'un stade à un autre, de façon parfois cahotante et non linéaire.**

Quoique les chercheurs actuels émettent beaucoup de **critiques à l'encontre d'une conception trop rigide des stades** dans l'évolution de l'intelligence, ils conservent dans leur ensemble l'essentiel des hypothèses qui fondent la théorie **constructiviste** de l'intelligence.

Selon cette conception, les apprentissages fondamentaux ne s'effec-tuent pas par le biais d'un simple conditionnement du sujet, mais bien grâce à une activité directe de ce dernier : la connaissance n'est pas réductible à une répétition passive, mais se fonde au contraire sur une **interaction** du sujet et d'une situation, ce qui a toujours lieu dans un milieu à la fois physique et humain (ne serait-ce que symboliquement).

Les concepts d'assimilation et d'accommodation

Pour les théoriciens de l'approche cognitiviste, on apprend grâce à deux processus de base : l'assimilation et l'accommodation.

L'assimilation consiste à rapporter toute situation, en particulier les situations nouvelles, aux savoir-faire et aux représentations dont on dispose déjà à un moment donné. Par l'assimilation, chacun rapporte ce qui est nouveau à ce qui est déjà connu et maîtrisé. Dans ce processus primordial, le sujet a tendance à minimiser les petites ou grandes différences que présente une situation nouvelle, afin de faire cadrer cette nouveauté avec ce qu'il connaît déjà. C'est ce mouvement de réduction des différences qui apparaît souvent suramplifié chez les enfants ou adolescents handicapés, qui résistent en quelque sorte aux nouveaux apprentissages.

L'accommodation va au contraire consister en la modification des représentations et des opérations déjà intégrées, afin de tenir compte de la variété qu'offrent certaines situations nouvelles au regard des schémas dont dispose un sujet pour les penser et en anticiper le fonctionnement.

Apprendre va donc nécessiter l'intervention des deux mécanismes apparemment contradictoires de l'assimilation et de l'accommodation. Ce qui suppose à la fois :
– que le sujet ait une capacité à se modifier ;
– que le milieu physique et humain soit suffisamment stimulant pour offrir des occasions de perturbation des opérations mentales ;
– que ce même milieu soit suffisamment stable pour offrir des occasions de reconstitution par le sujet de schémas intellectuels.

L'adaptation cognitive de tout individu passe par ce processus complexe dont on a ébauché ici les grandes lignes, ce qui suppose que l'enfant (tout comme l'adolescent et l'adulte) soit en mesure d'**être acteur** de sa propre construction. Ce mouvement est largement inconscient, mais il gagne beaucoup à être repéré et analysé par les sujets – ce en quoi consistent en partie les **remédiations** : elles fournissent à chacun des occasions pertinentes de construction, et des opportunités de réflexion sur ses propres façons de faire et de penser, ce qu'on appelle la **méta-cognition**.

Cette activité, à la base de toute construction, va peu à peu consister en une action sur des symboles, sur des représentations, et va permettre au sujet de construire des **opérations**, c'est-à-dire des actions intériorisées. Ce sont ces opérations, fondées sur les régularités pressenties et attendues par le sujet, sur les invariances constatées dans l'environnement physique et humain, qui vont constituer la structure cognitive du sujet. Chez les enfants en difficulté ou handicapés, c'est tout ce processus qui est rendu difficile, auquel les maîtres ont à s'intéresser en priorité.

Le système sujet apprenant-tâche-médiateur

Si toute pédagogie se veut adaptée aux caractéristiques des élèves auxquels elle est destinée, cette exigence se décline d'une façon tout à fait particulière avec des jeunes en échec scolaire massif : elle suppose une attention particulière à chacune des tâches qui leur sont proposées, aux apports précis que doit dispenser l'enseignant et au fonctionnement mental de chaque sujet.

On croit souvent – à tort – que les progrès pédagogiques sont dus essentiellement ou premièrement à l'essor des technologies modernes dont peuvent se servir les enseignants. Si cela est vrai dans le cas très particulier des techniques palliatives utilisées auprès des enfants souffrant d'un handicap sensoriel (l'informatique a permis, dans le domaine de la communication des infirmes moteurs cérébraux (I.M.C.) notamment, des avancées considérables), il s'avère que les nouvelles méthodes ou les nouvelles techniques à la disposition des éducateurs ne sont pas un facteur décisif à elles seules du développement des connaissances d'enfants présentant un handicap mental ou des troubles majeurs d'adaptation aux tâches scolaires. Tout un courant contemporain fort dynamique renforce considérablement l'**action de l'enseignant** (et plus généralement, des adultes) dans l'accès de l'enfant à certains processus cognitifs fondamentaux. Les supports modernes, s'ils ne sont certes pas négligeables, ont à s'intégrer dans une démarche pédagogique globale, la plupart du temps mise en œuvre par une équipe.

Quels que soient les supports envisagés (audiovisuel, informatique, jeu théâtral, projet d'action éducative fondé sur la production d'un groupe, mise en œuvre d'ateliers de raisonnement logique, etc.), ils semblent n'être pleinement efficaces qu'à la condition de reposer sur une conception renouvelée des possibilités des sujets et des conditions de leur évolution, et s'ils s'intègrent dans une démarche cohérente qui donne sens à l'ensemble des activités scolaires.

Sur le plan de la tâche par exemple, l'enseignant est appelé à mieux définir l'articulation des séquences de cours, des exercices d'application, des situations de résolution de problèmes ou de recherche. Si par exemple la progression dans la difficulté d'une situation scolaire à l'autre n'est pas convenablement aménagée, il y a risque multiplié d'échecs.

L'enseignant doit donc examiner ses objectifs, leur adaptation à ses élèves, le mode de présentation didactique choisi et ses propres modes d'intervention.

Chaque situation étudiée en classe doit alors être bien réfléchie sur chacune de ses dimensions : le support ou le matériel utilisés, le processus d'abstraction et de généralisation, les opérations et fonctions cognitives à l'œuvre, la complexité de l'ensemble, les transferts de connaissances visés, etc.

Ce qui compte avant tout, ce n'est en fait ni l'analyse de la tâche, ni la connaissance des élèves, mais bien l'ensemble des relations qui sont établies entre trois pôles de ce qui constitue pour les spécialistes le **triangle pédagogique**, à savoir les élèves, les objets d'apprentissage et l'enseignant-médiateur.

Une idée « neuve » : la zone proximale de développement

Il ne s'agit pas simplement de s'intéresser à deux pôles du triangle pédagogique (par exemple, examiner les relations entre les élèves et les contenus de connaissances), mais bien d'apprécier comment l'enseignant peut influer sur l'ensemble de ces relations. Une illustration de cette optique peut nous être fournie par une notion clé dans les nouvelles approches pédagogiques à destination des enfants en difficulté : celle de **zone proximale de développement**.

Cette notion est due à Vygotski, que l'on considère comme le « père » du courant de la médiation en pédagogie. L'idée est très simple et fut développée il y a plus de soixante ans (comme beaucoup de grandes idées dans le domaine). Elle consiste à dire que nous disposons, en tant qu'êtres humains, de deux systèmes de compétences.

Le premier système de compétences renvoie à **tout ce que nous sommes capables de faire tout seuls**. Le second système, à **tout ce que nous sommes capables de faire avec l'aide d'autrui,** ou en collaboration avec autrui. Contrairement à des habitudes bien installées, on ne doit pas considérer seulement ce qu'un sujet est capable déjà de faire seul, mais encore ce qu'il est capable de faire lorsqu'il est aidé, que cette aide provienne de ses pairs (les autres élèves) ou de l'adulte. Vygotski propose d'appeler « zone proximale de développement » cette prochaine étape du développement actuel des compétences, que le sujet peut atteindre pour peu qu'une interaction sociale convenable soit mise en place dans cette perspective.

C'est au niveau de ces zones proximales de développement, propres à chaque individu à un moment donné, que doit se situer de façon privilégiée l'attention de l'enseignant. Son rôle est alors renouvelé : **l'enseignant médiateur doit faciliter l'intériorisation des procédures expérimentées puis acquises dans le cadre des interactions sociales**, afin que l'élève puisse les mettre en œuvre par la suite de façon autonome.

On est donc conduit, une fois encore, à un renouvellement de la façon d'évaluer les possibilités d'un individu, même le plus en difficulté : toute évaluation du fonctionnement cognitif doit se fonder sur ce qu'il est possible de demander à un sujet (si on lui procure une aide particulière pour obtenir une réussite), et non simplement sur le maximum qu'il est capable d'atteindre de façon totalement autonome.

Sur le plan strictement pédagogique, une des conséquences de cette approche est que l'enseignant doit alterner des séquences de travail en groupe, situé autour de la Z.P.D. des élèves, et des séquences de travail plus individualisé, visant à la consolidation personnelle des acquis réalisés en groupe.

On retrouve là en fait une démarche pratiquée de longue date dans le cadre de l'éducation spécialisée, mais fondée sur de nouvelles bases théoriques, et surtout susceptible de ne pas cautionner un manque d'ambition des objectifs pédagogiques.

Médiations, remédiations : pourquoi ces nouvelles terminologies ?

Au sens le plus large, la **remédiation** est un ensemble d'activités conduites par des adultes afin d'apporter des remèdes, d'atténuer et de traiter des troubles. Si l'idée n'est pas nouvelle, le terme lui-même est d'usage récent dans la langue des pédagogues. Quoique l'image du remède renvoie par nature au monde médical, les pratiques de remédiation dont il est question lorsqu'on parle de l'action entreprise au bénéfice d'un élève en échec sont essentiellement situées au plan cognitif (même si l'on ne peut *a priori* exclure qu'il y ait des effets thérapeutiques dans l'acte d'appendre).

En commun avec cet arrière plan-médical, la notion de remédiation porte l'idée qu'il ne suffit pas de s'attacher aux effets manifestes, aux symptômes que sont les erreurs, les déficits de performance, les incapacités dont semble témoigner le comportement de certains en classe : il faut remonter à leur source et plus précisément aux structures mentales en jeu dans l'évolution des connaissances. Les difficultés sont alors des syndromes qu'il convient d'interpréter et d'analyser, afin bien entendu de définir des modes de traitement pédagogique adaptés.

Les diverses approches fondées sur l'idée de remédiation se rejoignent dans une conception plurielle des processus mentaux : c'est ainsi que l'on pose que les troubles de l'apprentissage peuvent être d'ordre instrumental ou fonctionnel, d'ordre structurel et opératoire, d'ordre psycho-affectif et relationnel...

La relative imprécision du terme fait qu'existent, sous l'appellation de « remédiation cognitive », un grand nombre d'outils, de démarches et de recherches pédagogiques qui relèvent de théories différentes.

Les plus connues dans les classes de l'éducation spéciale sont le programme d'enrichissement instrumental du professeur Feurstein (P.E.I.) et les ateliers de raisonnement logique développés par des services de formation continue de la région de Nancy (A.R.L.).

La **médiation**, quant à elle, est une notion beaucoup plus large, qui se rapporte à l'ensemble des relations en jeu dans le développement d'un individu depuis son plus jeune âge. Chez l'homme – mais en est-il autrement chez les animaux évolués ? – l'expérience directe du monde n'est qu'une condition nécessaire pour que le sujet capitalise ses propres actions et en tire des bénéfices cognitifs. L'activité réelle sur le monde qui entoure le jeune enfant, tout comme son activité symbolique, sont d'autant plus structurantes et efficaces qu'elles reposent sur des significations sociales. Or, seuls les adultes peuvent aider l'enfant à tirer profit de ces interactions symboliques. Certes, les situations de groupe où l'enfant agit avec ses pairs sont également enrichissantes, mais difficiles à gérer, peu économiques et peu aisées à planifier. Là encore, il est peu envisageable de faire l'économie de l'intervention de l'adulte dans une perspective éducative.

Le langage, l'échange, la valorisation sociale des explorations sont décisifs pour l'évolution mentale, affective et cognitive, du jeune enfant tout comme de l'adolescent. On est par exemple persuadé aujourd'hui que « le bébé est une personne » et que le réseau des communications et des échanges dans lequel il est impliqué dès le début de son existence influent sur la construction de son intelligence. À tel point que tout un pan de la formation de certains maîtres spécialisés passe par une étude théorique de la place des interactions précoces dans le développement de la personne.

Dans cette perspective, la remédiation consiste à fournir de nouvelles connexions, de nouveaux liens, **une nouvelle médiation** à des sujets qui ont peut être été carencés sur ce plan au cours de leur histoire personnelle, qui ont subi **une déprivation** des liens culturels et sociaux requis pour la réussite de leur adaptation dans une société fortement normée. Le sens de la remédiation conduite par le pédagogue consiste alors à construire des situations significatives permettant aux enfants d'oser connaître, d'aller plus loin dans leurs connaissances, de trouver quelque plaisir dans l'acte d'apprendre, de se revaloriser par la réussite à des tâches complexes.

On sait maintenant, ou pour le moins c'est là une supposition fortement ancrée, qu'en l'absence d'actions précises de remédiation, sans l'appui de méthodologies fondées sur l'étude du fonctionnement cognitif, sans une modification consistante des projets pédagogiques qui tiennent compte de l'impact des médiations, les élèves fréquentant les classes d'enseignement adapté ou spécialisé ne peuvent guère escompter effectuer des progrès durables au plan cognitif. On sait aussi que la fixation de leur développement intellectuel à un stade antérieur aux opérations formelles peut se révéler temporaire, si un travail conséquent est réalisé avec la majeure partie d'entre eux. Bien entendu, cet optimisme pédagogique trouve ses limites, et les pratiques de remédiation ne sauraient constituer la panacée susceptible de combler tout déficit. Il demeure toutefois qu'elles ont constitué la base d'une véritable révolution dans le champ de l'Adaptation scolaire, en jetant le discrédit sur les approches fatalistes, fondées sur la seule recherche de la motivation des élèves, sur la compensation artificielle des troubles, ou le primat donné à des apprentissages faciles et utilitaires.

Dans tous les cas, les pédagogues sont attentifs à **la modification des rapports que les sujets entretiennent avec les tâches scolaires.**

Lorsque par exemple un enfant a tendance à abandonner rapidement une activité qu'il juge trop compliquée ou peu intéressante, à se contenter d'une réponse approximative ou minimale, le médiateur va cadrer plus fortement la situation, va aider le sujet à tirer les informations pertinentes de la situation et à les mettre en relations. Il va, en un mot (souvent repris par les spécialistes), **étayer** le sujet, en l'aidant à prendre conscience de ses propres compétences. Grâce à ce travail d'étayage, on donne à l'élève en difficulté la possibilité d'exercer sa capacité à identifier ses erreurs, à repérer ses stratégies, à privilégier les bonnes et à éviter les mauvaises même si elles sont d'emblée les plus habituelles.

Dans ce contexte, **l'enseignant-médiateur aide l'élève à se construire des modes d'auto-évaluation de ses démarches**, à être attentif à la régulation de ses actions mentales. Cette attention portée aux « effets en retour » va permettre de s'engager dans un cheminement grâce auquel les actions se transformeront et se structureront, à partir de contextes délibérément complexes dès le départ.

Chapitre huit

ENSEIGNER À DES JEUNES MALADES MENTAUX

L'enseignement en structure spécialisée : une nécessaire coopération.

Enseigner dans un institut de réadaptation pour enfants ou adolescents présentant des troubles de la conduite, exercer en hôpital psychiatrique, ou plus banalement intégrer dans une classe spécialisée un enfant suivant par ailleurs une thérapie en raison d'une pathologie mentale... c'est la plupart du temps vivre une expérience enrichissante mais éprouvante, qui requiert de la part d'un pédagogue des qualités et une volonté importantes et un ajustement parfois radical de ses démarches, dans le sens d'une plus grande différenciation des actions conduites et d'une réelle concertation avec plusieurs autres partenaires dans le cadre d'un projet cohérent.

Il existe un nombre non négligeable d'enfants dont les besoins particuliers nécessitent une adaptation parfois considérable de l'enseignant : il doit mettre en place une pédagogie partiellement ou intégralement différenciée pour exercer sa mission, qui va singulièrement se transformer selon la nature et de degré des difficultés des enfants, adolescents ou jeunes adultes auxquels il s'adresse.

Il doit également s'habituer à travailler dans le cadre d'équipes dans lesquelles on peut se préoccuper d'abord de la santé physique et mentale d'enfants malades ou gravement handicapés, ou mettre en avant l'accès à des autonomies acquises de longue date par des jeunes du même âge que ceux auxquels il se consacre.

Quelle pédagogie avec des enfants en structure psychiatrique ?

Lorsqu'il a pour élèves des enfants ou adolescents souffrant de maladies mentales, tels les enfants psychotiques, l'enseignant est vite confronté à la perte de ses certitudes ou pour le moins de ses repères, à la fois professionnels et personnels : le retentissement sur la personne est d'autant plus grand que les habitudes du métier sont régulièrement perturbées par la résistance qu'offrent certains enfants à l'idée même d'apprendre.

Le pédagogue dans un tel contexte va donc devoir inventer une façon souvent neuve d'enseigner : il doit faire preuve d'une créativité réelle, pour aider chaque enfant d'abord à exprimer et affronter ses angoisses face aux savoirs et à conquérir le plaisir d'apprendre et de comprendre. Car c'est bien d'une conquête qu'il s'agit le plus souvent, d'une lutte personnelle que mène l'enfant aidé de son entourage, contre des sentiments, des affects qui remontent souvent très loin dans son histoire personnelle. Dans ce domaine, les victoires sont fragiles et les résistances puissantes.

Des réalités bien différentes

Implantée dans le cadre d'un hôpital psychiatrique ou dans une structure à vocation psychothérapeutique, tel un institut de rééducation, la classe ou plutôt la scolarisation vont recouvrir des réalités qui peuvent être très différentes.

Dans certains cas, tout est entrepris pour que le fonctionnement de la classe reproduise le plus fidèlement possible celui qu'on pourrait retrouver dans une école banale : les horaires, les effectifs, les matières étudiées font l'objet certes d'aménagements, mais la comparaison avec l'école reste possible.

Dans d'autres cas, la pédagogie renvoie à des séances de suivi individuel pendant lesquelles l'enseignant est seul avec l'élève et sur des durées très courtes. Les repères du groupe-classe s'estompent et l'on est beaucoup plus proche d'une rééducation en psychopédagogie que d'une séquence de classe ordinaire.

Chaque fois que cela est possible, les enseignants s'efforcent de conserver aux actions qu'ils entreprennent une filiation forte avec les activités habituelles d'une classe, ce qui conduit généralement à alterner des séquences en petits groupes d'enfants et des temps de prise en charge individuelle, laquelle permet une reprise ou un approfondissement appropriés aux possibilités de l'élève à un moment donné de son évolution. Le rôle de ces enseignants est pourtant bien différent de celui qu'ils assureraient en école ordinaire.

Des élèves aux comportements déroutants

Les enfants psychotiques auxquels on s'adresse ici se prêtent, moins que les autres encore, à une généralisation de leurs difficultés et de leurs problèmes : chaque sujet présente une complexité qui lui est propre et développe des formes de comportement, des types d'interactions aux adultes et aux autres enfants, des rythmes et des évolutions à chaque fois spécifiques ; il n'existe pas un seul tableau des difficultés rencontrées.

On peut toutefois relever des problématiques personnelles plus fréquentes que d'autres, induisant des difficultés pédagogiques repérables.

L'**anxiété face au changement** en général et l'angoisse que provoque la relation à autrui sont prédominantes chez la plupart des sujets. L'inquiétude des enfants et des adolescents psychotiques est grande, autant celle d'échouer d'ailleurs que celle de réussir, aussi bien dans les apprentissages cognitifs que dans les apprentissages sociaux. Ce fonctionnement mental entraîne systématiquement de grandes inhibitions intellectuelles.

Ce n'est toutefois pas en raison d'une déficience intellectuelle que ces enfants sont accueillis dans des structures parfois fortement médicalisées, mais bien en fonction des troubles mentaux affectant l'ensemble de leur psychisme.

En bref, il s'agit d'enfants dont l'intelligence peut être qualifiée de normale, mais dont le développement connaît des blocages, voire des régressions en raison principalement de problèmes affectifs et relationnels majeurs, souvent reliés à des difficultés sociales et familiales importantes.

La difficulté première que rencontre l'enseignant tient ici à ce que la rencontre avec autrui, la communication sont limitées, tout comme semble dangereux l'usage de sa propre pensée : les défenses de l'enfant sont très déroutantes, qui vont le conduire à toute une palette d'attitudes, entre le repli sur soi et l'agressivité envers autrui, en passant par toute la gamme des épreuves désarmantes pour l'adulte que sont les auto- ou hétéromutilations et les crises de violence.

Quoique heureusement rares, et susceptibles d'être contenues par des aménagements appropriés, ces attitudes ont toujours un retentissement sur l'entourage de l'enfant psychotique, enseignants compris.

Quelles sont les conditions des acquisitions scolaires d'enfants psychotiques ?

S'il apparaît de prime abord comme un défi pédagogique, l'expérience montre que l'enseignement auprès d'enfants malades mentaux est possible et donne des résultats qui peuvent être considérables.

Enseigner à des élèves affectés de troubles graves de la personnalité est d'autant plus délicat qu'aucune méthode pédagogique ne se révèle immédiatement et systématiquement efficace : ce qui est opératoire avec l'un ne l'est pas avec l'autre, et ce qui a pu apparaître, à un moment donné, une démarche efficace avec un enfant peut devenir, quelque temps après, nouvelle source de blocage.

De surcroît, et c'est un peu la même chose pour bien des sujets en difficulté, il faut, avant toute tentative d'instruction proprement dite, mettre en place un ensemble de médiations qui constitueront les préalables nécessaires à des connaissances susceptibles de ne pas être d'emblée perçues comme dangereuses.

Les enfants et adolescents rassemblés sous le qualificatif de psychotiques peuvent renvoyer à des pathologies différentes dans leur expression, leurs effets et leur possible traitement : cela peut aller d'une organisation de type autistique, en passant par toute une série de troubles plus ou moins importants de l'humeur et de la personnalité, jusqu'à une structure relevant de la schizophrénie chez les adolescents et les jeunes adultes.

Les répercussions de chaque pathologie sont souvent diffé-rentes : des enfants psychotiques peuvent fort bien maîtriser les mécanismes de la lecture – et se révéler des lecteurs insatiables – mais pratiquer une lecture mécanique, dépourvue de signification, interdisant l'accès au sens d'un texte. D'autres peuvent apparaître hostiles à tout apprentissage des combinatoires symboliques sur les-quelles reposent la numération ou l'écriture, mais être particulière-ment aptes à mémoriser des textes écrits ou des faits historiques.

Les uns et les autres requièrent, avant toute chose, que soit établi un contact avec l'adulte. Mais le sens de ce contact peut être très différent : certains enfants ne sont sécurisés que par une proximité fusionnelle avec l'enseignant, qui se traduira par la recherche permanente d'un contact physique ; d'autres au contraire ne supportent que la distance et le retrait, ne supportant pas même un simple contact visuel.

Les apprentissages cognitifs proprement dits ne peuvent donc s'opérer, dans le cas précis de ces enfants, que par la prise en compte de l'ensemble des dimensions affectives et relationnelles d'un pro-cessus où rien n'est au départ isolable.

Construire un cadre rassurant

L'ensemble de la démarche adoptée par les maîtres intervenant en institution peut se rapporter à trois phases principales : instaurer un cadre spécifique, structurer le groupe-classe et prendre appui sur la dynamique de chaque enfant.

La première démarche est pour l'enseignant spécialisé de construire un cadre rassurant, en tenant compte des réactions des enfants, de leurs centres d'intérêt tels qu'ils se manifestent dans l'instant ou durablement.

Face à l'angoisse de morcellement (la peur irraisonnée de « par-tir en miettes », de se décomposer, de perdre son intégrité physique et son identité si l'on change quoi que ce soit dans les habitudes ras-surantes que l'enfant a construites pour se protéger), au trauma-tisme que provoque la situation scolaire (car elle impose ses normes, ses réalités, son objectivité), il faut offrir un lieu sinon de refuge, du moins de protection.

Paradoxalement, la classe, tout comme l'hôpital, sont des endroits où l'on doit se plier à des contraintes : il n'est pas question pour l'enfant d'y imposer sans remontrance sa seule fantaisie. Il ne peut circuler à sa guise, détruire, déranger à son gré, car des règles minimales sont de mise.

L'ordre scolaire est à la fois une source d'inquiétudes et fournit l'occasion de réassurances. Par la maîtrise qu'il procure des événements progressivement prévisibles grâce à un effort intellectuel, le maître (et tout ce qu'il représente) rassure ; par les perturbations qu'il induit, en introduisant des activités, des supports, des questionnements nouveaux, il inquiète.

C'est cette première contradiction à laquelle il faut d'abord familiariser l'enfant, pour que plus tard il accepte à la fois de questionner et d'entendre les réponses à son questionnement.

Structurer la classe en groupe

La seconde démarche – qu'on ne distingue ici que logiquement de la précédente – consiste à structurer le groupe-classe, de manière que chacun accepte l'autre, puis coopère avec lui. Ce n'est pas l'une des moindres difficultés, car les enfants psychotiques se contrôlent mal, refusent parfois avec véhémence leur alter ego. Les crises, les débordements, les passages à l'acte sont fréquents.

Le travail va consister alors à faire en sorte que les règles d'une vie collective propice aux apprentissages scolaires soient progressivement acquises. En général, elles n'ont pu l'être au cours de la scolarité antérieure, ce qui a souvent conduit à un signalement de l'élève auprès des commissions de l'éducation spéciale. Petit à petit, grâce aux activités permettant un partage auquel tous peuvent accéder, grâce à des temps forts fondés sur le plaisir et l'intérêt de chacun, le groupe va s'organiser dans un temps et dans une histoire peuplée d'événements marquants, d'épisodes collectifs permettant de le cimenter.

La tâche de l'adulte est ici malaisée mais essentielle : quoiqu'il soit l'animateur d'un groupe d'enfants marqué d'abord par l'incohérence, il doit aider chacun d'entre eux à faire sa place, à s'emparer d'une liberté d'expression dans le cadre d'une structure d'échange et de communication. L'évolution des enfants n'est pas linéaire, mais elle est d'autant plus nette que le cadre des activités scolaires aura été défini, négocié et intériorisé.

S'appuyer sur la dynamique propre à chaque enfant

La troisième démarche est plus ordinaire : elle consiste en l'appréciation des possibilités, des réussites et des échecs scolaires de chacun, en cherchant à chaque fois à tenir compte des significations que peuvent revêtir les difficultés rencontrées, dans la dynamique propre à chaque sujet.

Le travail de l'enseignant revêt donc, dans ce cadre global, une dimension thérapeutique, même si son rôle n'est aucunement de guérir une pathologie mentale. C'est l'ensemble de la prise en charge, dont la scolarité est un aspect important, qui permettra l'évolution de l'enfant. Cela est possible à condition que le maître en particulier installe et favorise un processus qui permettra à l'enfant de tirer profit des relations avec son environnement physique et humain, d'objectiver progressivement sa pensée, de se différencier de la réalité extérieure, de se libérer des angoisses et des conduites inadaptées qu'il tient pour les exprimer.

Le pédagogue cherchera principalement à promouvoir l'accès au plaisir d'apprendre et donc, nécessairement, contribuera à bouleverser les acquis ou les schémas intellectuels insuffisants, sans que cela s'accompagne d'une réactualisation systématique des peurs. De même, il aidera l'enfant à accepter la frustration – celle que provoquent la rencontre avec la logique, les règles, les faits (en français, en mathématiques et dans toutes les disciplines scolaires), ainsi que la rencontre avec la pensée d'autrui. Il l'aidera à la fois à accepter le désir d'évoluer et à différer l'actualisation de ses désirs. Enfin, l'enseignant va permettre à l'enfant d'anticiper, de se représenter, d'imaginer et de contrôler des effets, sans que cette projection intellectuelle s'accompagne nécessairement d'une angoisse paralysante.

La place des réunions de synthèse

Des réunions de synthèse régulières, mettant en présence l'ensemble des professionnels ayant à suivre l'enfant, permettent d'établir des liens et des hypothèses qui donneront sens à l'action de chacun.

Lors de ces réunions sont données des précisions sur les avancées ou les régressions de chaque jeune, dans le respect de la déontologie propre à chaque discipline. Les informations et remarques fournies par les parents sont également rapportées, de même que sont évoquées les difficultés rencontrées ou observées par chacun.

Progressivement, des comportements ou des réactions incompréhensibles vont être ordonnés, vont trouver leur signification, à la fois pour l'enfant et pour l'ensemble des adultes qui le suivent. Toute une élaboration va s'effectuer pour aider à la symbolisation des conduites, à leur inscription dans une visée de communication. Dès lors qu'il perçoit qu'il peut échanger, qu'il lui est possible de s'exprimer autrement que par des conduites inadaptées socialement (le repli, l'agression, le débordement...), un enfant bénéficiant d'une prise en charge dans des structures spécialisées en raison de troubles massifs de la conduite et du comportement va pouvoir investir les apprentissages et réaliser des progrès sensibles.

Les modes de scolarisation d'un enfant souffrant d'une pathologie mentale

Dépasser la peur qu'inspire la folie

La folie chez l'enfant tout comme chez l'adulte fait peur et laisse toujours désemparés ceux qui y sont confrontés sans préparation. Si, fort heureusement, nous savons aujourd'hui distinguer et traiter les organisations pathologiques du psychisme humain et nous défaire de l'emploi des mots du quotidien tellement impropres à cerner la variété et l'adaptabilité des sujets, nous ne sommes guère avertis généralement des possibilités et des limites d'une scolarisation d'enfants dont les troubles majeurs de la personnalité rendent parfois inconcevable l'intégration dans les groupes sociaux ordinaires.

Qu'un enfant, qu'un adolescent ou un jeune adulte puisse, en outre d'une thérapie, bénéficier d'une scolarité dans un milieu ordinaire, alors qu'il s'est trouvé par le passé plus ou moins rapidement exclu de fait des écoles auxquelles on l'aura successivement inscrit, n'est pas une chose évidente. Cela n'est directement admissible ni pour les thérapeutes, ni pour les parents, ni pour les maîtres de l'école ordinaire, ni pour l'enfant lui-même. Dans ces conditions, on comprend que chaque tentative de scolarisation d'un enfant suivi en psychiatrie puisse être vécue par les uns et par les autres comme un véritable défi, qu'on ne peut guère relever seul.

Pourtant, depuis près de vingt ans, de nombreuses expériences nouvelles ont vu le jour et ont été tentées, pour faciliter les apports que peuvent offrir un cadre scolaire et un cadre pédagogique, lorsqu'ils s'articulent à un cadre thérapeutique.

Tous les professionnels de la santé mentale de l'enfant et de l'adolescent s'accordent pour reconnaître les bienfaits d'une scolarité et d'une pédagogie adaptées aux sujets psychotiques – dès l'instant bien entendu que ces aménagements ont été étudiés dans le cadre d'un projet qui tienne compte des impératifs auxquels oblige l'état de chacun d'eux et des particularités du contexte familial, social, institutionnel.

Les enfants malades mentaux vont être accueillis, selon les caractéristiques qui leur sont propres, dans des structures plus ou moins médicalisées : du C.M.P.P. au centre d'accueil thérapeutique temporaire ou l'hôpital de jour, jusqu'aux services spécialisés de l'intersecteur de psychiatrie infanto-juvénile et à l'hôpital psychiatrique proprement dit.

Deux formes principales de scolarisation

Lorsqu'une scolarité se révèle possible, elle connaît deux formes principales :
– soit on procède à l'accueil pendant des temps plus ou moins longs mais réguliers dans un cadre scolaire (classe d'intégration scolaire, classe de perfectionnement, établissement spécialisé relevant de l'éducation nationale) à l'extérieur de la structure de soins. La plupart du temps, il s'agit d'une intégration scolaire au sens où elle est définie dans les circulaires ;
– soit on met en place une scolarisation adaptée à l'intérieur même de l'institution soignante. La plupart du temps, ce sont des instituteurs titulaires d'un certificat d'aptitude spécifique (le C.A.E.I. option « déficients psychiques profonds » ou « troubles de la conduite » ou le C.A.A.P.S.A.I.S. de l'option D) qui sont titulaires de ces classes en milieu médical.

Très souvent, la scolarisation d'un enfant psychotique est d'abord conduite au sein de l'institution de soins, avant de tenter la mise en œuvre d'une intégration en milieu scolaire normal. Il serait en effet illusoire sinon pernicieux de croire que la seule présence d'un enfant gravement perturbé parmi des enfants sans problèmes lui permet d'emblée de se construire des repères relationnels convenables et de dépasser ses propres difficultés.

Si la fréquentation d'enfants plus équilibrés, dans un cadre choisi et avec un accompagnement approprié, peut aider l'enfant psychotique, l'apport de cet environnement non pathogène requiert en réalité des dispositions précises, des aménagements et une étroite collaboration avec les divers intervenants.

Toute la batterie des textes assurant la promotion de l'intégration (circulaires du 29 janvier 1982 et du 29 janvier 1983, loi d'orientation du 10 juillet 1989, circulaire du 18 novembre 1991 portant sur la création des C.L.I.S.) ne peut avoir d'effet positif qu'à la condition que l'action pédagogique fasse l'objet d'un projet à plusieurs voix (thérapeutique, éducatif, pédagogique...) pour chaque jeune.

L'accompagnement des familles

Il faut relever que la mise en place de la scolarité, fût-ce au sein d'une institution, a tendance à provoquer chez les parents des réactions diverses qu'il convient d'anticiper et d'analyser avec eux.

En effet, si par exemple leur enfant a été scolarisé avant son admission dans une structure telle que l'hôpital de jour, cette nouvelle tentative peut réactiver des expériences traumatisantes – celles le plus souvent liées à l'échec et à l'exclusion.

D'autres parents peuvent tout aussi bien centrer leur intérêt de façon exclusive sur la scolarité et fonder tous leurs espoirs sur cette dernière. Auquel cas, c'est toute une partie de la prise en charge thérapeutique qui peut être désinvestie ou mise en question. Les répercussions peuvent être importantes et aller jusqu'à rejeter les prescriptions et les thérapies, ce qui peut conduire à des difficultés majeures.

Les parents doivent donc être associés aux modifications des actions entreprises au bénéfice de leur enfant – ce qui est parfois d'une complexité invraisemblable au regard des caractéristiques pathogènes de certaines familles. Les motivations, les attentes, les risques d'échec ou les difficultés doivent faire l'objet d'échanges et d'explications, chaque fois que cela s'avère possible. La communication de l'équipe spécialisée dans ce contexte est donc centrale, car l'ensemble du suivi des enfants suppose une réelle coopération, souvent difficile à établir.

Les possibilités de l'intégration scolaire

Une intégration se prépare avec une multiplicité de partenaires

La scolarisation d'un enfant ou d'un adolescent psychotique hors de l'unité dans laquelle il reçoit les soins dont il a besoin suppose, pour aboutir, un travail important de la part de chacun des protagonistes.

Comme toute forme d'intégration, elle doit être **préparée soigneusement avec l'enseignant** ou l'équipe d'enseignants accueillant l'enfant. La plupart du temps, le projet d'intégration fera l'objet d'un contrat écrit (parfois, dans les premiers moments, le contrat est seulement moral et verbal, mais il est toujours explicite) et repose sur l'engagement – au minimum le volontariat.

Les enseignants en particulier doivent être suffisamment soutenus par leur hiérarchie, par les équipes soignantes et, autant que faire se peut, par les parents. Le plus important peut-être est que l'enseignant sache qu'il pourra rencontrer les différents intervenants selon ses besoins (et réciproquement). Cela signifie une certaine disponibilité de part et d'autre, ainsi que des modalités plus ou moins précises définissant les conditions ordinaires ou particulières de rencontre.

Ce dispositif permet normalement les ajustements et l'information de la part de chacune de personnes impliquées dans le projet d'intégration. Ces mesures permettent également de lutter contre l'usure, le découragement ou l'inquiétude qui ne manquent pas de s'installer de temps à autre avec des enfants difficiles.

L'intégration d'un jeune psychotique doit également être préparée **avec les enfants** de la classe d'accueil (voire de l'établissement), qui peuvent être étonnés, irrités ou inquiets face à certaines attitudes. La façon dont un enfant intégré est perçu et reçu par les autres enfants est – on le sait de longue date – un facteur important sinon décisif de réussite ou d'échec de l'intégration.

L'intégration doit être bien entendu **préparée avec l'enfant**, de façon qu'elle se greffe sinon sur une attente immédiate et spontanée, du moins sur des réactions positives aux diverses étapes du processus. Ce qui semble particulièrement important également, c'est que le jeune bénéficiant d'une prise en charge pluridisciplinaire sente la complémentarité des actions dont il est le centre et ne se perçoive pas comme simple objet de demandes ou d'investissements conflictuels et contradictoires.

L'intégration doit également être **travaillée avec les parents** dès avant sa mise en œuvre et au tout au long de celle-ci. Les enjeux sont nombreux, notamment sur le plan psychologique : la comparaison avec les autres enfants à l'occasion d'une intégration en milieu ordinaire ou, le plus souvent, en classe spéciale, peut réactiver des sentiments très profonds d'angoisse, des mouvements dépressifs, voire des comportements réactionnels pouvant se structurer autour de conflits avec les enseignants, d'autres enfants ou les parents de ces derniers.

De même, il arrive que l'intégration favorise l'apparition, la réactivation ou l'essor de processus défensifs, tels la minoration ou le déni des troubles mentaux de l'enfant, conduisant à la critique ou à l'abandon par exemple de la dimension thérapeutique du projet.

Une nécessité pour l'enseignant spécialisé : communiquer et se ressourcer

Face à ces multiples tâches, le travail de l'enseignant peut prendre une dimension relationnelle fort importante. Si les relations avec les parents d'élèves sont le lot quotidien des enseignants en général, la nature et l'objet de ces relations dans le cas de l'intégration d'enfant souffrant de troubles mentaux (mais on pourrait en fait étendre ce

constat à la plupart des situations d'enfants handicapés au sens nouveau que revêt cette appellation) sont tout à fait autres, et obligent à
une implication et une concertation plus amples.

Les intégrations d'enfants présentant des troubles autistiques

Depuis quelques années, le sort des enfants et des adultes dits autistes fait régulièrement l'objet d'informations auprès du grand public. Si un film comme *Rain Man* a beaucoup contribué à média-tiser les problèmes des personnes autistes, il a aussi permis de populariser une représentation assez fausse de ce que recouvre le syndrome : un autiste sur mille seulement peut être considéré comme possédant des capacités « hors du commun », toujours dans des domaines de compétence très par-ticuliers et limités. On estime en outre que les trois quarts des autistes ont un retard mental. Un récent texte de loi tend à les reconnaître comme handicapés, au sens de la loi d'orientation de 1975.

Alors que l'on constate une relative carence, en France, de structures appropriées, intégrer les enfants reconnus comme autistes dans les structures ordinaires – écoles, collèges, etc. – semblait, il y a quelques années encore, un pari irréalisable. Après plusieurs années d'expérience, conduites dès le départ grâce à la volonté farouche de parents réunis en associations et à l'audience d'ensei-gnants et responsables du système scolaire, un premier bilan peut être dressé : si la guérison n'est pas au bout du chemin, du moins peut-on poser que l'intégration en milieu scolaire permet une adaptation suffisante pour laisser espérer une insertion sociale de meilleure qualité à l'âge adulte.

Une telle intégration scolaire demande toutefois des aménagements importants, en termes de dis-ponibilité des personnels, de rénovation des méthodes pédagogiques, d'information et de sensibili-sation des enfants des classes ordinaires de l'établissement d'accueil, ainsi que de leurs parents.

L'une des voies expérimentales actuellement suivies pour faciliter l'intégration scolaire des enfants autistes repose sur la promotion de méthodes (dont celle, mise au point aux États-Unis par Éric Schoppler, connue sous le nom de programme T.E.A.C.C.H. – Treatment and Education of Autistic Children and Communication Handicapped children) dont parents et enseignants attendent beau-coup... voire trop pour certains. Le débat est important aujourd'hui en effet, qui oppose les tenants d'une approche strictement pédagogique, voire technique, de l'autisme et ceux qui mettent en avant les aspects divers d'une pathologie très liée aux interactions de l'enfant et de son milieu socio-fami-lial, susceptibles d'un traitement notamment psychanalytique.

Le débat, voire la querelle, entre les partisans d'une approche pédagogique très technique et les par-tisans d'une prééminence des prises en charge psychologiques obscurcit de façon importante ce champ particulier de l'action collective. Plusieurs aspects strictement comportementalistes des méthodes préconisées par certains peuvent être aisément critiqués, mais elles présentent par ailleurs un intérêt, dans l'analyse proposée des modalités d'évaluation des compétences des enfants ou de l'aménagement de l'espace et du temps scolaires : la plupart du temps aujourd'hui, chaque enfant se verra proposer un programme d'enseignement personnalisé susceptible de ne pas le soumettre à des situations d'échec, en fonction de l'évaluation de ses compétences. Une équipe pluridisciplinaire le prendra en charge ; elle peut être composée d'une éducatrice, d'une institutrice, d'une orthopho-niste, d'une psychologue, d'une psychomotricienne, d'un psychiatre. Tous sont appelés à travailler en collaboration et en relation avec la famille. Des enfants d'autres classes, volontaires, sont souvent sollicités pour être les « tuteurs » d'un enfant autiste, lui faire faire ses exercices, l'assister dans les activités de la vie quotidienne (à la cantine, lors des temps de récréation, etc.).

À noter : il existe actuellement un programme européen d'études, intitulé « Éducautisme », dont l'ob-jet est de favoriser l'échange entre professionnels de la prise en charge éducative d'enfants autistes.

Les mouvements d'hyper-investissement de l'école par les parents d'enfants malades mentaux, suivis de désinvestissement total, sont souvent constatés : les enseignants doivent y être préparés, afin non seulement de les comprendre, mais encore de les répercuter sur les équipes, pour que s'instaurent des attitudes concertées et adaptées pour le bien de l'enfant.

Face à ces multiples spécificités, la culture institutionnelle et psychologique de l'enseignant spécialisé est décisive, tout comme la nécessité de se ressourcer et d'avoir des occasions d'échanges et de formation, pour conserver l'équilibre et l'ouverture nécessaires pour remplir ces rôles professionnels particuliers.

L'aventure – et il s'agit bien là d'une aventure au cours de laquelle l'enseignant explore des réalités toujours nouvelles et souvent imprévisibles – est souvent passionnante. Elle n'en demeure pas moins exigeante.

Si le pédagogue est, étymologiquement, celui qui conduit, il est confronté avec des enfants psychotiques à des comportements déroutants... Pour aventureuse qu'elle soit, la progression est en l'occurrence plus expérientielle et humaine que strictement scolaire, ce dont témoignent ces enseignants spécialisés lorsqu'on les interroge sur leur pratique professionnelle.

Chapitre neuf

L'ENFANT MALADE,
L'ENFANT DÉFICIENT MOTEUR

Enseigner en milieu hospitalier

(voir également dans le chapitre 4 : « L'accueil de l'enfant malade »)

Prévenir l'isolement et éviter les ruptures que provoque la maladie

Il existe quelques centaines de postes d'enseignants spécialisés qui assurent leur enseignement auprès d'enfants et d'adolescents hospitalisés pour des raisons très diverses : accident de santé, maladie à traitement long et pénible, séquelles d'un accident de la circulation, etc.

La scolarité de l'enfant hospitalisé tout comme celle de l'enfant malade connaissent des différences notoires et revêtent une multiplicité de formes, qui vont du simple soutien ou rattrapage scolaires à la rééducation des fonctions cognitives après un traumatisme ayant entraîné un coma plus ou moins profond, en passant par l'aide très particulière que l'on peut assurer à des enfants dont les chances de survie sont infimes, ou à ceux avec lesquels on ne peut communiquer qu'à distance, ou dont l'autonomie est considérablement réduite.

Si l'essentiel de la prise en charge scolaire des enfants connaissant des problèmes de santé consiste à ne pas leur faire perdre les acquis d'une année d'enseignement et à les maintenir au niveau en collaboration avec l'enseignant ou les enseignants de la classe d'origine, il en va autrement dès que l'état de santé d'un jeune nécessite un séjour prolongé en établissement hospitalier, suivi de périodes plus ou moins longues de convalescence à domicile ou dans un autre établissement et de retours à l'hôpital : dans ce cas précis, un décalage plus ou moins important avec les seuls impératifs scolaires va conduire à modifier les attentes et les attitudes.

Outre la visée d'objectifs proprement pédagogiques, qui ne peuvent être réaffirmés que dans un deuxième temps, le premier travail de l'enseignant en milieu hospitalier va être de rassurer l'enfant ou l'adolescent, d'agir contre l'isolement et d'éviter les ruptures que provoque la maladie.

Réassurer

Le premier objectif que l'on peut se fixer lorsque l'on enseigne dans le cadre d'un hôpital, c'est d'abord un objectif psychologique : lutter contre les sentiments de détresse, de solitude et d'abandon qui ne manquent pas de s'emparer d'un enfant – et particulièrement d'un jeune enfant.– lors de son hospitalisation.

L'hospitalisation est d'abord une épreuve, celle de la coupure d'avec un univers proche et familier, où l'on peut se livrer au plaisir d'une autonomie dont on ne goûte réellement la saveur que lorsqu'on en est plus ou moins brutalement privé. Retrouver un espace familier aussi proche que possible de la classe, avoir un échange, même si l'on est alité, ayant pour objet des savoirs scolaires dont l'utilité n'a rien à voir avec la préoccupation des soins, de la survie, de la guérison, c'est trouver les possibilités d'une réassurance qui peut être puissante dans ses effets.

Rechercher la continuité scolaire

Outre un premier impératif psychologique, le second objectif va être d'éviter les ruptures d'apprentissage, et de travailler au maintien et à l'appropriation des disciplines de base. Cette recherche d'une continuité proprement scolaire s'effectue en établissant une liaison, chaque fois que cela s'avère possible, avec l'établissement ou la classe fréquentée auparavant par l'enfant ou l'adolescent.

En la matière, la sensibilisation de la famille de l'enfant, des maîtres, des élèves, va être décisive, de même que la continuité de leur engagement.

La visée est également de préparer et de faciliter le retour dans la classe d'origine. Cela ne va pas toujours de soi, en particulier si l'enfant est porteur de séquelles importantes après un accident par exemple, ou s'il est resté non scolarisé trop longtemps. Cela est notamment le cas lorsque, du fait de l'évolution des prises en charge et des soins, des enfants alternent de courtes périodes à l'hôpital et un séjour plus ou moins prolongé à leur domicile pour une convalescence ou des soins complémentaires, sans apports scolaires.

De plus en plus, des associations et des enseignants spécialisés cherchent à pallier ces difficultés en répandant l'usage de formes diverses de scolarisation à domicile. Cette intervention « à domicile » revêt des formes qui peuvent aller de séquences de soutien au chevet du malade, à un contact téléphonique ou épistolaire plus ou moins quotidien, en passant par un échange de cassettes ou de disquettes, à un envoi de cours sur des supports variés, etc.

Un travail des enseignants en hôpital lors du retour de l'enfant dans l'école ordinaire est parfois conduit, afin de favoriser la réinsertion de ceux qui sont atteints d'une maladie handicapante ou qui ont été victimes d'un accident dont les conséquences sont importantes sur le plan des autonomies.

Il faut évoquer, outre les ruptures scolaires, l'isolement que provoquent certaines formes de maladies ou certains états de crise ou d'évolution. Très souvent en effet, il arrive que le jeune patient se retrouve en unité spécialisée, isolé pour des soins spécifiques ou pour éviter toute contagion. Certains enfants se retrouvent dans une chambre stérile – voire ne l'ont jamais quittée, si l'on prend le cas de ceux dont les défenses immunitaires sont insuffisantes. Pour tous ceux-là, le contact ne peut guère s'effectuer que par l'intermédiaire de moyens techniques, de machines, qui isolent autant qu'elles rapprochent (téléphone, téléviseur, écran d'ordinateur, ordinateurs à synthèse vocale, etc.).

Là encore, ce sont des difficultés particulières que rencontre l'enseignant, qui obligent à renforcer la dimension psychologique de sa fonction.

Les modalités de travail d'un enseignant à l'hôpital

La plupart du temps, la variété des interventions, leur durée, le niveau scolaire, l'âge et les intérêts des élèves auxquels s'adresse l'enseignant conduisent à une individualisation à l'extrême et au morcellement du travail, à un éclatement de ce qui fait l'unité ordinaire d'une classe ou d'une spécialité disciplinaire.

Il peut arriver en effet que le même enseignant intervienne auprès d'enfants en cours d'acquisition des mécanismes de la lecture, et assure le soutien d'un lycéen préparant son baccalauréat par correspondance. Cette hétérogénéité suppose une souplesse et une disponibilité importantes.

Télévision et ordinateur à l'hôpital

L'essor des technologies modernes du traitement et de diffusion de l'information, la banalisation de l'usage du magnétoscope, de la caméra vidéo, de l'ordinateur, ainsi que la diminution de leur coût et l'augmentation considérable de leurs performances, font qu'elles offrent des supports privilégiés dans la scolarisation d'enfants que leur état de santé isole.

On peut citer plusieurs hôpitaux, tels l'hôpital Trousseau à Paris ou l'hôpital de La Timone à Marseille, qui ont développé des actions faisant appel aux circuits internes de télévision par câble ou fondées sur la télématique.

La plupart du temps, en matière de télévision par exemple, on est passé d'une simple consommation d'émissions à vocation récréative à la production d'émissions en direct ou en différé, auxquelles participent les enfants et adolescents en fonction de leurs possibilités et de leur état. Les objectifs peuvent être multiples : rompre la solitude des enfants isolés, offrir l'occasion d'une maîtrise, fût-elle partielle, de techniques complexes, à des enfants qui sont souvent soumis à des soins nécessitant un appareillage compliqué dont ils sont dépendants, faciliter l'appropriation de contenus scolaires privilégiés.

Certaines émissions de télévision câblée ou, plus simplement de radio, avec ou sans le support de l'image grâce au visiophone (téléphone couplé à une caméra et à un écran de contrôle, permettant d'échanger l'image et le son) se déroulent en direct, à partir d'une régie centrale. Cela peut permettre de faciliter la communication avec des enfants isolés en secteur stérile, l'accueil d'enfants étrangers hospitalisés, la mise en œuvre d'un dialogue entre les enfants des divers services. Très souvent, on s'efforce de recréer par ces émissions une dynamique et une ambiance stimulantes pour des enfants parfois durement éprouvés.

À une heure donnée, les enfants regardent une émission à vocation pédagogique. L'enseignant définit les consignes de travail, explique ce qu'il attend des enfants, et laisse un temps suffisant pour la réalisation de ces tâches. Puis il peut, par exemple, appeler tour à tour chaque enfant au téléphone, dialoguer avec eux en direct, cet échange étant entendu par tous les autres élèves qui suivent l'émission.

Si l'on examine le plan de travail hebdomadaire de l'enseignant, il n'est pas rare de constater qu'il panache un temps restreint de cours à des groupes d'élèves réunis en « classe », un temps plus important au chevet d'enfants isolés, et un temps non moins important en concertations en vue de faciliter le retour en classe d'origine ou l'intégration dans une autre classe lorsqu'elle est rendue nécessaire. Un travail important s'effectue en outre avec les familles des enfants, en particulier quand le jeune accidenté ou malade ne peut être orienté que vers un établissement spécialisé plus ou moins éloigné.

Quoique l'accès d'un élève aux connaissances requises pour l'exercice de son autonomie intellectuelle et son évolution individuelle demeure le premier but d'un enseignement en milieu hospitalier, le rôle professionnel de l'enseignant se trouve en fait considérablement enrichi, du fait des nombreux liens qu'il doit tisser avec une variété de services et de partenaires, et du nécessaire soutien psychologique qu'il doit être à même de procurer aux jeunes les plus en détresse.

Une variété de situations

À peu près la moitié des départements français comportent des postes d'enseignants spécialisés affectés dans des hôpitaux. Quelques gros hôpitaux spécialisés dans l'accueil des jeunes enfants et des adolescents (dans les grandes villes ou leur périphérie) possèdent une structure scolaire intégrée très importante et peuvent comptabiliser plusieurs dizaines de postes d'enseignants. Cette situation est toutefois très particulière et minoritaire : la plupart du temps, les enseignants sont présents en tout petit nombre (de un à quatre en moyenne).

Compte tenu du nombre important d'enfants qui fréquentent les services hospitaliers, de façon plus ou moins épisodique, les enseignants en hôpital n'ont pas la possibilité d'assurer un suivi de leur action directement au domicile des enfants : ils doivent donc passer le relais selon les cas à des associations à but non lucratif, à des enseignants bénévoles, à des associations privées ou des maîtres rémunérés dans le cadre des assurances scolaires. Dans tous les cas, il est aussi envisageable de faire appel aux services du Centre national d'enseignement à distance (C.N.E.D.).

Lorsqu'un enseignement à domicile se révèle possible (entre deux périodes d'hospitalisation par exemple) – ce qui est assez rare dans les faits –, les durées sont brèves, tout comme sont limités le rayon d'action et la fréquence (deux fois deux heures d'enseignement à domicile par semaine, dans un rayon de cinq à dix kilomètres autour de l'hôpital en moyenne).

Des priorités sont nécessairement établies pour répondre aux demandes de suivi au chevet des enfants : la durée de la convalescence ou de la période hors de l'hôpital, le choix des disciplines en fonction du niveau scolaire (par exemple, on privilégie les mathématiques et le français pour les élèves du secondaire), etc.

Dans bien des cas, les enseignants sont confrontés à de réels cas de conscience, lorsque leur action doit en particulier s'adresser à des jeunes pour lesquels peu d'espoir est laissé, en phase ultime de leur maladie, ou lorsque les parents s'opposent à un travail scolaire, n'en percevant plus le sens ou l'opportunité.

Une autre difficulté importante tient au fait que le travail à domicile est plus délicat à conduire, car il ne se déroule pas dans un espace institutionnel qui protège, en quelque sorte, le professionnel.

L'engagement des autorités départementales et académiques de l'Éducation nationale et des divers responsables permet de construire des réponses adaptées aux besoins tels qu'ils s'expriment localement. Dans le domaine de la scolarisation des enfants malades, comme dans bien d'autres secteurs liés à l'enfance en situation d'exception, ce sont souvent les parents, les militants d'associations, les bénévoles, les enseignants et les éducateurs impliqués qui contribuent à inventer des services novateurs. La collaboration de l'école avec des professionnels ou des bénévoles venus d'horizons différents permet une action efficace, même si elle est parfois difficile à instaurer ou délicate à maintenir.

Une nécessaire déontologie

Souvent, le premier contact d'un enseignant avec l'exercice de sa profession en milieu hospitalier est purement fortuit : l'idée d'aller instruire en particulier des enfants atteints de maladies graves, voire incurables, et d'ajouter à leurs souffrances les efforts que réclame tout apprentissage scolaire peut sembler insupportable, scandaleuse.

En fait, la rencontre avec ces enfants ne peut se satisfaire d'a priori d'aucune sorte : chacun va réagir et s'adapter à sa manière, et manifester à l'égard de la scolarité ou de ce qui en tient lieu un intérêt variable, du rejet partiel ou total à l'investissement le plus entier. La part prise par la famille et par l'institution soignante en ce domaine est considérable.

Par principe, cette intervention auprès d'enfants gravement malades repose sur l'idée que la perte de tout repère scolaire peut entraîner un sentiment d'échec, qui risque d'être profondément désorganisateur. Au moment où, fréquemment, tous les cadres ordinaires de l'enfant peuvent s'effondrer – y compris le cadre familial, car le choc de la maladie est parfois tel que certains parents désinvestissent prématurément un enfant qu'ils redoutent condamné –, l'école peut apparaître comme le dernier lien qui le rattache à une certaine normalité, aux intérêts, aux préoccupations d'une classe d'âge qu'il ne peut fréquenter normalement.

Les études, les apprentissages peuvent alors constituer une défense importante contre l'angoisse. Les contenus scolaires obligent en effet à se projeter dans un avenir qui peut être sinon rassurant, du moins encourageant, par les progrès qu'ils permettent de réaliser.

Le handicap moteur

L'appellation de handicap moteur regroupe une diversité de réalités, selon que l'on envisage l'impact du handicap sur les possibilités de scolarisation et d'insertion économique d'une personne, l'origine de ce handicap (cérébrale ou non, traumatique ou génétique, etc.) et son évolution, ainsi que les solutions prothétiques et rééducatives permettant ou non d'envisager une intégration pleine et entière dans la société.

La population des jeunes recensés comme présentant un handicap moteur est très hétérogène : entre le jeune infirme moteur cérébral (I.M.C.), l'enfant myopathe et celui qui subit les séquelles d'un accident de la route, il peut n'y avoir que peu de traits communs, mis à part que leur scolarité s'inscrit dans une prise en charge globale dans laquelle interviennent plusieurs professionnels de la santé.

Les structures d'accueil pour jeunes déficients moteurs

Au plan de la prise en charge éducative, on constate que coexistent nécessairement **deux types de structures** : les structures « lourdes », à savoir les établissements où la présence de services de soins et de rééducation est plus ou moins massive (voir le chapitre 4). Ils comportent, lorsque cela est possible, une classe ou une école intégrée. Les structures « légères » permettant un suivi médical et rééducatif d'enfants qui peuvent être partiellement ou totalement intégrés en classe ordinaire, ou en classe spécialisée d'un établissement ordinaire.

Que l'enfant ou l'adolescent fréquente des établissements scolaires, médico-éducatifs ou médicaux, l'objectif global est toujours de lui permettre de développer ses facultés physiques et intellectuelles, sans négliger les soins que requiert son état.

Chaque fois que cela est possible, une scolarité est organisée parallèlement aux soins et aux rééducations. Dans les établissements privés spécialisés travaillent soit des enseignants du secteur public mis à disposition par le ministère de l'Éducation nationale, soit des maîtres privés agréés.

Ces établissements répondent aux nécessités d'hospitalisation ou de traitement à long terme (incluant notamment des rééducations, des soins orthopédiques, etc.) ou permettent d'assurer une prise en charge d'enfants dont la gravité du handicap ne permet pas à leurs parents de les garder en permanence à leur domicile.

Dans certains cas, une école ou une section de collège sont implantées dans l'établissement.

Il existe plus de 150 établissements privés spécialisés, répertoriés dans la brochure *Jeunes déficients moteurs : établissements*, Paris, ministère de l'Éducation nationale, ONISEP, 1994). Il convient d'y ajouter les établissements publics (tels les E.R.E.A., ouverts aux adolescents de 12 à 20 ans) et les classes d'intégration scolaire (C.L.I.S. 4), qui tendent à se développer.

Au total, c'est environ 250 structures qui sont en France susceptibles de recevoir des enfants, adolescents et jeunes adultes handicapés moteurs.

Une diversité de réalités

Le handicap moteur est l'un des plus visibles, donc l'un des plus frappants aux yeux de la communauté. L'accessibilité des lieux publics aux personnes subissant une déficience motrice est de longue date une réalité et un thème de lutte pour les associations représentatives. Ces dernières ne manquent jamais de faire valoir que tout progrès en ce domaine est une avancée sociale qui touche d'autres catégories de personnes, en particulier les personnes âgées, qui connaissent des problèmes de déplacement et d'accessibilité au cours de leur vie.

Le handicap moteur revêt une pluralité de formes : ici comme ailleurs, chaque sujet est un cas particulier et l'ensemble de la prise en charge éducative doit tenir compte de la nature du handicap, de ses modes d'évolution, des obligations liées aux soins et aux rééducations, des séquelles, et des possibilités intellectuelles, physiques et psychiques.

La déficience motrice proprement dite peut être présente dès la naissance (il s'agira par exemple de malformations congénitales, de l'absence d'un membre, etc.) ou apparaître peu de temps après, au cours de la croissance du jeune enfant.

Les origines sont très diverses : transmission génétique, infection microbienne ou virale, traumatisme ou maladie lors de la grossesse, accident à la naissance, accident survenant pendant l'enfance ou l'adolescence, etc.

Les atteintes elles-mêmes ne sont pas homogènes et n'auront pas les mêmes conséquences handicapantes : lésion cérébrale (qui sera responsable d'une infirmité motrice cérébrale), atteinte de la moelle épinière (se soldant par une hémiplégie ou une paraplégie), maladie affectant les muscles (comme c'est le cas pour la myopathie), malformation congénitale...

Le handicap peut affecter un muscle, un ensemble de muscles, une ou plusieurs articulations, et entraîner la paralysie d'un ou plusieurs membres.

En outre, le déficit moteur peut être accompagné d'handicaps ou de troubles associés (troubles intellectuels, sensoriels, troubles du langage, etc.).

L'infirmité motrice cérébrale

L'infirmité motrice cérébrale se rapporte aux enfants qui ne peuvent, partiellement ou totalement, réaliser des mouvements volontaires et tenir certaines postures. Ces incapacités sont consécutives à des lésions cérébrales, qui peuvent ne pas être évolutives, mais ont toujours un effet sur les développements de la prime enfance.

Des améliorations, mais aussi des aggravations sont fréquentes. Les infirmités les plus importantes ont pour effet principal une absence quasi totale d'autonomie de l'enfant ou de l'adolescent, interdisant la fréquentation de tout établissement scolaire.

Les déficiences motrices constituent le fonds de l'infirmité motrice cérébrale. Elles peuvent avoir un effet sur les principales autonomies : autonomie de déplacement, émission de la parole, maintien dans certaines postures, préhension, gestes de la vie courante.

Au plan intellectuel, l'efficience et les capacités d'apprentissage seront fort différentes d'un jeune I.M.C. à l'autre : si certains pourront effectuer des études poussées, y compris à l'université, d'autres ne peuvent espérer apprendre à lire.

Au plan psychologique, on peut signaler que la personnalité du jeune I.M.C. est souvent attachante : le contact est fréquemment très bon, fortement investi. Le désir de communiquer et celui de réussir diverses tâches dominent et parviennent à faire oublier la lenteur d'effectuation.

L'atteinte motrice dont sont victimes les jeunes I.M.C. fait que les éducateurs vont centrer l'essentiel des efforts sur les capacités de communication et de compréhension de l'enfant. Souvent intelligents, les I.M.C. connaissent la plupart du temps des réussites stimulantes sur le plan des apprentissages cognitifs, si l'on met à part les difficultés liées à la motricité et aux déplacements et les aides requises pour l'apprentissage de l'écriture et, dans une moindre mesure, de la lecture.

Un faible nombre d'adolescents I.M.C. ont la capacité de concentration et la volonté – hors du commun – requises pour réussir des études secondaires et supérieures. Si les cursus peuvent bien entendu être allongés pour tenir compte des handicaps, trop rares sont ceux qui, devenus adultes, peuvent escompter trouver un débouché économique à leurs études.

La scolarité, et plus largement les études sont plutôt envisagées comme des opportunités essentielles d'accès à la culture, comme des voies de socialisation et de normalisation. Leur vocation traditionnelle d'intégration dans la chaîne productive est bien moins nettement affirmée pour les jeunes I.M.C. Dans ce domaine comme dans beaucoup d'autres, il reste fort à faire pour espérer atténuer le handicap à proprement parler, c'est-à-dire les conséquences sociales des infirmités dont les jeunes sont porteurs.

La « méthode Doman » : de nombreuses dérives

Fortement médiatisée en France au milieu des années 80, les méthodes dont Glenn Doman a assuré la promotion ont rapidement donné lieu aux critiques des milieux éducatif et médical, à la hauteur des espérances mal fondées qu'elle a pu faire naître chez bien des parents d'enfants handicapés.

À l'origine, les destinataires de cette méthode étaient les enfants normaux, victime d'une noyade, d'une électrocution ou d'un traumastisme cérébral, les ayant conduits à un état de coma profond.

Le principe de la méthode était simple : il s'agissait, grâce à une stimulation fréquente et graduée des divers sens (ce que l'on a appelé le « patterning »), d'assurer une rééducation progressive, évaluée dans ses moindres détails.

Si l'approche a pu sembler très riche à ses débuts (elle a permis de favoriser auprès d'enfants très lourdement handicapés une démarche éducative optimiste), elle a connu rapidement plusieurs prolongements, du fait même de ses promoteurs, très contestables : on a voulu l'utiliser avec des polyhandicapés, des infirmes moteurs cérébraux – , quel que que soit leur niveau intellectuel – , des trisomiques 21, des autistes, des psychotiques – et la liste n'est pas close.

En outre, – et il s'agit bien d'un véritable dévoiement éducatif – la durée jugée optimale de l'intervention auprès des enfants est passée parfois de 2 à 5 heures par jour, à plus de 12 heures par jour, 7 jours par semaine, 12 mois par an.

L'incroyable mobilisation des personnes chargées d'assurer les « exercices » préconisés a pu conduire dans certains cas à voir se succéder plus d'une centaine d'adultes auprès d'un même enfant, conduisant à un épuisement généralisé aussi bien de l'enfant que de sa famille.

Les postulats scientifiques sur lesquels est fondée la méthode Doman sont, dans l'état actuel des choses, invérifiés : on affirme que les lésions cérébrales, qu'on suppose à l'origine des infirmités, peuvent être guéries ou contournées par des stimulations, et par l'imposition passive de postures ou d'actions motrices chez l'enfant. La corrélation entre l'intellect et la motricité est enfin présentée en des termes fréquemment récusés par la communauté scientifique.

Le traumatisme crânien

Parmi les causes premières des handicaps moteurs – et en particulier des handicaps temporaires –, il faut signaler les accidents, particulièrement les accidents de la circulation sur le trajet entre le domicile et l'école. La cour de récréation, la salle de sport sont des lieux où surviennent une multitude de traumatismes, bénins la plupart du temps. Mais certains traumatismes peuvent occasionner des handicaps, transitoires ou définitifs.

Le traumatisme crânien, tant redouté au regard des conséquences parfois dramatiques qu'il entraîne, fait partie de ces derniers et peut être repéré par un certain nombre de signaux d'alerte :
– si l'enfant a perdu connaissance immédiatement après un choc ou quelque temps après ;
– s'il a vomi, s'il a des maux de tête dont il se plaint ;
– s'il a des troubles de la vision, s'il paraît somnolent ou désorienté, il faut sans délai l'envoyer au service des urgences de l'hôpital (en général, le service des urgences pédiatriques).

Une variété de situations

Parmi les handicaps définitifs ou évolutifs, on doit signaler ceux dus aux **paralysies**, telles les paraplégies (paralysie des deux jambes) ou les hémiplégies (paralysie affectant les membres d'un même côté du corps).

Bien connue par ailleurs est la situation du jeune **myopathe**, compte tenu de la forte médiatisation qu'a connue cette maladie génétique grâce à des opérations de grande envergure tel le « téléthon ».

Les myopathies entraînent une détérioration progressive et irréversible des muscles. Très handicapantes, elles conduisent celui qui en est porteur à la perte des capacités de locomotion, avant d'affecter progressivement ses autres autonomies. Les soins requis peuvent être très importants, à mesure que la maladie gagne du terrain. Des opérations pratiquées à titre préventif, pour éviter des déformations surhandicapantes par exemple, diverses formes de rééducation, des traitements médicamenteux multiples, demandent de la part de l'enfant une très forte combativité.

Dans un tel contexte, l'espérance de vie de l'enfant ou de l'adolescent peut être la préoccupation centrale et la scolarité revêtir les significations que nous soulignions à propos des enfants atteints d'une maladie à pronostic fatal. La bonne coordination des professionnels ayant à suivre l'enfant s'avère très importante.

D'intelligence normale, les enfants sont maintenus, chaque fois que cela est possible et aussi longtemps que possible, dans un cadre scolaire ordinaire. La scolarité va cependant se trouver ralentie ou perturbée par la fréquence des absences du myopathe, occasionnées par les soins qui lui sont nécessaires.

L'intérêt des aides techniques

Il existe une pluralité d'aides techniques facilitant ou rendant possibles les déplacements, les gestes, la communication des personnes dont l'incapacité plus ou moins grande à mouvoir certaines parties du corps se révèle handicapante.

En matière de déplacement, l'aide choisie sera fonction du degré d'incapacité à se mouvoir, de l'âge du sujet, des lieux qu'il fréquente et des distances à parcourir.

À chaque degré de handicap va correspondre un type d'aide appropriée : aides à la station debout, chariots, fauteuils, etc.

Pour les très jeunes enfants par exemple, le *crawler* est préconisé lorsque l'enfant n'est pas à même de marcher ou de ramper : cette petite planche rembourrée, à laquelle ont été fixées des roulettes articulées, permet de se déplacer à la seule force des mains et des bras. Elle offre une bonne occasion de développement psychomoteur à l'enfant.

Les fauteuils roulants, manuels ou électriques, font partie du matériel courant facilitant les déplacements. Leurs performances sont variables, à l'image de leur coût : entre 2 000 et 20 000 francs pour un fauteuil manuel, entre 15 000 et plus de 70 000 francs pour un fauteuil électrique de base, remboursés très partiellement par les caisses de Sécurité sociale (15 000 à 22 000 francs environ pour un fauteuil électrique).

Bon nombre de machines existent, dont la vocation est de faciliter l'autonomie des personnes à mobilité réduite : tourne-pages électrique, machines à écrire spécialisées, etc. La plupart des machines sont susceptibles d'être actionnées par des contacteurs spéciaux : manettes sophistiquées, contacteurs pneumatiques, contacteurs à effleurement, commandes au souffle (sensibles à l'expiration ou à l'inspiration), au bruit, à la voix, ou, pour les plus nouvelles d'entre elles, au regard (par l'intermédiaire d'un écran d'ordinateur).

L'apport particulier de l'informatique

• Approches supplétives, tutorielles, productives...

Jusque vers les années 75, bon nombre d'enfants handicapés moteurs scolarisés dans les classes de l'Éducation nationale avaient à faire face aux séquelles de poliomyélites ou étaient infirmes moteurs cérébraux. Dans les années 80, de plus en plus d'enfants présentant des handicaps moteurs massifs, corrélés à des troubles de la communication et de l'apprentissage, ont pu être scolarisés grâce à la volonté des parents et des milieux spécialisés.

Cette scolarisation d'enfants très déficitaires a pu se faire en partie grâce aux progrès de la micro-informatique et à l'extension de son usage. Les champs d'application de l'informatique se sont en effet précisés et ouverts, et plusieurs approches de l'ordinateur ont pu être explorées :

– approche supplétive, l'ordinateur servant de prothèse, par exemple en palliant l'absence de possibilités articulatoires ou phonatoires ;

– approche tutorielle, l'ordinateur servant de répétiteur infatigable auprès des sujets ayant besoin d'un renforcement multiplié des connaissances ;

– approche productive, dans le cas de l'usage des traitements de textes et des autres « outils » permettant la réalisation d'un produit satisfaisant.

Il faut ajouter à ce panorama rapide l'intérêt des jeux video pour le développement psychomoteur des jeunes à mobilité réduite.

• Des difficultés propres aux enfants handicapés moteur

D'un point de vue strictement pédagogique, il est possible de regrouper les difficultés caractéristiques des jeunes handicapés moteurs sur trois plans, liés à la motricité, à la psychologie des sujets et à leur fonctionnement cognitif.

Sur le plan moteur, ce sont bien sûr la maladresse et la lenteur d'effectuation, la fatigabilité et les impossibilités d'exécution qu'il convient de mentionner. Les lésions organiques, en outre, ont de fréquentes répercussions sur la communication.

Éducation physique et handicap moteur

Outre les nécessaires rééducations, la pratique des activités physiques et sportives, effectuée avec la vigilance qui s'impose, peut se révéler très dynamisante, tant sur les plans moteur qu'affectif, social, intellectuel... L'ouvrage récent sous la direction de Jean-Pierre Garel, *Éducation physique et handicap moteur*, Nathan, Paris, 1996, fournit une synthèse fort riche des possibilités en ces domaines.

Au plan psychologique, c'est surtout le manque de confiance en soi qui prévaut, la crainte de ne pas réussir, parfois le manque d'autonomie et la faiblesse de motivation.

Au plan cognitif, on notera la pauvreté de l'espace vécu, l'appréhension et l'organisation de l'espace faiblement structurées, la faible créativité, l'existence de troubles de la perception, de la mémorisation. Des stratégies d'apprentissage peu adéquates sont également relevées par les enseignants.

• Des usages spécifiques de l'ordinateur

Sur chacun des plans précédents, l'ordinateur permet des usages spécifiques : au plan moteur, il va rendre possible le geste, ou faciliter sa réalisation économique. Par exemple, dans le cas de la motricité fine en jeu dans l'écriture, l'ordinateur permet une efficience sans délai et une présentation irréprochable du document de travail.

Dans le cas des handicaps plus massifs, où l'incapacité motrice s'accompagne d'une absence totale de langage parlé, l'ordinateur va offrir la possibilité de désigner des pictogrammes ou des lettres, de les associer en un message compréhensible, de les exprimer par écrit grâce à une imprimante ou par oral grâce à un synthétiseur vocal.

L'impact de l'ordinateur sur la motivation et la confiance en soi est suffisamment connu pour que l'on se contente d'en rappeler les principes : à l'appréciation du maître se substitue le retour objectif et sans jugement de l'ordinateur. Ne laissant pas de trace, susceptible d'être corrigée à tout moment, l'erreur perd de son importance et de sa gravité. La qualité du tracé et de l'exécution que permet chaque sortie (sortie écran, sortie imprimante, etc.) va contribuer à transformer l'image que l'enfant se fait de lui et l'aider à le positiver. Enfin, et ce n'est pas le moindre avantage, le rapport entre l'enseignant, l'élève et le savoir change : le maître voit son rôle se transformer, dans le sens d'une aide apportée à l'apprentissage. L'enseignant n'est plus uniquement celui qui détient le savoir et se révèle capable de le transmettre.

La pratique de surcroît d'une pédagogie de remédiation permet d'intégrer les apports qu'autorise l'emploi de l'ordinateur à une démarche globale de facilitation des apprentissages.

Les synthèses vocales et les autres aides à la communication

Il existe, sur le marché des aides à la communication, une pluralité de matériels plus ou moins sophistiqués et performants : ils vont du simple classeur ou du tableau de pictogrammes polysémiques, dont le coût est faible et la technicité réduite, aux ordinateurs à synthèse vocale avec redresseur syntaxique, complexes et parfois fragiles, dont le prix peut dépasser 70 000 francs. Les évolutions rapides des technologies permettent heureusement une baisse progressive des prix.

Les tableaux de communication sont composés de cases ayant chacune une signification, représentée par un symbole comme dans le code BLISS, un pictogramme ou un dessin (code GRACH ou communimage), un mot, une syllabe, voire une photo.

Le tableau permet à une personne de communiquer en désignant avec le doigt ou une licorne (c'est-à-dire une tige rigide fixée au front par un système de sangles) ou même par le regard, la ou les cases correspondant au message à transmettre.

Les synthèses vocales sont assurément les procédés les plus spectaculaires, dans la mesure où elles permettent l'émission d'une voix numérisée. Toutes les aides techniques à la communication de ce type (A.T.C.) produisent de la parole, et sont livrées vides (à de rares exceptions près). À chaque touche ou case écran (il peut y en avoir plus de 200) vont correspondre les significations qu'il conviendra de définir. Cette action de codage de l'information a un rôle très important, puisque de sa qualité dépend l'utilisation optimale de l'A.T.C.

Le codage requiert une analyse — une bonne connaissance — des besoins de l'utilisateur, la volonté d'être à proximité de ses façons de penser et de ses registres principaux d'expression, la prise en compte de son niveau d'information et de ses difficultés personnelles, etc. Plusieurs systèmes peuvent servir de support au codage : le système alphabétique, le système phonétique, les systèmes symboliques et pictographiques, les pictogrammes polysémiques. Dans le système alphabétique, il suffit par exemple d'appuyer sur la lettre « b » pour que le synthèse vocale produise le son « bonjour ! ». Ces raccourcis sont très fréquents, mais il faut au préalable que le mot « bonjour » ait été intégré au lexique de l'appareil, et que la lettre « b » lui ait été affectée. Certains appareils utilisent des règles spéciales d'abréviation : par exemple, il suffira de taper la première lettre du mot, la première de la seconde syllabe, et la dernière lettre du mot pour que ce dernier soit produit par la synthèse, etc.

Dans tous les cas, les A.T.C. demandent une période d'adaptation pour l'utilisateur et pour l'entourage.

Chapitre dix

LA SCOLARITÉ DE L'ENFANT DÉFICIENT AUDITIF

Une partie considérable de l'enseignement repose sur la maîtrise par les élèves d'un code de communication particulièrement riche, celui de l'oral. Par l'intermédiaire de ce dernier passent la plupart des informations et des interactions. Le code oral permet de réaliser une grande partie des actions conduites en coordination avec autrui, ce qui est le gage d'une participation facilitée à la vie sociale.

L'enfant atteint de surdité ou dont l'audition est gravement déficitaire – surtout si la déficience auditive est précoce, voire de naissance – va nécessiter une attention éducative précise, afin qu'une déficience repérée plus ou moins tardivement ne se transforme par rapidement en handicap scolaire puis social.

On comptait, au 30 décembre 1990, environ 9 000 jeunes de 3 à 16 ans suivis, en établissements ou services spécialisés, en raison de leur déficience auditive, et 5 000 environ en intégration.

Outre les problèmes spécialement liés au dépistage des troubles ou déficits auditifs et à la réalisation d'une aide apportée précocement aux enfants et aux parents, se pose rapidement le problème épineux du choix des codes de communication adaptés : si tout le monde reconnaît ou croit reconnaître la langue des signes, peu de gens savent qu'il existe en réalité plusieurs codes concurrents, qu'on ne pratique pas exactement la même langue des signes d'un pays à l'autre, ni même d'une école à l'autre. La rééducation de la parole, la lecture labiale, le langage parlé complété, la langue des signes française, le français signé... autant d'approches et de pratiques qui auront un impact et une signification variables, en particulier en termes d'intégration du jeune sourd dans sa propre famille, dans un groupe classe, dans une école ordinaire et, plus tard, dans des milieux socio-professionnels diversifiés.

On doit évoquer aussi certaines particularités psychologiques propres à l'enfant et à l'adolescent sourds, qui nécessitent d'être prises en compte par les éducateurs et les enseignants : les rapports aux normes scolaires, aux normes de comportement individuel et social peuvent se trouver affectés par la déficience, car c'est par l'ouïe que passent la plupart des consignes de travail, les rappels à l'ordre, la régulation des comportements.

Mettre l'accent sur le développement du langage

Quels que soient la sévérité de la déficience auditive, ses causes, ses modes d'expression, ses possibilités de réadaptation grâce au port de prothèses, l'accent est toujours mis, dans le domaine éducatif, sur l'amélioration de la perception et la réalisation de la parole, ou plus généralement du langage de l'enfant et de l'adolescent, et ce d'une façon la plus précoce possible.

La surdité, ou dans une forme moindre la déficience auditive moyenne ou sévère, vont altérer plus ou moins fortement la qualité de la perception du son ainsi que son intensité. Elles occasionnent en cela une gêne qui peut se révéler majeure dans tous les domaines où l'audition joue un rôle, en particulier dans celui de l'acquisition du langage oral et dans l'ensemble de la communication verbale.

Cette liaison entre l'ouïe et la parole peut avoir des répercussions importantes, non seulement dans la perspective de l'échange avec autrui, mais aussi dans celle de l'élaboration même de la pensée et des connaissances, et dans la structuration de l'identité. La précocité de la surdité – de naissance ou rapidement acquise – posera à coup sûr un problème d'éducation, qu'une aide précoce peut contribuer à traiter.

Les structures de prise en charge sont en grande majorité privées, selon les dispositions réglementaires qui orientent l'ensemble du système français. Généralement gérés par des associations à but non lucratif, sous tutelle du ministère des Affaires sociales, il existe une centaine d'établissements spécialisés dans la déficience auditive en France, auxquels s'ajoutent une quinzaine d'établissements publics.

Conseils pratiques pour enseigner à un déficient auditif
(d'après le ministère de l'Éducation nationale, Direction des Écoles)

1. Attirer son attention avant de commencer à lui parler (par des moyens visuels, ou par le toucher...).

2. Se placer à faible distance (une cinquantaine de centimètres) face à lui, à sa hauteur si possible.

3. Articuler clairement (sans toutefois crier) et faire en sorte que la bouche de celui qui parle soit toujours visible. Éviter en particulier de se placer à contre-jour, de dissimuler tout ou partie de la bouche derrière la main ou un livre, de parler en écrivant au tableau, de commenter un document – texte, carte, graphique – que l'élève doit suivre des yeux...

4. Faire des phrases simples, correctes et complètes. Modifier une phrase non comprise plutôt que de la répéter. Restituer les interventions des autres élèves qui sont hors du champ visuel de l'élève sourd.

5. Neutraliser ou atténuer les bruits de fond.

6. Tenir compte de l'effort d'attention soutenue demandé à la personne déficiente auditive, en particulier s'il s'agit d'un jeune. Apprécier l'état de fatigue et les difficultés particulières occasionnées par exemple par un rhume ou par une vue déficiente.

7. Vérifier que les prothèses fonctionnent effectivement.

Les déficiences auditives, qui peuvent être liées à des difficultés de transmission ou perception du son, sont mesurées en décibels : on envoie, par l'intermédiaire d'un casque, des « bip » sonores plus ou moins intenses et d'une fréquence plus ou moins élevée, afin de déterminer l'étendue de la perception d'un sujet, des sons « graves » (basses fréquences) aux sons « aigus » (hautes fréquences).

Si, dans l'ensemble des registres sonores, il faut augmenter de moins de vingt décibels en moyenne l'intensité sonore pour qu'il y ait perception, on considère que l'audition est correcte. Au-delà de 20 décibels de perte auditive, il y a en général des répercussions importantes sur le sujet.

Cette mesure, réalisée avec des impulsions sonores calibrées et artificielles, n'est qu'un reflet cependant de la déficience effective, l'audition habituelle étant celle de sons complexes et enchevêtrés. De plus, le seuil de confort, si important dans l'éducation, se situe à quelque 30 décibels au-dessus du seuil d'audition.

L'étendue de la déficience auditive est appréciée selon une classification internationale qui fait apparaître les seuils suivants :	
Perte auditive moyenne	**Gêne auditive et impact sur le langage**
0 à 20 dB	Gêne nulle
20 à 40 dB	Déficience auditive légère Peu de retentissement sur le langage
40 à 60 dB	Déficience auditive moyenne Acquisition spontanée du langage possible Articulation défectueuse
au-delà de 70 dB	Déficience auditive sévère Acquisition spontanée du langage impossible, mais maintien de certaines qualités vocales
au-delà de 90 dB	Déficience auditive profonde Surdi-mutité (le sujet est également muet)

La surdité a des effets notables sur l'acquisition de la parole. L'accès à la langue parlée est fonction non seulement des possibilités de phonation de l'enfant, mais encore du désir de communication qu'il manifeste. La qualité de son entourage, le niveau intellectuel, la précocité et la nature des rééducations vont également apparaître comme des facteurs déterminants dans l'évolution de ses acquisitions.

La surdité

On distingue, traditionnellement, plusieurs origines de la surdité. Sans entrer dans une typologie complexe, il peut être utile de distinguer l'étiologie génétique – responsable des surdités familiales

– des autres, dans la mesure où près de la moitié des cas de surdité est liée à une origine génétique.

L'étiologie prénatale (correspondant à des pathologies affectant le fœtus) ainsi que l'étiologie néonatale représentent une faible part de ces origines. En revanche, une part importante des déficiences auditives correspond à des surdités acquises, qu'il s'agisse des répercussions de certaines maladies (méningites, mastoïdites, encéphalites, otites à répétition…), des malformations ou de traumatismes, ou plus rarement des effets toxiques sur l'oreille interne de certains types de médicaments. Enfin, environ 30 % des surdités ont encore aujourd'hui une origine mal connue.

Des progrès importants ont été réalisés spécialement en matière de dépistage précoce et des interventions chirurgicales permettent de réduire le déficit de façon significative, surtout dans les surdités de transmission. Depuis quelques années se développe, pour traiter les surdités de perception, la greffe d'implants cochléaires, lesquels permettent après une importante rééducation de récupérer une audition fonctionnelle satisfaisante – mais très éloignée de l'audition ordinaire.

Comme pour la déficience visuelle, il n'est pas rare que la déficience auditive soit repérée tardivement, après que l'enfant a atteint l'âge de deux ans. C'est souvent à cet âge que l'enfant est présenté à un spécialiste pour un retard important dans l'acquisition du langage et pour des difficultés de relations qui peuvent laisser penser à un état psychotique ou à une arriération mentale. L'une des difficultés liées au repérage de la surdité tient à la proximité des symptômes dont l'enfant est porteur avec ceux des dysharmonies évolutives ou de l'autisme, qui se marquent l'un et l'autre par une communication perturbée.

Les structures de prise en charge de l'enfant déficient auditif

Un enfant déficient auditif peut suivre une scolarité dans un établissement ordinaire, fréquenter des classes et établissements spécialisés du ministère de l'Éducation nationale, ou bénéficier d'une prise en charge dans des établissements et services gérés par des associations à but non lucratif. On dénombre une centaine d'établissements, dont une quinzaine publics. Une brochure de l'O.N.I.S.E.P. est consacrée à la présentation de chacun de ces établissements permettant l'éducation, la scolarisation et la formation professionnelle des jeunes déficients auditifs.

Les effets psychologiques des déficiences auditives

La situation va être sensiblement différente, selon que l'enfant seul est sourd, ou selon que la surdité est familiale : dans ce second cas, c'est le langage mimo-gestuel qui sera appris comme véritable langue maternelle. Loin d'être aussi isolé que dans une famille entendante, l'enfant va pouvoir partager rapidement un mode de communication familier à ses parents. Le langage oral peut être appris par la suite – si la déficience le permet – dans le cadre scolaire, afin de favoriser l'intégration. .

Certes, la privation de l'audition va avoir un retentissement sur l'acquisition de la parole : elle prive l'enfant de la prise de conscience du niveau de son langage, elle le prive aussi de la dimension ludique de la parole et d'une communication facile. L'oral joue un rôle très important dans la maîtrise de la langue, y compris de la langue écrite, à tel point qu'il n'est pas rare de trouver des adultes déficients auditifs dont les réalisations écrites pèchent sur le plan de la syntaxe, de l'organisation générale de la phrase, du lexique. Mots oubliés, phrases inachevées, aberrations grammaticales sont en général plus fréquents que dans l'ensemble de la population entendante.

Très souvent, les limitations occasionnées aux apprentissages en raison de la déficience d'un sens peuvent peser plus lourdement sur les possibilités de symbolisation, de conceptualisation, de contrôle de la pensée. On sait en particulier que la faible étendue du lexique et des performances syntaxiques peut avoir une influence néfaste sur la maturation cognitive. C'est sur ces plans que l'attention des enseignants intervenant auprès de jeunes déficients auditifs est particulièrement appelée.

Il convient cependant de noter qu'a priori les possibilités intellectuelles de l'enfant sourd sont absolument les mêmes que celles des autres enfants de son âge. Mais, en l'absence des rééducations et des techniques supplétives, le risque est présent de voir le jeune, en particulier l'adolescent sourd, connaître des retards et lenteurs importants dans son développement intellectuel, et développer par ailleurs divers troubles réactionnels. Le sentiment d'être mal compris des adultes, fréquent à l'adolescence, les difficultés de communication, peuvent être surdéterminés en raison de la surdité.

Si la surdité de l'enfant advient dans une famille entendante, ce qui se produit dans la majeure partie des situations (90 % des cas environ), l'enfant va, dans le meilleur des cas, percevoir des échos déformés des discours de ses proches.

Cette perception tronquée sera responsable de la plupart des troubles articulatoires et phonatoires que l'on peut fréquemment constater. Dans les cas de surdités sévères, des difficultés importantes surviennent, liées aux possibilités moindres d'établir des relations entre signifiants et signifiés. L'impact de la surdité n'est donc pas seulement linguistique, mais cognitif en général.

Sur le plan des comportements, les divers professionnels de l'éducation des jeunes sourds ne manquent pas de relever que les enfants ont d'autant plus tendance à être bruyants et agités qu'ils entendent un peu ; les comportements de ce type, même s'ils paraissent mal adaptés aux yeux de l'adulte, peuvent constituer une forme de sollicitation envers ce dernier. Même s'ils sont source de remontrances, les comportements qui peuvent sembler excessifs ont pour intérêt premier de maintenir un lien fortement investi envers les autres personnes. Il arrive fréquemment que ces attitudes puissent évoluer vers une structure caractérielle, dont on parle parfois à propos de certains adolescents sourds.

La formation des personnels appelés à travailler auprès des enfants et adolescents sourds ou déficients profonds prend en compte ces dimensions psychologiques du handicap, outre les nécessaires adaptations pédagogiques et l'initiation aux techniques supplétives.

La recherche d'une communication totale chez l'enfant déficient auditif

L'appprentissage de la parole, de la langue, la démutisation font partie des priorités de l'action des rééducateurs, des orthophonistes, donc les compétences dans des disciplines non médicales (phonétique, linguistique, acoustique, etc.) sont très importantes. La démutisation proprement dite va consister à apprendre à l'enfant l'usage de la parole et de la langue, grâce à tout un travail d'éducation et de rééducation. Il s'agit de lui enseigner comment émettre des phonèmes, comment placer sa voix, comment modifier l'intonation, etc.

Les techniques employées sont variées. Il est le plus souvent fait appel à la **méthode verbo-tonale**, due aux travaux du professeur Petar Guberina, méthode qui associe l'apprentisage du mot au rythme, à l'intonation, au débit. C'est parce que **le langage est mouvement par essence**, parce qu'il existe un lien direct entre la production de la parole et l'organisation corporelle (l'organisation du tonus musculaire), qu'un travail parallèle de prise de conscience centrée sur le corps de l'enfant, sur les rythmes, etc., va permettre de faire évoluer ses productions verbales.

La question de l'oralité et du bilinguisme

Un grand débat a animé pendant de nombreuses années la communauté des personnes intéressées à l'éducation des jeunes sourds : il s'agit de celui séparant les protagonistes favorables de façon quasi exclusive à la communication mimo-gestuelle (partisans de telle ou telle langue des signes) et ceux favorables à l'instauration, à chaque fois que cela est possible, de modes de communication oraux.

Ce débat, entre les oralistes et les non-oralistes, devrait quelque peu s'atténuer, alors que se développe la problématique de l'intégration des jeunes handicapés en milieu scolaire ordinaire. Une telle démarche suppose en effet, a minima, une priorité donnée à la stimulation des capacités d'expression orale des jeunes déficients auditifs. En fait, une voie médiane, favorable à l'instauration d'un véritable bilinguisme, est explicitement rendue possible par des recommandations récentes du ministère de l'Éducation nationale et des Affaires sociales.

Selon une circulaire portant sur les *modes de communication reconnus dans l'éducation des jeunes sourds,* « la communication bilingue se caractérise par l'apprentissage et l'utilisation de la langue des signes française, en association au français. Elle inclut la communication orale (langage, parole, lecture labiale), élément essentiel d'une bonne acquisition de la langue française (parlée, lue et écrite), d'un accès à la culture, d'une insertion sociale et professionnelle réussie. »

La loi du 18 janvier 1991 et le libre choix du mode de communication

La loi du 18 janvier 1991 (loi n° 91-73) stipule que, dans l'éducation des jeunes sourds, « la liberté de choix entre une communication bilingue – langue des signes et français – et une communication orale est de droit ». Plusieurs circulaires du ministère de l'Éducation nationale, dont l'une des plus récentes date du 25 mars 1993 (n° 93-201), définissent les modes de communication reconnus dans l'éducation des jeunes sourds.

Il est précisé que « la mise en œuvre de tout mode de communication dans l'environnement du jeune sourd implique pour l'équipe éducative la maîtrise du mode de communication choisi et l'utilisation des aides pédagogiques et techniques propres aux différentes composantes de celui-ci, de manière à favoriser et accélérer son appropriation par le jeune sourd ». La participation active du milieu familial est, rappelle-t-on, hautement souhaitable. Cette éducation suppose la distinction des apprentissages caractéristiques de chaque outil linguistique prévu : langue française orale, langue française écrite et langue des signes.

Le législateur a voulu « mettre un terme aux querelles du passé, et offrir aux jeunes sourds tous les modes de communication adaptés, afin que leurs cursus scolaires, universitaires ou de formation professionnelle ne soient pas entravés par des difficultés considérables de compréhension et d'expression ».

Les techniques supplétives

L'enfant sourd ou déficient auditif ne perçoit pas les sons, ou n'en perçoit qu'un échantillon affaibli et déformé. Il est toutefois à même, après un entraînement, de reconnaître certains sons à la position des lèvres de celui qui les produit. C'est le principe de la lecture labiale.

Le **langage parlé complété** (L.P.C.), autrement dénommé Cued Speech (technique mise au point aux États-Unis par le docteur R. Orin Cornett en 1967), est l'une des voies médianes permettant d'**associer les avantages de deux techniques supplétives, la lecture labiale et un code gestuel minimal** : l'utilisation de la main pour distinguer les sons ayant une même image labiale permet d'attirer l'attention de l'enfant et de lever les ambiguïtés (voir encadré).

Une différence notoire existe par rapport à la langue des signes : les signes non verbaux sont réduits dans le L.P.C. à un nombre très limité et n'ont de sens que dans leur association avec la parole. En revanche dans la **langue des signes,** le nombre de signes est important (entre 2 500 et 4 000 selon les estimations) et chaque signe est porteur de sens indépendamment de toute réalisation par la parole.

Langue des signes française et Français signé

Dans la **langue des signes française** (L.S.F.), chaque signe est constitué par la combinaison simultanée de cinq éléments ou indicateurs :
– la configuration des mains ;
– l'orientation (des doigts, des paumes, des bras) ;
– l'emplacement (sur le corps, dans l'espace...) ;
– le mouvement (sachant que des mouvements répétés, rapides ou lents, brutalement arrêtés, etc., vont être porteurs de significations différentes) ;
– l'expression du visage.
À noter qu'existe également le **Français signé,** utilisé dans la perspective de facilitation de l'intégration scolaire : à la différence de la L.S.F., le français signé utilise le support de la langue orale à laquelle sont ajoutés simultanément des gestes afin d'améliorer la compréhension et de lever les ambiguïtés. Les gestes supplémentaires ne sont pas organisés ici en système et ne constituent pas une langue *stricto sensu.*

Les principes du langage parlé complété (L.P.C.)

Le principe du L.P.C. est fort simple : la main, portée près du visage, complète syllabe après syllabe tout ce qui est dit. La technique est donc fondée sur l'apport d'informations complémentaires à celles données par les mouvements de lèvres. Les informations sont données par la position de la main près du visage, qui donne une indication sur les voyelles, tandis qu'une configuration des doigts donne une indication sur les consonnes.

On utilise un nombre limité de configurations des doigt (8) et de positions de la main (5). Leur combinaison suffit pour ôter l'ambiguïté de la seule position des lèvres.

Les 8 configurations des doigts telles que les voit l'enfant pour coder les consonnes.

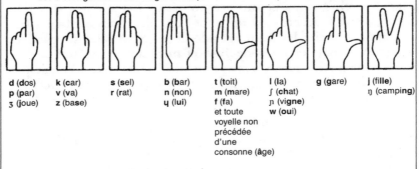

d (dos)	**k** (car)	**s** (sel)	**b** (bar)	**t** (toit)	**l** (la)	**g** (gare)	**j** (fille)
p (par)	**v** (va)	**r** (rat)	**n** (non)	**m** (mare)	ʃ (chat)		ŋ (camp**ing**)
ʒ (joue)	**z** (base)		ɥ (lui)	**f** (fa)	ɲ (vi**gne**)		
				et toute	**w** (oui)		
				voyelle non			
				précédée			
				d'une			
				consonne (**â**ge)			

Les 5 positions de la main pour coder les voyelles

Position côté	Position pommette	Position bouche	Position menton	Position gorge
a (ma)	ɛ̃ (main)	**i** (mi)	ɛ (mais)	œ̃ (un)
o (maux)	ø (feu)	ɔ̃ (ton)	**u** (mou)	**y** (tu)
œ (teuf-teuf)		ɑ̃ (man)	ɔ (fort)	**e** (fée)
et toute consonne				
suivie d'un e muet				
(**â**me) ou isolée				
(Tom)				

Schémas : source A.L.P.C.

Cette technique se définit principalement comme une technique d'aide à la réception de la langue parlée. Elle n'est pas en soi une aide à la production de la parole.

Le L.P.C. constitue un véritable outil au service de l'acquisition par l'enfant sourd des structures de la langue et ce, en suivant un processus voisin de celui mis en œuvre par l'enfant entendant. Il permet en particulier de coder l'ensemble de la chaîne parlée, et offre une expression visuelle des caractéristiques phonologiques, grammaticales et syntaxiques. Les marques du pluriel, la construction du participe passé, l'accord des adjectifs, etc., sont particulièrement exprimés, ce qui permet à l'enseignant de vérifier la maîtrise des codes et d'aider à la correction des erreurs.

Chapitre onze

LA SCOLARITÉ DE L'ENFANT DÉFICIENT VISUEL

La population scolaire (de la maternelle aux classes terminales) est de l'ordre de 6 200 jeunes souffrant d'un déficit visuel important, dont la moitié étaient pris en charge au 30 décembre 1990 par des services ou établissements spécialisés assurant soins et éducation aux jeunes déficients visuels, amblyopes ou aveugles.

Les enfants ayant une déficience visuelle importante ou totale représentent environ 3 % de l'ensemble des jeunes reconnus handicapés.

Selon la nature de leur déficience, son origine et son importance, ces jeunes manifestent des besoins et des possibilités contrastés, aussi bien en matière de scolarité que de formation professionnelle et d'insertion sociale. Certains bénéficient d'une intégration individuelle ou collective en établissement scolaire ordinaire, d'autres suivent d'abord une scolarité en structure spécialisée.

Les progrès de la médecine, de la chirurgie, des rééducations ophtalmologiques, de la technologie – en particulier de l'informatique – et de la recherche pédagogique convergent aujourd'hui pour réaliser, chaque fois que cela s'avère profitable, une scolarisation aussi normale que possible de l'enfant déficient visuel.

Des difficultés demeurent, comme dans tous les cas d'intégration en milieu ordinaire d'enfants présentant un handicap, mais elles peuvent être aplanies, dès l'instant que les efforts de l'ensemble de la communauté éducative sont à la hauteur de ceux que doit faire le jeune lui-même pour combattre le handicap.

Chez le jeune aveugle, l'apprentissage du braille étendu ou abrégé, de la dactylographie, de la déambulation – la maîtrise d'une ou plusieurs techniques palliatives –, la pratique d'activités diverses, notamment, aussi étonnant que cela puisse paraître, de sports collectifs comme le hand-ball ou le basket-ball, vont contribuer grandement à la réussite de l'intégration scolaire puis socioprofessionnelle. Que cette scolarisation se déroule en école ordinaire ou en établissement spécialisé, que l'enfant et sa famille bénéficient des services d'aide à l'intégration ou d'une scolarité adaptée, un effort considérable est toujours requis de la part de l'enfant et de son entourage.

Trois priorités : le dépistage, l'éducation précoce et l'intégration

Le dépistage

Le dépistage des déficiences sensorielles au cours des premières années, voire au cours des premiers mois de la vie, demeure une des priorités aussi bien en matière de santé publique que de prévention des inadaptations.

On sait en effet traiter certaines affections de l'œil qui nécessitent une intervention chirurgicale ou un appareillage dès les premiers mois du tout jeune enfant. Ces affections requièrent également une action concertée en vue d'une prise en charge et d'une rééducation appropriées.

D'autres atteintes sont simplement fonctionnelles et ne renvoient pas, par exemple, à une lésion organique : elles peuvent également être traitées, voire guéries, par un traitement de plus en plus précoce. Dans tous les cas, une bonne information et une aide apportée aux parents se révèlent indispensables.

L'éducation précoce

L'éducation des jeunes aveugles a été envisagée, à la fois sur le plan de ses méthodes, de ses structures et de leur financement, dès le XVIIIe siècle, jouissant d'un intérêt qui n'a fait que croître. Depuis les années 80, un vaste plan d'ensemble a été mis sur pied afin de promouvoir le dépistage et l'éducation précoces. Selon l'importance des déficits du jeune enfant, plusieurs actions seront entreprises, combinant soins, rééducations, aides pédagogiques et enseignement spécialisés. Contrairement aux approches classiques, la tendance aujourd'hui n'est plus à la création de nouveaux établissement permettant de former en continu un jeune pendant toute sa scolarité obligatoire et au-delà : elle est plutôt, comme pour le reste des handicaps, à la multiplication des voies de l'intégration en milieu ordinaire.

L'intégration

La priorité reconnue par tous aujourd'hui est que le jeune souffrant d'une déficience visuelle puisse, dès que possible, fréquenter les structures scolaires et sociales qui correspondent à sa classe d'âge. Dans ce cas, c'est à l'équipe qui effectue le suivi médical, rééducatif, et qui assure le soutien à l'intégration, d'apporter aux enseignants des classes ordinaires les informations et les aides facilitant cette démarche. La participation des familles et la volonté du jeune sont décisives dans la réussite de ce processus, qui demande un grand investissement psychologique. L'adaptation des locaux, des supports pédagogiques, des horaires, des programmes... vont également supposer du maître ou des enseignants du collège puis du lycée un travail important de réflexion, de précision, de suivi.

Pour certains enfants, l'intégration ne peut être d'emblée envisagée, en raison de la multiplicité des difficultés auxquelles il convient de faire face (éloignement géographique des classes et du service d'accompagnement permettant une intégration, contexte socio-familial peu propice à un suivi éducatif ou scolaire, déficits associés, etc.). La scolarisation se déroule alors de façon privilégiée en établissement spécialisé. Les équipes vont s'employer à ce que le séjour de l'enfant – la plupart du temps en internat – puisse revêtir un caractère temporaire, car c'est bien au développement de toutes les autonomies qu'il s'agit de veiller en l'occurrence, et non à la protection maximale du jeune à l'égard de la vie commune.

K., un enfant comme les autres...

Comme tous les enfants de son quartier, K. fréquente l'école Jules-Ferry de Nanterre. Comme trois autres enfants également accueillis dans cette école, K. est un jeune déficient visuel, et suit le cycle des approfondissements.

La classe est aménagée de façon à permettre un travail par petits groupes d'élèves (de 4 ou 5). Au-dessus de la table de travail de chaque enfant, un puissant dispositif d'éclairage autonome, que l'on peut déplacer si besoin est.

K. aborde les mêmes contenus que ses camarades, mais il a besoin d'aides techniques et d'un soutien spécifiques.

Depuis la loupe grossissante, pour voir de près, le monoculaire (sorte de longue vue pour repérer de loin), les reproductions de textes agrandies, en passant par le magnétophone à cassettes portatif (la maîtresse vérifie que l'essentiel d'un message est compris, puis en autorise l'enregistrement), toute une batterie de moyens techniques et d'astuces sont au service des jeunes et de leurs enseignants : le tableau (blanc, pour un meilleur contraste) est équipé d'un dispositif de reproduction sur support papier : si besoin est, l'enfant déficient visuel peut obtenir, en quelques secondes, la copie conforme des schémas ou du plan d'un cours. Il lui est possible par ailleurs, par l'intermédiaire d'une simple photocopieuse à agrandissement (fournie par la mairie), d'augmenter la lisibilité de tout document.

Pendant les séances d'étude, ou d'autres séquences aménagées à cet effet, une institutrice de l'école prend en charge le soutien aux quatre élèves déficients visuels. Au lieu d'utiliser ce poste de soutien pour dédoubler les classes lors de certaines activités, l'option a été prise au niveau du conseil de l'école primaire d'appuyer l'action d'intégration, jugée prioritaire.

Pendant les séances de soutien, un travail sur ordinateur permet de réaliser un certain nombre d'exercices sur écran puis sur papier. L'enseignante de soutien vérifie la qualité du travail au cours de sa réalisation et apporte les compléments nécessaires. À cette occasion, une vigilance particulière est accordée au processus de mémorisation. Par exemple, l'enseignante dicte une phrase une seule fois, et l'élève doit être à même de la dactylographier sans délai. C'est là un entraînement important, dans la perspective de l'entrée en 6e, à l'occasion de laquelle l'élève devra utiliser quotidiennement l'ordinateur.

Certaines activités, comme la peinture sur grandes surfaces, permettent aux enfants de décompresser, d'échanger et de se ressourcer auprès de leurs camarades, autour d'un plaisir partagé – même si le produit réalisé est limité en raison de la déficience.

Les services d'accompagnement

En rapport avec les principes fondamentaux de la loi d'orientation en faveur des personnes handicapées du 30 juin 1975, l'ensemble des actions entreprises par la collectivité publique doit tendre à promouvoir une réelle proximité avec le milieu ordinaire de vie et de scolarisation. On rappelle en particulier que le maintien des liens affectifs entre l'enfant et sa famille est primordial : l'enfant est un sujet d'abord pour ses parents, et il ne s'agit pas – cela peut être parfois ressenti comme tel – de le voir subtilisé ou capturé par les équipes, nombreuses, de professionnels œuvrant à sa santé, son éducation, son instruction.

Il s'agit tout au contraire d'accompagner les parents, souvent désemparés à l'annonce du handicap, de les aider à définir les gestes et les attitudes qui peuvent, dans un premier temps, aider à la santé et à l'épanouissement de l'enfant. Cet accompagnement global s'effectue la plupart du temps dans le cadre de deux types de services : d'abord, les services d'accompagnement familial et d'éducation précoce (S.A.F.E.P., de la naissance à trois ans) ; ensuite, dans les services spécialisés d'éducation et de soins à domicile (S.S.E.S.D.), puis les services d'aides aux actions d'adaptation et d'intégration scolaires (S.A.A.A.I.S.).

Dès 1971, les directives officielles sont très claires quant aux objectifs du soutien (circulaire 31 A.S. du 7 septembre 1971, à propos des S.S.E.S.D.) : l'équipe « intervient dans la famille et associe autant que possible celle-ci au traitement. La participation effective de la famille permet de faire bénéficier l'enfant de soins, d'un traitement et d'une rééducation précoces et continus, d'éviter les erreurs éducatives toujours néfastes pour l'enfant, qu'il s'agisse de surprotection ou de rejet, et enfin de donner à la famille l'aide psychologique dont elle a besoin. »

Extrait du volet pédagogique d'un projet d'intégration d'un enfant déficient visuel en classe ordinaire	
COMPÉTENCES À ACQUÉRIR	ATTITUDES PÉDAGOGIQUES
Compétences transversales	
Mémoire Mémoriser l'écriture des mots d'usage courant.	Donner des modèles parfaitement lisibles. Éviter les écritures répétées qui multiplient les erreurs. Faire appel à la mémoire auditive (épellation des mots). Utiliser le magnétophone.
Méthodes de travail Présenter son travail avec rigueur, clarté, précision.	Exiger une présentation soignée, mais sur un écrit court. Accepter une présentation plus succincte : – éviter les écrits non essentiels ; – accepter les abréviations.
Traitement de l'information Rechercher des informations pertinentes dans certains écrits.	Encourager les techniques facilitant le repérage : – surlignage ; – soulignage ; – utilisation de repères écrits ou colorés. Pour les recherches plus larges, apporter une aide extérieure (maître, camarades, etc.).

Extrait du volet pédagogique d'un projet d'intégration d'un enfant déficient visuel en classe ordinaire	
COMPÉTENCES À ACQUÉRIR	ATTITUDES PÉDAGOGIQUES
Orthographe Copier en temps déterminé et sans erreur un texte bref.	À éviter ou à limiter, et dans ce cas, lui accorder un temps plus long.
Orthographier correctement les mots d'usage courant.	Utiliser soit la mémoire auditive (magnéto-phone) en épelant, soit la mémoire visuelle immédiate. Éviter la copie répétée de mots.
Savoir utiliser efficacement un fichier, un dictionnaire, des tableaux de conjugaison.	Donner des supports clairs, lisibles, au besoin utiliser la loupe. Expliquer la conception et l'utilisation de tout nouveau support, sachant qu'une décou-verte personnelle prendrait trop de temps.
Grammaire Identifier différents types de phrases.	Compenser les difficultés liées à l'absence de vision globale d'une phrase.
Identifier les différents constituants d'une phrase.	Éviter au départ que les constituants soient trop éloignés les uns des autres (attention aux agrandissements trop importants).
Analyser les structures de quelques phrases complexes.	Ne pas commencer par des phrases trop longues. Permettre de matérialiser les repérages (surlignage, soulignage, indices écrits).
	Source : M. Collat, CNEFEI.

Pour ce qui est des enfants déficients sensoriels en général, la compensation du handicap est au cœur même des interventions. Elle a pour but d'aider à surmonter le handicap, notamment par l'utilisation maximale des autres sens et l'usage de techniques palliatives (circulaire 88.09 du 22 avril 1988).

Faciliter l'autonomie

Si la déficience visuelle n'empêche pas aussi nettement que la défi-cience auditive par exemple l'établissement de la communication entre l'enfant et son entourage, elle rend plus difficiles en revanche l'exploration et l'appropriation de son environnement physique. Or, toute limitation dans l'exploration de l'environnement peut retentir, si on n'y prend garde, sur l'évolution des fonctions intellectuelles, sur l'affectivité et la relation sociale, et sur l'adaptation du sujet aux situations multiples que requiert son intégration sociale.

L'enfant non voyant

Le nombre des aveugles en France, tous âges confondus, est de l'ordre de 1 pour 1 000 habitants. L'enfant né aveugle – ce qui demeure fort heureusement aujourd'hui très rare – a généralement un développement psychologique et moteur peu différent de l'enfant voyant, exceptions faites de l'acquisition de la marche (plus tardive, entre un an et demi et quatre ans) et de la coordination motrice.

Sur le plan affectif, une tendance au repli et à l'isolement peut être observée, de même que peut prédominer un sentiment général d'insécurité. Mais dans ces domaines, beaucoup de choses se jouent dans la nature des relations entretenues avec l'entourage et dans le type d'éducation reçue, qui favorise plus ou moins la prise de risque et l'autonomisation.

On note fréquemment un retard scolaire de l'ordre de 2 à 3 ans, lié à l'entrée tardive à l'école, surtout si cette dernière suppose le placement en internat. La démarche favorisant l'intégration scolaire tend à réduire ces phénomènes, mais de nombreuses difficultés sont dues aux limites de l'intégration précoce.

Les études secondaires puis supérieures sont possibles, mais supposent une réelle volonté et une force de travail importante. Il est à noter que l'Éducation nationale emploie plus d'une centaine de professeurs aveugles dans le secondaire, et une cinquantaine dans l'enseignement supérieur.

Face à cette situation, il arrive fréquemment que les parents qui ne reçoivent pas de soutien développent des attitudes de surprotection nuisibles à terme à l'autonomisation de l'individu. Cette tendance, virtuelle dans toutes les situations de handicap, est renforcée si l'enfant est aveugle. Elle constitue bien entendu un obstacle à l'autonomisation et contribue à maintenir un état de dépendance à l'égard des parents qui peut s'avérer très néfaste.

Les professionnels intervenant en S.A.F.E.P. puis en S.A.A.A.I.S. vont s'employer à compenser le handicap, à la fois grâce à des aides techniques et à la stimulation de la vision fonctionnelle quand cela est possible. En outre, ils vont favoriser l'apprentissage de techniques palliatives, qui rendent le sujet capable d'effectuer des actes que la déficience ne permet pas d'accomplir de façon spontanée.

Les techniques palliatives

Les techniques palliatives ont pour principaux objets l'aide aux déplacements, aux gestes et aux obligations de la vie quotidienne, et à la communication.

Locomotion

Tout d'abord, le jeune déficient visuel doit pouvoir se déplacer en sécurité, avec le maximum d'assurance et d'autonomie. L'apprentissage des formes de déplacement, en particulier de la locomotion, s'appuie sur le développement des moyens sensoriels de compensation et sur celui des possibilités visuelles résiduelles.

En parallèle, on travaille certaines qualités importantes, comme le sens de l'orientation, l'aptitude à prendre des repères, l'aisance de la démarche, etc. On mobilise à cet égard, selon un terme étonnant au premier abord, les capacités de *visualisation*, c'est-à-dire de représentation mentale des lieux, des objets, de trajets à effectuer. Dans cette perspective, la pratique des activités sportives peut s'avérer d'un très grand secours, et ce dans tous les registres de la construction d'une personne autonome.

Pour le jeune aveugle à proprement parler, ou pour ceux dont la vision éloignée ou la vision dans certaines circonstances (pénombre, espaces mal connus, etc.) demeure insuffisante, la sécurité de locomotion est assurée par l'utilisation d'une canne longue, enseignée selon une technique très précise. L'apprentissage porte également sur l'utilisation des transports en commun, depuis l'étude de l'itinéraire, l'achat et le compostage du billet, jusqu'au repérage des stations, etc.

Dans le domaine de la vie quotidienne, les aides vont donc avoir pour objet de faciliter le déroulement des activités caractéristiques d'une vie ordinaire.

Les apprentissages sont fonction de l'âge du sujet : ils commencent par l'hygiène et les soins corporels, la tenue vestimentaire (des techniques particulières de rangement, des astuces diverses, tels les repères tactiles cousus en fonction de la couleur des vêtements... permettent de les assortir, et d'avoir une tenue soignée). Le maintien à table, l'usage des couverts, et globalement tout ce qui permet une réelle autonomie (faire la cuisine, le ménage et bien d'autres tâches domestiques en sécurité) feront de même l'objet d'un apprentissage progressif.

Aides à la communication et à l'expression

Sous la dénomination d'aides à la communication, on regroupe l'ensemble des techniques et matériels permettant aux jeunes aveugles ou déficients visuels graves de communiquer entre eux et avec le monde des voyants.

Le braille est l'instrument de travail privilégié, permettant de garder trace de la pensée (la sienne et celle d'autrui) et de communiquer à distance entre aveugles. La transmission des connaissances et plus généralement des informations écrites directement par des déficients visuels est rendue possible par la maîtrise de la dactylographie. Les moyens nouveaux et évolutifs qu'autorise l'informatique accroissent considérablement les possibilités en matière d'expression et de communication des informations, grâce à des procédés comme la synthèse vocale (une voix synthétique reproduit les textes écrits) ou l'agrandissement de caractères, qui permettent un contrôle par le déficient visuel sur ses propres productions.

Outre la dactylographie, enseignée dès lors que les enfants ont pu assimiler de façon satisfaisante l'écriture et la lecture en braille, il arrive que l'on initie parfois chacun, même ceux qui sont totalement privés de l'usage de la vue, à la pratique de l'écriture manuscrite : cet apprentissage présente en effet de nombreux intérêts, car il constitue un exercice irremplaçable de développement de la motricité fine, tout en favorisant les aptitudes à la représentation graphique.

L'intérêt du braille

Le texte écrit conserve un rôle fondamental dans le domaine de l'éducation et de la culture en général. Si on a pu croire un temps que les évolutions technologiques – en particulier celles suscitées par le développement de l'informatique – allaient minimiser sa place, on s'est vite aperçu que l'écrit demeure incontournable dès que l'on a affaire à des contenus précis, denses, supposant un rythme personnel d'appropriation.

Le canal sonore apporte bien entendu un réel confort dans les communications quotidiennes du jeune aveugle (enregistrement de cours, de romans sur cassettes, synthèse vocale, etc.) mais se révèle insuffisant dans un monde où l'on ne peut être véritablement intégré socialement et professionnellement qu'à la condition d'accéder au partage de la multiplicité des informations et des codes que l'écrit seul permet. Par ailleurs, la scolarité passe par une maîtrise des moyens permettant d'affermir et de communiquer sa pensée, au premier rang desquels l'écrit, précis, rapide, incontestable.

Du nom de son inventeur, le braille est un système de codage offrant 63 combinaisons utiles, permettant d'écrire les 26 lettres de l'alphabet, les caractères accentués, les 10 chiffres et les signes de ponctuation. Ses principales limites tiennent au caractère des informations exprimées : lorsqu'elles nécessitent un grand nombre de signes – ce qui est le cas par exemple dans les disciplines scientifiques –, il faut recourir à des artifices et faire varier la signification des caractères braille en fonction du contexte. Des règles d'écriture précises sont alors employées, mais cela alourdit considérablement la transcription et la lecture.

Lorsqu'on traduit une page en écriture braille, l'espace requis est multiplié environ par trois. Pour pallier cette difficulté et raccourcir les temps d'écriture et de lecture, on a inventé une forme condensée du braille. L'une et l'autre forme font l'objet d'un enseignement spécialisé.

Le braille intégral, encore appelé « braille naturel », est le seul à avoir été inventé par Louis Braille : il consiste en la traduction terme à terme de chaque signe orthographique (lettres, chiffres, ponctuation) en une combinaison de points. C'est le braille de base, utilisé par les enfants à l'école afin qu'ils soient initiés aux rudiments de la langue et de l'orthographe. Chaque signe « noir » (c'est-à-dire, chaque signe de l'écriture ordinaire, habituellement imprimé en noir) fait l'objet de l'apprentissage de son équivalent braille.

Autrefois entièrement écrit à la main avec un poinçon (qui permet de réaliser les petites bosses lues par le doigt), les documents braille peuvent aussi être réalisés grâce à des machines à écrire spécialisées. La plus connue d'entre elles est la « Perkins Brailler ». Elle n'a toutefois pas remplacé le poinçon pour la prise de notes rapide. Pour les réalisations d'importance, des imprimeries braille ont été créées. Les dispositifs demeurent cependant lourds et coûteux.

Le système dû à Louis Braille

Louis Braille, né en Sein-et-Marne en 1809, perdit la vue à l'âge de trois ans, en utilisant le tranchet de son père, un artisan bourrelier. Admis à l'Institution nationale des jeunes aveugles (fondée à Paris, dès 1784, par Valentin Haüy), il fait des études de musique et devient organiste réputé dans plusieurs paroisses parisiennes.

Peu après avoir été nommé professeur à l'Institution dont il avait été le brillant élève, il créa le système d'écriture qui porte son nom, en s'inspirant d'ailleurs de l'alphabet en relief de V. Haüy.

Le tableau ci-dessous permet de se faire une idée de l'organisation de cet alphabet :

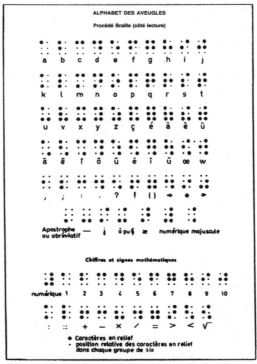

Il convient de préciser qu'entre chaque point, l'intervalle est de 2,5 mm, ce qui correspond au seuil moyen de discrimination tactile (à titre de comparaison, la plus petite distance perceptible au toucher est de l'ordre du millimètre, mais on doit alors l'évaluer avec... le bout de la langue !)

Pour ce qui est de l'apprentissage de la lecture, on peut dire qu'un enfant aveugle peut apprendre à lire à peu près à la même vitesse qu'un enfant voyant. Les méthodes employées sont également voisines, puisque la méthode syllabique et les méthodes mixtes peuvent être également utilisées.

L'écriture des caractères braille présente plusieurs particularités : elle doit s'effectuer de droite à gauche, pour que les points saillants, après que la feuille cartonnée a été retournée, puissent être lus de gauche à droite.

L'enfant dispose, pour écrire, d'une feuille rigide qu'il place sous un cadre métallique. C'est grâce à une réglette comportant deux rangées de fenêtres (des rectangles de 6 mm sur 4 mm) qu'il forme ses lettres en pointant successivement dans les cases.

Les avancées technologiques

Dans le domaine scolaire, la volonté d'intégration a conduit à des demandes de plus en plus nombreuses et différenciées : il ne s'agit plus, comme il y a quelques années, de produire en série un manuel ou un ouvrage particulier, mais bien de disposer en peu de temps, en un lieu donné, d'une transcription braille de l'ouvrage ou de l'extrait d'ouvrage choisi par l'enseignant.

Des avancées technologiques très prometteuses ont vu le jour grâce à l'essor de l'informatique appliquée. C'est ainsi que l'on peut mettre à disposition des jeunes aveugles des ordinateurs reliés à un terminal comportant une plage tactile de braille éphémère. Ce dispositif permet de traduire automatiquement un texte quelconque en son équivalent braille, sans passer par un support papier. Il suffit qu'un texte ait été au préalable frappé au clavier de l'ordinateur, ou plus simplement qu'il ait été placé sur la vitre d'un scanner, lequel va permettre d'abord la reconnaissance de chaque caractère écrit, puis sa traduction en braille.

Il existe en outre des ordinateurs à synthèse vocale, capables de traduire en paroles tout texte écrit. Chaque phrase est lue et vocalisée par une voix synthétique, et ce à volonté et au gré de l'utilisateur.

Pour les élèves dont le déficit visuel permet toutefois quelques possibilités de lecture, on peut aujourd'hui recourir à des agrandisseurs de caractères. Si besoin est, une simple photocopieuse agrandisseuse permet la plupart du temps de mettre à disposition de l'élève intégré en classe ordinaire ou non des exercices et des résumés de cours qu'il pourra lire sans trop de gêne.

Tous ceux qui pratiquent le traitement de texte savent qu'il est possible d'augmenter à loisir la graisse et le corps des caractères employés dans un texte, de même qu'il est possible d'adopter une police plus lisible. Ils savent aussi l'effet de ces modifications : un accroissement important du temps de lecture, dû à une réduction du nombre de signes par ligne, voire par page. La compréhension d'un texte fortement agrandi demande des capacités d'attention et de mémorisation accrues, ce qui rend d'autant plus soutenu le travail de l'écolier déficient visuel. Si l'on y ajoute le temps passé aux nécessaires rééducations, on peut aisément comprendre que toute intégration en classe ordinaire d'un enfant déficient visuel suppose de la part de ce dernier une volonté et une énergie considérables – sans parler de la confiance en soi, du dépassement des angoisses dues à la fréquentation de l'univers remuant et imprévisible des jeunes gens voyants. Mais quel enthousiasme aussi de se sentir sinon tout à fait comme les autres, du moins de vivre aussi naturellement que le autres, avec les autres.

Convention d'intégration : extraits

En application de la loi du 30 juin 1975, de la loi d'orientation du 10 juillet 1989, des circulaires n° 82-2, 82-048 du 29 janvier 1982, n° 3-83-AS du 29 janvier 1983, et n° 91-302 du 18 novembre 1991,

UNE CONVENTION EST PASSÉE ENTRE :

L'inspecteur d'académie, directeur des services départementaux de l'Éducation nationale, représenté par l'inspectrice de l'Éducation nationale de la ... ème circonscription des Hauts-de-Seine,
d'une part

et

Le directeur de l'école élémentaire ... à ..., représentant l'équipe éducative,
d'autre part.

Il est convenu ce qui suit :

ARTICLE 1 : Objet
La présente convention a pour objet de définir les conditions dans lesquelles l'enseignement est assuré à l'enfant : X, né le ...., domicilié à ..., entré à l'école Jules-Ferry en ... et actuellement en deuxième année du cycle des approfondissements.

ARTICLE 2 : Objectifs
À long terme, préparer son insertion sociale et professionnelle.
À court terme, lui permettre d'acquérir une niveau de connaissance et une autonomie de travail nécessaires à son intégration en collège ordinaire.

ARTICLE 3 : Difficultés de l'enfant
Présente une déficience visuelle profonde avec nystagmus.
Sa vision de loin est floue au-delà d'une distance d'un mètre.
Sa vision de près est très rapprochée, d'où un champ visuel restreint.

ARTICLE 4 : Statut de l'enfant
Est intégré à temps complet.
Les modalités de sa participation aux activités scolaires ainsi que les dérogations éventuelles figurent dans le projet pédagogique individuel annexé.

ARTICLE 5 : Besoins de l'enfant

    Matériels :   Tableau photocopieur
                    Table avec plan incliné
                    Lampe individuelle
                    Loupe
                    Dictaphone
                    Aimants
                    Cahiers avec lignage spécial

    Supports de travail :
                    Support individuel, même pour les travaux collectifs.
                    Documents très lisibles et éventuellement agrandis.

La municipalité prend en charge l'achat du gros matériel.
L'Association XXX fait l'acquisition du tableau photocopieur.
L'école dispose d'une photocopieuse agrandissante.

ARTICLE 6 : Accompagnement de l'enfant
Ses objectifs visent à apporter à XX les aides indispensables à la réalisation du projet :

1. Pédagogique

Mme ..., institutrice de la classe :
Elle veille à ce qu'il soit toujours dans les meilleures conditions de confort visuel.
Elle utilise le matériel spécifique mis à la disposition de l'enfant.
Elle lui propose des documents lisibles.
Elle traduit oralement, aussi souvent que possible, les contenus écrits.
Elle applique les modalités de l'intégration définies dans le projet pédagogique.

Mme ..., institutrice de soutien :
Elle développe avec XX des techniques et des stratégies de travail qui favoriseront son autonomie.
Elle lui apporte une aide individualisée en classe lors de travaux de recherche.
Elle assure l'apprentissage du clavier informatique.
En liaison avec l'institutrice de la classe, elle reprend certains exercices qui ont été mal réalisés.

Mme ..., I.M.F. au C.N.E.F.E.I. (3 heures par semaine)
Elle travaille en collaboration avec le deux enseignantes afin :
– de déterminer les causes des échecs de XX et d'y apporter des solutions ;
– de définir la forme que devra prendre le soutien tout au long de l'année.
Elle coordonne l'action de tous les participants, et transmet des bilans réguliers.

2. Psychologique

Mme ..., psychologue scolaire, continue l'observation de son comportement et établit des bilans réguliers.
Elle s'entretient avec les parents en cas de difficulté.

3. Social

Mme ..., assistante sociale scolaire, se tient à la disposition de la famille pour tout problème suscité par le handicap du jeune XX.

4. Familial

Les parents s'engagent :
– à travailler dans le même sens que l'équipe enseignante ;
– à fournir à l'enfant et à entretenir le matériel demandé ;
– à assister aux réunions auxquelles ils sont invités.

ARTICLE 7 : Modalités

Cette convention est mise en place pour l'année ...
L'école s'engage à accueillir le jeune XX à temps plein, à lui proposer les activités pédagogiques offertes à tous les enfants de la classe, à respecter les objectifs définis dans le projet pédagogique.
Mme ..., secrétaire de C.C.P.E., s'engage à suivre l'évolution du dossier.

ARTICLE 8 : Durée

La convention est établie pour un an.
Les parties avenantes peuvent dénoncer la convention avec un préavis de trois mois.
Toutes les dispositions doivent être prises par les partenaires pour maintenir la prise en charge de l'enfant jusqu'à la fin de l'année scolaire en cours et permettre aux autorités de tutelle et à la C.D.E.S. de prendre des solutions alternatives.

Source : M. Collat, C.N.E.F.E.I.

La pratique des sports collectifs avec des joueurs aveugles

On doit aux travaux de plusieurs enseignants-chercheurs spécialisés dans la pratique des activités sportives auprès de jeunes aveugles des avancées surprenantes et prometteuses, tant sur le plan du développement psychomoteur, que sur ceux du développement cognitif et socio-affectif. Tel est le cas des expérimentations conduites par des professeurs du C.N.E.F.E.I. de Suresnes et de l'I.N.J.A. de Paris. (Voir particulièrement Jean-Pierre Garel, Monique Syros et Fred Gomez, *Enseigner des sports collectifs aux aveugles : Hand-ball et basket-ball*, Suresnes : C.N.E.F.E.I., 1992.)

Un exemple : basket-ball et hand-ball

Les performances inattendues des aveugles au basket ou au hand-ball ont pu être mises en avant, après que des études conduites sur la pratique de ces sports par des jeunes déficients visuels ont montré l'importance des processus cognitifs en jeu :

Dans le cas du basket-ball par exemple, le joueur doit prendre en compte le champ du jeu, le ballon, ses partenaires, ses adversaires... Il doit décider d'agir après une analyse rapide de la situation : passer la balle, dribbler, effectuer un lancer au panier, etc. Prise d'information et prise de décision sont d'autant plus délicates que l'environnement dans lequel elles s'effectuent est incertain. Le changement continu du contexte du jeu va obliger le joueur à s'organiser rapidement pour agir.

On peut se demander comment une telle gageure est possible en l'absence de la vision : en fait, toutes les autres modalités sensorielles peuvent être mobilisées pour aider le joueur à se situer par rapport à l'environnement, situer chacun des éléments stables ou mobiles décisifs dans la conduite du jeu.

Le toucher d'abord est sollicité : par l'intermédiaire principalement de la main, le toucher renseigne sur l'environnement proche et ses évolutions, grâce à une exploration et un contrôle.

Dans la pratique du basket–ball, les informations tactiles et kinesthésiques vont aider à la découverte des lieux, des installations, du ballon.

Les informations transmises par la plante des pieds vont permettre de repérer les indices permanents (les bandes adhésives délimitant le terrain, les irrégularités du sol, etc.).

Tout le jeu va faire l'objet d'un **apprentissage très progressif,** centré à la fois sur la reconnaissance et l'appropriation des lieux, des gestes techniques, du jeu collectif, etc.

Lors de ces phases d'apprentissage, l'utilisation de points de repères temporaires va faciliter notamment la prise de conscience de l'orientation du corps, la représentation mentale de l'espace du jeu, et d'autres choses du même ordre.

Comme dans tout sport, un travail important est à accomplir sur le plan de la proprioception, c'est-à-dire de la sensation que le joueur peut éprouver de la situation réciproque de chacune des parties du corps. Les sensations que l'on peut affiner sont fondées sur les informations que procurent les muscles, les articulations, les tendons...

L'audition est fortement mobilisée, en particulier pour effectuer la saisie des informations à distance. Grâce à l'ouïe, le joueur peut imaginer un déplacement du ballon ou d'un joueur à partir de l'analyse de ce qu'il entend.

L'une des difficultés de la pratique du basket en l'occurrence sera liée à la contradiction fréquente entre un positionnement de la tête requis pour capter une information sonore, et une autre posture plus favorable à une action de jeu.

Pour faciliter l'apprentissage, on utilise d'abord un *ballon sonore*, et divers autres repères audibles. Pendant le jeu proprement dit, dont les règles sont sensiblement les mêmes que dans le basket ordinaire, le joueur doit toutefois effectuer systématiquement un rebond lors de chaque passe. En outre, un échange verbal codifié entre les joueurs permet à la fois leur identification et leur repérage.

Un travail important s'effectue également pour affiner le sens auditif de la proximité des masses et des obstacles : la façon dont le son se répercute sur ces derniers indique la nature et la distance de l'obstacle. Isolément, chacune de ces informations est insuffisante, mais leur combinaison va permettre en fait à un joueur aveugle bien entraîné de se situer à tout instant dans le gymnase auquel il est habitué.

L'impact du sport collectif chez les jeunes aveugles

L'ensemble de cette activité sportive, qui paraît *a priori* la plus éloignée des possibilités des jeunes aveugles, va avoir des répercussions très intéressantes sur plusieurs plans.

La représentation de l'espace de jeu, la compréhension des mouvements et de leurs effets vont mobiliser l'activation de processus mentaux complexes, et solliciter tout particulièrement les facultés de mémorisation et de représentation.

La verbalisation, l'analyse des tâches vont permettre d'activer les connaissances linguistiques ; la pratique du tir et du déplacement vont requérir divers types de connaissances, en particulier en géométrie, etc.

L'impact socio-affectif est aisé à imaginer : en privilégiant une activité collective, où chaque jeune doit coordonner son action à celle des autres, en aidant au repérage physique et humain dans des situations complexes, en apprenant à maîtriser divers types d'incertitudes, en inscrivant le jeune dans le cadre d'une activité socialement valorisée et fort ludique... cette pratique du sport d'équipe aide grandement à l'autonomisation et à l'intégration, et favorise une perception positive de soi.

En peu de mots, on peut dire que le développement des capacités d'adaptation rapide dans un cadre sportif va contribuer à donner une assurance et une facilité de déplacement dans la vie quotidienne, facteur décisif de contribution sociale et d'insertion.

Conclusion

L'A.I.S.
ET LA DÉMOCRATISATION
SCOLAIRE

La cohérence de l'A.I.S.

Il est coutumier de rappeler que la scolarisation obligatoire, en même temps qu'elle a permis dès la fin du XIXe siècle de dégager un formidable potentiel culturel, économique et social, a paradoxalement sécrété ce qu'on nomme, souvent sans distinction, l'**échec scolaire**, compte tenu du poids considérable accordé aux diplômes depuis la seconde moitié du XXe siècle. Elle a aussi eu pour effet de sécréter à la fois toute une population désignée comme spécifique, celle des « anormaux d'école », des « arriérés », dont les difficultés et le retard au regard des autres enfants ont pu faire penser qu'ils étaient « retardés mentaux », « déficients intellectuels », etc.

L'extension de la scolarité a également fait naître des spécialistes et des classes spéciales, des tests de dépistage, des orientations, des rééducations... et toute une législation.

Chacun s'accorde à reconnaître que ces évolutions correspondent à la convergence de deux types de demandes complémentaires, mais parfois contradictoires : d'une part, la nécessité perçue et affirmée de qualifications générales et professionnelles liées à l'essor des sciences et des techniques dans un cadre d'économie concurrentielle ; d'autre part, une demande des enseignés ou de leurs représentants, le plus souvent dans l'espoir d'une plus grande justice sociale.

Il est aisé de constater que l'accès du plus grand nombre aux biens scolaires ne s'est pas toujours accompagné, loin s'en faut, des espoirs que l'école avait pu faire naître, dans la mesure où les démarches des enseignants, les dispositifs et les structures ne se sont pas rapidement adaptés aux nouveaux élèves qui, il y a des dizaines d'années encore, étaient exclus ou relégués dans des filières de peu d'avenir.

Très souvent, la démocratisation scolaire, en France comme ailleurs, a fait naître en effet ce qu'on appelle des phénomènes de filières, certains élèves se retrouvant dans de véritables cursus de l'échec, d'abord scolaire puis social et professionnel.

Si le problème est aussi un problème politique, il revêt une signification particulière pour le système éducatif : quels types de changements dans les façons de faire faut-il introduire pour que l'unification des dispositifs (classes, écoles...) aux divers niveaux d'enseignement ne soit pas génératrice d'échec, et pour que les différences rendues nécessaires par un public de jeunes en difficulté ou handicapés n'induisent pas de nouvelles hiérarchies scolaires, caution des hiérarchies sociales ?

L'ensemble des dispositifs mis en place par l'Éducation nationale au regard des élèves les plus en difficulté ou handicapés présente aujourd'hui une cohérence, tout en cherchant à éviter les effets de filières.

Les classes, sections ou établissements ne sont pas conçus de telle sorte que l'élève y accomplisse la totalité de sa scolarité : au contraire, des passerelles sont prévues entre les diverses classes, afin que l'enfant puisse bénéficier d'un enseignement adapté à l'évolution de ses performances.

On peut résumer l'esprit qui anime cette architecture : faciliter l'accueil en milieu ordinaire des enfants handicapés, prévenir l'exclusion des enfants en difficulté, organiser le détour par les classes spéciales lorsque cela s'avère nécessaire, et privilégier le retour dans les classes ordinaires dès que cela semble possible, en accompagnant chacune de ces phases. Mais entre l'esprit et la mise en œuvre demeure tout l'écart qui conditionne la nature des chantiers à venir.

Les chantiers à venir...

Le problème du handicap chez l'enfant est posé, dans l'immense majorité des cas, lors de la rencontre avec l'école. Si cette dernière est à même de procurer des aides à des difficultés qui ne sont pas des handicaps avérés, et peut **favoriser l'intégration** des enfants et adolescents en milieu scolaire ordinaire, lorsque diverses conditions favorables sont réunies, on constate en fait une grande **variété de situations**.

Dans les années à venir, **plusieurs chantiers** vont introduire des changements importants dans l'ensemble de l'édifice scolaire, compte tenu de la volonté politique d'assurer une intégration pleine et entière des enfants handicapés ou malades, et de prévenir à tous les niveaux les diverses formes d'inadaptation.

Chacun pourra être confronté, qu'il soit ou non un professionnel de l'enseignement, du soin, de l'éducation ou de l'action en faveur de l'enfance, à ces changements.

Le premier chantier est celui de l'intégration en milieu scolaire ordinaire d'un plus grand nombre d'enfants porteurs d'un handicap.

Le second est celui de la formation et de la qualification de tous les jeunes gens sortant du système éducatif, y compris ceux qui auront connu une scolarité adaptée ou spécialisée.

Le troisième chantier est celui de l'accueil dans les établissements, classes et services existants de jeunes gens plus lourdement handicapés, susceptibles de bénéficier d'actions dont ils étaient partiellement ou totalement exclus jusqu'alors.

Un quatrième, plus largement ouvert, est celui de la participation de tous les acteurs à la prévention des inadaptations sociales.

On le voit, les partenaires de la communauté éducative, les enseignants de l'enseignement ordinaire tout comme les maîtres spécialisés, les parents et les membres des diverses collectivités territoriales sont au premier plan de ce fonctionnement, dicté par le souci de développer la démocratisation scolaire.

Souhaitons que ce *Guide de l'adaptation et de l'intégration scolaires* ait permis d'aider les personnes intéressées par ces entreprises d'envergure à se doter des connaissances utiles à leur action.

Annexes

Organismes et associations

Les organismes et associations susceptibles d'apporter leur concours à ceux qui se préoccupent de l'éducation des jeunes handicapés, malades, en grande difficulté ou en situation d'exception sont nombreux. L'évocation de leurs contributions souvent majeures est nécessairement limitée dans le présent guide.

La plupart des associations se sont regroupées en fédérations nationales. Nous mentionnons dans les rubriques suivantes quelques-unes d'entre elles, par handicap, maladie ou raison sociale. Ne pouvant les citer toutes, nous renvoyons aux ouvrages qui les répertorient, mentionnés dans la bibliographie.

À noter : la plupart de ces organismes éditent divers guides pratiques, ainsi que des brochures techniques portant sur des thèmes spécifiques (pédagogie, accessibilité, droits, établissements et services d'aide, etc.).

Organismes et associations susceptibles de fournir des informations d'ordre général

AGEFIPH. Association gestionnaire des fonds pour l'insertion professionnelle des personnes handicapées
14, rue Delambre, 75682 Paris Cedex 14
☎ (1) 42 79 85 10.

ANCE. Association nationale des communautés éducatives
145, bd Magenta, 75010 Paris
☎ (1) 48 78 13 30

ANCREAI. Association nationale des centres régionaux pour l'enfance et l'adolescence inadaptées
54, bd Montebello, 59000 Lille
☎ 20 22 11 51.

CCAH. Comité national de coordination de l'action en faveur des personnes handicapées
36, rue de Prony, 75017 Paris
☎ (1) 42 27 78 51.

Centre de Cronstadt. (ex. Centre de spécialisation des professeurs de l'enseignement technique)
29 *bis,* rue de Cronstadt, 75015 Paris
☎ (1) 45 31 18 17.

CNEFASES. Centre national d'études et de formation pour l'adaptation scolaire et l'éducation spécialisée
2, av. Wilson, 95260 Beaumont-sur-Oise
☎ (1) 39 37 45 35.

CNEFEI. Centre national d'études et de formation pour l'enfance inadaptée
58-60, av. des Landes, 92150 Suresnes
☎ (1) 42 04 74 21.

CNFLRH. Comité national français pour la rééadaptation des handicapés,
38, bd Raspail, 75007 Paris
☎ (1) 45 48 90 13.

CTNERHI. Centre technique national d'études et de recherches sur les handicaps et les inadaptations
236 *bis,* rue de Tolbiac, 75013 Paris
☎ (1) 45 65 59 00.

ENSP. École nationale de la Santé publique
av. du Prof.-L.-Bernard, 35043 Rennes Cedex
☎ 99 02 22 00.

FAGERH. Fédération des associations gestionnaires et établissements de réadaptation pour handicapés
14, rue de la Tombe-Issoire, 75014 Paris
☎ (1) 45 89 14 07.

GIRPEH. Groupemens interprofessionnels régionaux pour la promotion de l'emploi des personnes handicapées
27, rue du Général-Foy, 75008 Paris
☎ (1) 45 22 25 12.

IDEF. Institut de l'enfance et de la famille
3, rue du Coq-Héron, 75100 Paris
☎ (1) 40 26 59 53.

P.E.P. Fédération nationale des Pupilles de l'Enseignement public
108, avenue Ledru-Rollin, 75011 Paris

UNIOPSS. Union nationale interfédérale des œuvres
et organismes privés sanitaires et sociaux
103, rue du Fg-Saint-Honoré, 75008 Paris
☎ (1) 42 25 16 76.

Auditives (déficiences)

ALPC. Association pour la promotion du langage parlé complété,
21-23,rue des Quatre-Frères-Peignot, 75015 Paris
☎ (1) 45 79 14 04.

ANPEDA. Association nationale des parents d'enfants déficients
auditifs
10, quai de la Charente, 75019 Paris
☎ (1) 44 72 08 08.

APMVT. Association des praticiens de la méthode verbo-tonale,
CROP B.P. n°7, 30170 Saint-Hippolyte-du-Fort,
☎ 66 77 22 06.

Autisme

APPEDIA.
2, rue Albert-de-Mun, 92190 Meudon
☎ (1) 46 23 05 23.

ARAPI. Association pour la recherche sur l'autisme
et les psychoses infantiles
15, rue Vauquelin, 75005 Paris
☎ (1) 47 07 64 98.

Cancer

Ligue nationale contre le cancer.
1, av. S.-Pichon, 75013 Paris
☎ (1) 45 84 14 30.

Handicaps associés

CLAPEAHA. Comité de liaison et d'action des parents
d'enfants et d'adultes atteints de handicaps associés,
    18, rue Étex, 75018 Paris
    ☎ (1) 42 63 12 02.

Les Amis de Karen.
73, av. Denfert-Rochereau, 75014 Paris
☎ (1) 43 26 56 45.

Infirmité motrice cérébrale

AERIMC. Association pour l'éducation et la réadaptation
des infirmes moteurs cérébraux
    La Gentillhommière, 20 rue Schlumberger,
    92430 Marnes-la-Coquette
    ☎ (1) 47 41 09 75.

ANIMC. Association nationale des infirmes moteurs cérébraux
41, rue Duris, 75020 Paris
☎ (1) 43 49 22 33.

Mentales (déficiences)

APAJH. Association pour adultes et jeunes handicapés
26, rue du Chemin-Vert, 75541 Paris Cedex 11
☎ (1) 48 07 25 88.

UNAPEI. Union nationale des associations de parents d'enfants
inadaptés
    15, rue Coysevox, 75876 Paris Cedex 18
    ☎ (1) 44 85 50 50.

Myopathie

AFDM. Association française contre les dystrophies
musculaires,
    5, rue des Bains, 02400 Château-Thierry
    ☎ 23 89 39 99.

Physiques (déficiences)

APF. Association des paralysés de France
17, bd Auguste-Blanqui, 75013 Paris
☎ (1) 45 78 69 00.

Sida

AGLCS. Agence de lutte contre le sida
Immeuble Le Berry, 2, rue Auguste-Comte
92170 Vanves
☎ (1) 47 65 74 10.

AIDES. Fédération nationale des associations d'information
et d'aide aux malades du sida
6, Cité Paradis, 75010 Paris
☎ (1) 47 70 03 00.

Spina-bifida

Association pour le spina-bifida.
32, ancien chemin de Villiers, Cœuilly,
94500 Champigny-sur-Marne
☎ (1) 48 80 88 90.

Visuelles (déficiences)

ANPEA. Association nationale des parents d'enfants aveugles
ou gravement déficients visuels
12 *bis,* rue de Picpus, 75012 Paris
☎ (1) 43 42 40 40.

FNAPEDV. Fédération nationale des associations de parents
d'enfants déficients visuels
28, place Saint-Georges, 75009 Paris
☎ (1) 45 26 73 45.

INJA. Institut national des jeunes aveugles
56, bd des Invalides, 75007 Paris
☎ (1) 45 67 35 08.

Glossaire

A.E.M.O. : action éducative en milieu ouvert. Ensemble de mesures de prévention des inadaptations sociales au bénéfice d'enfants ou d'adolescents en danger sur les plans physique, moral ou éducatif. Cette action est conduite par des travailleurs sociaux et vise à maintenir son bénéficiaire en milieu ordinaire.

A.E.S. : allocation d'éducation spéciale.

A.I.S. : Adaptation et intégration scolaires. Cette expression vise l'ensemble du champ de la prise en charge des enfants et adolescents handicapés ou en grande difficulté, particulièrement dans le cadre des établissements, sections et services créés par le ministère de l'Éducation nationale. À noter : la grande majorité des établissements prenant en charge des enfants ou adolescents handicapés ne sont pas placés sous la tutelle du ministère de l'Éducation nationale, mais gérés par des associations à but non lucratif et contrôlés par les services du ministère des Affaires sociales.

A.M.P. : auxiliaire médico-psychologique. L'auxiliaire médico-psychologique a pour mission d'apporter une aide directe aux enfants, adolescents et adultes dépendants du fait d'un handicap ou d'une maladie grave.

Il assure au sein d'une équipe pluridisciplinaire un rôle éducatif auprès des enfants et adolescents déficients mentaux, handicapés moteurs ou déficients sensoriels (en particulier, jeunes traumatisés crâniens, polyhandicapés, sourds-aveugles...).

L'aide qu'apporte l'A.M.P. concerne tous les aspects de la vie de la personne (matériel, psychologique, social, médical...). L'obligation de service est en général de 39 heures. Dans les établissements dotés d'un internat, l'A.M.P. assure régulièrement les gardes de nuit et de fin de semaine. Il peut également travailler en journée continue.

À noter : la formation initiale, au terme de laquelle peut être obtenu le certificat d'aptitude aux fonctions d'aide médico-psychologique, s'effectue uniquement en cours d'emploi.

A.P. : atelier protégé.

A.S.E. : Aide sociale à l'enfance. Ensemble des dispositifs et structures financés et organisés par la collectivité publique (D.D.A.S.S.) en vue de garantir aux enfants la satisfaction de leurs besoins essentiels, dès lors que leur famille et les autres institutions ne peuvent y parvenir.

Assistant de service social : C'est la véritable appellation des « assistantes sociales ». Ne peuvent exercer cette profession que les titulaires du diplôme d'État d'assistant de service social, ou d'une autorisation d'exercer pour les titulaires d'un diplôme étranger. On compte environ 40 000 A.S. en France, dont 95 % sont des femmes.

L'assistant de service social assure une mission d'accompagnement et d'aide auprès des personnes, des familles, des groupes en difficulté ou handicapés, et les aide à s'insérer professionnellement et socialement.

L'A.S. va ainsi :

– informer sur les droits aux prestations sociales, médicales, aux formations, aux aides diverses... ;

– orienter vers les commissions et les établissements spécialisés (dans l'hébergement, les soins, l'insertion...) ;

– participer au développement social des quartiers ou des collectivités.

L'assistant de service social travaille en équipe avec une multiplicité de professionnels : enseignants, médecins, magistrats, etc., et avec plusieurs organismes, tels les services administratifs des collectivités territoriales, les établissements privés...

Autisme : organisation principale de psychose infantile, se manifestant globalement par un détachement de la réalité, des difficultés massives de relation et un repli sur soi. Un texte de loi récent tend à l'intégrer dans le champ du handicap.

C.A.A.P.S.A.I.S. : certificat d'aptitude aux actions pédagogiques spécialisées d'adaptation et d'intégration scolaires.

C.A.E.I. : certificat d'aptitude à l'éducation des enfants inadaptés. Ancienne qualification des personnels enseignants spécialisés, remplacée depuis 1987 par le C.A.A.P.S.A.I.S.

C.A.M.S.P. : centre d'action médico-sociale précoce. Les C.A.M.S.P. ont été créés par la loi d'orientation en faveur des personnes handicapées de juin 1975. Ils proposent un dépistage, des soins et une éducation précoce des enfants handicapés de moins de six ans, et un soutien aux familles, le cas échéant à leur domicile. Ces services admettent directement les jeunes envoyés par leurs médecins. La prise en charge financière est assurée en tout ou partie par les caisses d'assurance maladie, sous réserve de l'ouverture des droits des parents.

C.A.T. : centre d'aide par le travail.

C.C.P.E. : commission de circonscription préscolaire et élémentaire. Cette commission, par délégation des pouvoirs de la C.D.E.S., assure l'orientation vers les classes et établissements spécialisés de l'Éducation nationale du premier degré. Elle dispose d'un secrétariat permanent, lequel rassemble les éléments du dossier médical, psychologique, éducatif, social de l'élève en difficulté et entre en relation avec les professionnels du champ scolaire (enseignants ordinaires et spécialisés, directeurs, membres des réseaux d'aides et des services de santé scolaire, etc.).

La C.C.P.E. est placée sous la présidence d'un inspecteur de l'Éducation nationale.

La famille dispose des mêmes droits de recours que devant la C.D.E.S., si elle conteste la décision.

C.C.S.D. : commission de circonscription du second degré. Cette commission, par délégation des pouvoirs de la C.D.E.S., assure l'orientation vers les classes et établissements spécialisés de l'Éducation nationale du second degré (S.E.S., S.E.G.P.A., E.R.E.A.). Elle dispose d'un secrétariat permanent, lequel rassemble les éléments du dossier médical, psychologique, éducatif, social de l'élève en difficulté et entre en relation avec les professionnels du champ scolaire (enseignants ordinaires et spécialisés, directeurs, membres des réseaux d'aides et des services de santé scolaire, etc.).

La C.C.S.D. est placée sous la présidence de l'inspecteur d'académie, directeur des services départementaux de l'Éducation nationale.

La famille dispose des mêmes droits de recours que devant la C.D.E.S., si elle conteste la décision.

C.D.E.S. : commission départementale de l'éducation spéciale. Instituée par la loi du 30 juin 1975 en faveur des personnes handicapées, la C.D.E.S. se prononce sur l'orientation d'un enfant ou d'un adolescent vers un établissement ou un service d'éducation spéciale correspondant à ses besoins. Elle décide, si l'état du bénéficiaire le justifie, de l'attribution de l'allocation de l'éducation spéciale et de ses divers compléments.

C.F.T.M.E.A. : classification française des troubles mentaux de l'enfant et de l'adolescent. En s'inspirant des principes de l'O.M.S., cette classification comporte actuellement neuf catégories : les psychoses, les troubles névrotiques, les autres pathologies de la personnalité, les troubles réactionnels, les déficiences mentales, les troubles liés aux fonctions instrumentales, les troubles liés à l'usage de drogue ou d'alcool, les troubles à expression somatique, les variations à la normale (catégorie rassemblant les épisodes d'angoisse, de dépression, de retard ou de régression, ainsi que des aspects spécifiques de la personnalité).

C.I.D.J. : Centre d'information et de documentation jeunesse. Le C.I.D.J. est une association sous tutelle du ministère de la Jeunesse et des Sports. Elle a pour mission d'informer les jeunes et tous ceux qui exercent une responsabilité à l'égard de la jeunesse.

Les champs couverts par le C.I.D.J. concernent nombre de secteurs, en particulier ceux de l'enseignement, de la formation, de l'emploi et des métiers, de la vie quotidienne, etc.

La plupart des informations relatives aux métiers de l'enseignement et de l'éducation des jeunes handicapés ou en difficulté peuvent être obtenues au siège du C.I.D.J., 101 quai Branly, 75740 Paris Cedex 15.

C.I.H. : classification internationale des handicaps.

Classe d'adaptation : classe à effectifs réduits (15 élèves) regroupant sur une année scolaire au plus les enfants éprouvant des difficultés importantes dans la poursuite de leur scolarité en école ordinaire. Les élèves en échec face aux apprentissages premiers (élèves de grande section d'école maternelle, de C.P. et de C.E.1) peuvent fréquenter une classe d'adaptation avec l'objectif d'un retour le plus tôt possible en classe ordinaire. Les classes d'adaptation ne sont pas considérées par le ministère de l'Éducation nationale comme des classes de l'enseignement spécialisé.

C.L.I.S. : classe d'intégration scolaire. La C.L.I.S. accueille de façon différenciée dans certaines écoles des élèves handicapés qui sont susceptibles de tirer profit d'une scolarité en milieu scolaire ordinaire adaptée à leur âge, à leurs capacités, à la nature et à l'importance de leur handicap. L'objectif des C.L.I.S. est de permettre à ces élèves de suivre partiellement ou totalement un cursus ordinaire.

Il existe actuellement quatre types de C.L.I.S. :
– C.L.I.S. 1 accueillant des enfants handicapés mentaux.
– C.L.I.S. 2 accueillant des enfants handicapés auditifs.
– C.L.I.S. 3 accueillant des enfants handicapés visuels.
– C.L.I.S. 4 accueillant des enfants handicapés moteurs.

C.M.P.P. : centre médico-psycho-pédagogique. Le C.M.P.P. réunit en une structure distincte de l'école une équipe pluridisciplinaire dont l'objet est d'assurer un bilan et divers soins répondant aux troubles et aux inadaptations dont peut témoigner un enfant ou un adolescent d'âge scolaire. Les équipes comprennent un ou plusieurs médecins psychiatres, psychologues, orthophonistes, psychomotriciens, rééducateurs en psychopédagogie, assistants de services sociaux.

Les C.M.P.P. admettent directement en cure ambulatoire les jeunes qui leur sont adressés par leurs médecins. La prise en charge financière est assurée, totalement ou partiellement, par la caisse d'assurance maladie, sous réserve de l'ouverture des droits des parents. La fréquentation d'un C.M.P.P. n'est donc pas liée à un avis ou une décision de la C.D.E.S.

CO.T.O.RE.P. : commission technique d'orientation et de reclassement professionnel.

C.R.E.A.I. : centres régionaux pour l'enfance, l'adolescence et les adultes inadaptés. Les C.R.E.A.I. sont des organismes privés exerçant une mission de service public. Ils ont un rôle d'animation, d'information et de documentation relatif à tout ce qui intéresse les personnes handicapées ou éprouvant des difficultés spécifiques d'adaptation et d'insertion sociales.

Les C.R.E.A.I. jouent un rôle important dans la formation initiale et continue des personnels sous tutelle des Affaires sociales et disposent d'un service de documentation conséquent.

C.R.E.A.I. Île-de-France : 250, bd Raspail, 75014 Paris.

D.D.A.S.S. : Direction départementale de l'action sanitaire et sociale.

Déficience : perte ou altération d'une structure ou d'une fonction psychologique, anatomique ou physiologique, durable ou transitoire. La classification des déficiences par l'O.M.S. reconnaît neuf types de déficiences (déficiences intellectuelle, du psychisme, du langage et de la parole, auditive, visuelle, des organes internes, du squelette et de l'appareil de soutien, esthétiques, des fonctions générales).

Déficience intellectuelle : la classification O.M.S. des déficiences mentales ne reconnaît plus dans les restrictions légères d'efficience intellectuelle (Q.I. entre 70 et 90) une débilité mentale.

Classification ancienne		Classification O.M.S. nouvelle	
débilité légère	Q.I. 65 à 80 90	restriction d'efficience intellectuelle d'origine sociale	limites de la normale Q.I. > ou égal à 70
débilité moyenne	Q.I. de 50 à 65	retard mental léger	Q.I. de 50 à 70
débilité profonde	Q.I. de 30 à 50	retard mental modéré	Q.I. de 35 à 50
arriération profonde	Q.I. < 30	retard mental sévère	Q.I. de 20 à 35
		retard mental profond	Q.I. < 20

D.E.P. : Direction de l'évaluation et de la prospective
58 boulevard du Lycée, 92170 Vanves.

Éducateur spécialisé : l'éducateur spécialisé contribue à l'éducation d'enfants et d'adolescents ou au soutien d'adultes présentant des déficiences psychiques, physiques, des troubles du comportement ou des difficultés d'intégration et d'insertion. Il travaille en collaboration avec tous ceux qui contribuent à l'action éducative et sociale : enseignants spécialisés, psychologues, médecins psychiatres et autres médecins spécialistes, assistants de service social, magistrats, etc. L'exercice de cette profession est subordonné à l'obtention du diplôme d'État d'éducateur spécialisé.
Les éducateurs spécialisés (plus de 36 000) exercent dans divers secteurs d'activité : en internat, l'éducateur spécialisé a la responsabilité permanente d'un groupe de jeunes (une dizaine) en dehors des heures de classe ou d'atelier. Il participe à l'organisation de vie quotidienne des jeunes handicapés ou inadaptés. Il peut également exercer en externat, en foyer, en milieu dit ouvert (il est alors appelé,

sur mandat d'une autorité administrative ou judiciaire, à agir directement auprès d'un enfant ou d'un adolescent, auprès de sa famille, de son employeur, de ses professeurs, etc.).

Enseignement spécial : ancienne terminologie utilisée pour désigner les classes, structures et démarches pédagogiques à destination des enfants handicapés ou en grande difficulté. Au cours des ans, cet enseignement, par différenciation de l'enseignement ordinaire, a connu diverses appellations (enseignement spécialisé, enseignement adapté, etc.). L'expression employée à l'heure actuelle est celle d'Adaptation et d'intégration scolaires (A.I.S.).

E.M.E. : externat médico-éducatif.

E.N.P. : école nationale de perfectionnement. Ancienne appellation des actuels E.R.E.A.

E.P.A. : école de plein-air.

E.R.E.A. : établissement régional d'enseignement adapté.

Étiologie : étude des causes des maladies.

E.T.S. : éducateur technique spécialisé. Éducateur et professionnel d'un domaine technique, l'éducateur technique spécialisé a pour mission de favoriser l'insertion sociale et professionnelle des personnes handicapées ou inadaptées. Il peut exercer dans une grande variété de contextes : ateliers protégés, instituts médico-professionnels, établissements pénitentiaires, établissements de l'éducation surveillée du ministère de la Justice, entreprises d'insertion, etc.

G.A.P.P. : groupes d'aide psychopédagogique. Ancien dispositif de prévention des inadaptations scolaires, aujourd'hui remplacé par les réseaux d'aides spécialisées aux enfants en difficulté (R.A.S.E.D.), destiné à intervenir en actions de soutien et de rééducation auprès d'enfants connaissant des difficultés importantes dans le cadre de leur scolarité (en particulier, pendant le cycle des apprentissages). Le G.A.P.P. était constitué d'un psychologue scolaire, d'un rééducateur en psychomotricité et d'un rééducateur en psychopédagogie.

I.E.N. : inspecteur de l'Éducation nationale.

I.E.N.-A.I.S. : inspecteur de l'Éducation nationale chargé du secteur de l'Adaptation et de l'intégration scolaires.

I.M.E. : institut médico-éducatif. Un I.M.E. comporte un institut médico-pédagogique et un institut médico-professionnel, et assure la prise en charge d'enfants de 3 à 20 ans (et plus sous certaines conditions) en raison principalemet d'une déficience à prédominance intellectuelle, liée à des troubles neuropsychiques avec troubles associés.

I.M.P. : institut médico-pédagogique.

I.M.Pro. : institut médico-professionnel.

M.E.C.S. : maison d'enfants à caractère social.

M.E.C.San. : maison d'enfants à caractère sanitaire.

Moniteur éducateur : le moniteur éducateur est un professionnel, titulaire d'un certificat d'aptitude spécifique, appelé à exercer ses fonctions auprès d'enfants, d'adolescents ou d'adultes handicapés ou inadaptés, en assurant l'animation et l'organisation de la vie quotidienne, et en participant à l'ensemble de la vie éducative au sein d'une équipe spécialisée.
Les moniteurs éducateurs exercent dans des établissements sociaux et médico-sociaux publics ou privés, en internat ou en externat (foyers d'aide sociale à l'enfance, maisons d'enfants à caractère social, instituts médico-éducatifs, centres d'aide par le travail, centres d'hébergement et de réinsertion sociale, etc.). Ils peuvent également exercer dans des services publics ou privés, tels les clubs de prévention des inadaptations, les entreprises d'insertion, etc.

O.M.S. : Organisation mondiale de la santé. L'O.M.S. a été créée en 1946 par les Nations unies pour conduire tous les peuples de la terre au niveau de santé le plus élevé. Elle coordonne en particulier les recherches internationales sur la santé et les maladies.

O.N.I.S.E.P. : Office national d'information sur les enseignements et les professions.

P.J.J. : Protection judiciaire de la jeunesse. La protection des mineurs peut être assurée par la D.D.A.S.S. (Direction départementale de l'action sanitaire et sociale), soit par la Protection judiciaire de la jeunesse. L'État a organisé un dispositif de protection administrative et d'intervention sociale dont l'objet est de garantir les conditions favorables au développement personnel de l'enfant et de l'adolescent. Les diverses mesures mises en œuvre supposent l'accord de l'enfant et de sa famille.

Lorsque ce système n'est plus suffisant, soit parce qu'un désaccord est survenu, ou bien parce que la gravité de la situation dans laquelle se trouve placé le mineur fait encourir un danger pour sa santé physique et mentale, ou encore parce que les conditions de son éducation sont gravement compromises, le juge des enfants intervient, avec toutes les garanties qu'offre une procédure judiciaire.

Sollicité exceptionnellement par le jeune lui-même, par la famille, ou plus normalement par le procureur de la République, par toute instance sociale compétente, le juge des enfants devient alors, en vertu des articles 375 et suivant du Code civil, le garant du droit à l'éducation, au développement personnel et professionnel du jeune en difficulté.

P.L.P. : professeur de lycée professionnel. Les professeurs de lycée professionnel enseignent dans les classes conduisant aux C.A.P., B.E.P. et baccalauréats professionnels. Ils exercent en particulier dans les sections assurant des enseignements généraux et professionnels adaptés des collèges et dans les établissements régionaux d'enseignement adapté, auprès d'adolescents en grande difficulté ou handicapés.

Plurihandicap : association circonstancielle de handicaps physiques (par exemple, cécité et surdité).

P.M.I. : Protection maternelle et infantile.

Polyhandicap : handicap grave à expressions multiples, se traduisant par une restriction extrême de l'autonomie de la personne et une déficience intellectuelle sévère.

Regroupement d'adaptation : dispositif délimité d'aide aux élèves connaissant des difficultés dans leur scolarité (en particulier, lors du cycle des apprentissages), fondé sur l'accueil d'élèves rencontrant des difficultés précises dans un ou plusieurs domaines particuliers. Ce dispositif est à mi-chemin entre la rééducation ou l'aide individuelles et la classe d'adaptation.

S.A.A.A.I.S. : service d'aide à l'acquisition de l'autonomie et à l'intégration scolaire. Le S.A.A.A.I.S. intervient auprès d'enfants déficients visuels.

S.A.F.E.P. : service d'accompagnement familial et d'éducation précoce. Le S.A.F.E.P. intervient auprès des enfants déficients sensoriels de 0 à 3 ans et de leur famille.

S.E.G.P.A. : section d'enseignement général et professionnel adapté.

S.E.S. : section d'éducation spécialisée.

S.E.S.S.A.D. : service d'éducation et de soins spécialisés à domicile.

S.S.E.F.I.S. : service de soutien à l'éducation familiale et à l'intégration scolaire. Le S.S.E.F.I.S. intervient auprès d'enfants déficients auditifs et de leur famille.

Surhandicap : jonction progressive d'une déficience (physique ou mentale) et de troubles de l'apprentissage et/ou de troubles relationnels.

Bibliographie sommaire

1. Ouvrages généraux

Annuaire des statistiques sanitaires et sociales (collectif), S.E.S.I., La Documentation française, Paris, édition 1994.

Deschamps (J.-P.) *et al.*
L'Enfant handicapé et l'école, Flammarion (coll. « Médecine-sciences »), Paris, 1981.

Ebersold (S.)
L'Invention du handicap, CTNERHI, Paris, 1992.

Enfance, Famille, Société (collectif), I.D.E.F. (Institut de l'enfance et de la famille), 3, rue du Coq-Héron, 75001, Paris.

Lafay (H.)
L'Intégration scolaire des enfants et adolescents handicapés, La Documentation française, Paris, 1990 (2e édition).

Lhuillier (J.-M.)
Guide de l'aide sociale à l'enfance, Berger-Levrault, Paris, 1993.

Martin (P.) *et al.*
Le Handicap en question : des familles face à la découverte du handicap et à l'accompagnement du jeune enfant à domicile, CTNERHI, Paris, 1993.

Repères et références statistiques sur les enseignements et la formation (collectif), D.E.P., Paris, 1994.

Thévenet (A.)
L'Aide sociale aujourd'hui, E.S.F., Paris, 1995 (11e éd).

Triomphe (A.) *et al.*
Les Personnes handicapées en France, INSERM/CTNERHI, Paris, 1995.

Zucman (E.)

Soins et Éducation des jeunes handicapés, Éditions Techniques, Encycl. Méd. Chir., Psychiatrie, 37211 A^{10}, Paris, 1992.

Guide NÉRET pour les handicapés, Éditions Lamarre, Paris (actualisé chaque année). Ce guide présente l'ensemble de la législation relative aux personnes handicapées, quel que soit leur âge, et classe par département les établissements, services et organismes en faveur des personnes handicapées. Les principaux renseignements sur les types d'enseignements dispensés, les conditions d'admission dans chaque établissement, les références des associations, etc., y sont collectés avec soin et mis à jour chaque année.

2. Revues spécialisées du secteur A.I.S.

Cahiers de Beaumont (Les)
C.N.E.F.A.S.E.S.
2, av. Wilson, 95260 Beaumont-sur-Oise.

Cahiers de l'intégration (Les)
(revue du M.E.N.)
Diffusion C.N.D.P.

Communauté éducative
(revue trimestrielle de l'A.N.C.E.)
A.N.C.E., 145, bd Magenta, 75010 Paris.

Courrier de Suresnes (Le)
C.N.E.F.E.I.
58-60, av. des Landes, 92150 Suresnes.

Déclic-familles et handicaps
14, av. Berthelot, 69361 Lyon Cedex 07.

Empan
(revue de l'A.R.S.E.A.A.)
Chemin de Colasson, 31081 Toulouse Cedex.

Être-Handicap information
3, rue du Colonel Moll, 75017 Paris.

Flash-Informations
(revue du C.T.N.E.R.H.I.)
236 *bis,* rue de Tolbiac, 75013 Paris.

Handicaps et Inadaptations : Les Cahiers du C.T.N.E.R.H.I.
236 *bis,* rue de Tolbiac, 75013 Paris.

Lien social
46, rue Paul-Bert, B.P. 4183, 31031 Toulouse Cedex.

Nouveau Mascaret (Le)
(revue interrégionale des C.R.E.A.H.I.)
C.R.E.A.H.I., 44, bd Pont-Achard, 86000 Poitiers.

Païdensis
Revue du C.R.D.P. de Bourgogne
BP 490, 21013 Dijon Cedex.

Réadaptation
(organe de presse de l'O.N.I.S.E.P. et du C.N.I.R.)
Vente : 168, bd du Montparnasse, 75014 Paris.

Sauvegarde de l'enfance
28, place Saint-Georges, 75009 Paris.

Consulter également le chapitre « organismes et associations » p. 225.

3. Revues sur la formation et l'insertion professionnelles

Éducation et Économie
(revue du Haut comité Éducation et Économie)
Diffusion C.N.D.P.

Éducation et Management
20, rue Danielle-Casanova, 94170 Le Perreux-sur-Marne.

Enseignement technique (L')
A.F.D.E.T. 178, rue du Temple, 75003 Paris.

I.R.E.T.E.P.
Case 549, 263, rue de Paris, 93515 Montreuil Cedex.

Orientation scolaire et professionnelle (L')
Institut national d'étude du travail et d'orientation professionnelle
41, rue Gay-Lussac, 75005 Paris.

Revue du C.E.R.F.O.P.
(Cercle d'études et de recherches sur la formation professionnelle)
I.U.F.M. de Versailles, Centre de Cronstadt (ex-C.N.E.S.P.E.T.,
Centre national d'étude et de spécialisation des professeurs de l'enseignement technique)
29 *bis,* rue de Cronstadt 75015 Paris.

Table des matières

Index thématique

Dans la même collection

Série Formation

L'enseignant expert	F.-V. Tochon
L'enfant, le maître et la lecture	J. Foucambert
Les nouvelles technologies	H. Dieuzeide
Les nouvelles sciences de l'éducation	G. Lerbet
De l'éducation nationale	G. Jacquet
Scolarisation précoce : un enjeu	S. Leclercq
De la crèche à l'école	S. Cohen

Série Histoire

Histoire de la scolarisation des filles	C. et F. Lelièvre
Comment l'école devint une affaire d'État	C. Nique
Histoire et institutions scolaires (1789-1989)	C. Lelièvre
Système éducatif et réforme	A. Robert
Bâtisseurs d'école	C. Lelièvre. C. Nique

Série Philosophie

De la psychologie à la pédagogie	Coordination F. Testi
Heureux à l'université	G. Snyders
Comprendre l'éducation	H. Hannoun

Série Sociologie

20 facettes du système éducatif	R. La Borderie
Publique ou catholique ?	J. Freyssinet-Domonjon
Jouer le jeu	J.-J. Bernhard

N° Editeur : 10069497-(II)-4,5-(BSBM 80°) - C2000 - D.L. : Août 1999
Imprimé en France par I.M.E. - 25110 Baume-les-Dames - N° impression : 13465